Judith Denker
Kölsch, Sirtaki und bella Vita

JUDITH DENKER

KÖLSCH, SIRTAKI UND BELLA VITA

ROMAN

EDITION R. G. FISCHER

Die Handlung dieses Romans sowie die darin vorkommenden Personen sind frei erfunden; eventuelle Ähnlichkeiten mit realen Begebenheiten und tatsächlich lebenden oder bereits verstorbenen Personen wären rein zufällig.

Bibliografische Information der Deutschen Nationalbibliothek:
Die Deutsche Nationalbibliothek verzeichnet diese Publikation in der Deutschen Nationalbibliografie; detaillierte bibliografische Daten sind im Internet über http://dnb.dnb.de abrufbar.

© 2022 by R. G. Fischer Verlag
Orber Str. 30, D-60386 Frankfurt/Main
Alle Rechte vorbehalten
Schriftart: Arno Pro
Herstellung: RGF/bf/SU F1
ISBN 978-3-8301-9538-2

INHALT

Vorwort 7
1. Kapitel: Reisepläne mit Hindernissen 9
2. Kapitel: Flashback – Abtauchen in die Vergangenheit 16
3. Kapitel: Eine Reise, eine Entscheidung und unzählige Bedenken 27
4. Kapitel: Ein Abflug und eine Ankunft 39
5. Kapitel: Eine neue Freundschaft und ein gelungener Urlaub 46
6. Kapitel: Ein Treffen, das den Gang des Lebens verändern könnte 55
7. Kapitel: Unverhofft kommt oft 75
8. Kapitel: Eine unerwartete Lovestory 85
9. Kapitel: Aus der Traum – rein in den Alltag 95
10. Kapitel: Es geht weiter 106
11. Kapitel: Bella Napoli 119
12. Kapitel: Trüber Herbst und kalter Winter 142
13. Kapitel: Liebe im Schnee 153
14. Kapitel: Ostern in Neapel 162
15. Kapitel: Freiheit erfordert Mut 167
16. Kapitel: Die Probe aufs Exempel: Sommer in Neapel 180
17. Kapitel: Grau in grau oder Es wird ernst 196
18. Kapitel: Der Betriebsausflug 204
19. Kapitel: Vorwärts oder rückwärts? 212
20. Kapitel: Ein klärendes Gespräch, das rein gar nichts klärt ... 220
21. Kapitel: Die Stimme 233

VORWORT

Warum wird aus einem Leben das, was es wird? Oder anders ausgedrückt: Welche Faktoren, Erlebnisse oder Voraussetzungen sind dafür verantwortlich, dass eine Lebensgeschichte genau diesen Verlauf nimmt, anstatt einen anderen? Vielleicht anstatt jenes Verlaufes, der eigentlich geplant war. Der Ausgang einer gegebenen Situation und eine mögliche Veränderung im Leben hängen nicht ausschließlich von den Entscheidungen, die wir treffen, ab, sondern auch von den Personen, denen wir in einem bestimmten Moment unserer Geschichte begegnen oder Stimmungen, Gemütslagen, die uns die Dinge in einem bestimmten Licht erscheinen lassen und den Ausgang einer Situation beeinflussen. Das gilt auch für ganz banale Entscheidungen, so wie die, wo und wann man einen Urlaub verbringt. Mallorca, Griechenland oder Urlaub zu Hause: Man sollte meinen, dass sich solch ein Entschluss erst einmal nur auf das körperliche und seelische Wohlbefinden der Person auswirkt. Und doch kann ein Ja oder ein Nein Weichen stellen. Aber das heißt noch lange nicht, dass wir unser Schicksal in den Händen haben und es mit einer einzigen Fehlentscheidung total verwirken können. Es könnte doch sein, dass es für jeden von uns einen »Plan« gibt, der sich dann einfach auf anderen Wegen konkretisiert, wenn unsere Entscheidungen uns von ihm entfernen. Also ist es unnötig, sich viele Gedanken über die Zukunft zu machen, denn unser Schicksal steht ja doch schon in den Sternen geschrieben? Das ist wiederum Fatalismus pur.
Ist es also der Zufall, der unser Leben bestimmt? Eine traurige Perspektive, die unserem Dasein den Sinn nimmt und eine bequeme Ausrede für all die Situationen der sozialen und persönlichen Ungerechtigkeit in unserer Welt. Wer hat jemals den Herrn oder die Frau Zufall kennen gelernt? Die größten Denker aller Epochen waren sich durchaus bewusst, dass hinter der Geschichte jedes Menschen und in seinem Ursprung jemand Höheres, jemand nicht menschliches

stecken muss. Eben ein Schöpfer. Das heißt, dass es schon ein Projekt gibt, aber dass wir trotzdem frei bleiben in unserer Entscheidung es anzunehmen oder nicht.

Und um auf die oben gestellte Frage zurückzukommen: Warum wird aus einem Leben das, was es wird, liegt die Antwort vielleicht genau hier. Sind wir tatsächlich die Allmächtigen, die wir zu sein vortäuschen? Hängt wirklich der Gang der Dinge von unseren Handlungen, unseren Entscheidungen und unseren Unterlassungen ab? Auf diese Frage muss jeder seine persönliche Antwort finden. Und um eine befriedigende und gültige Antwort zu entdecken, ist es notwendig, die eigene Geschichte zu lesen. Ganz wie ein Betrachter von außen das eigene Leben wie einen Film vor sich abrollen zu lassen. Und dabei Zeichen zu suchen, die uns verstehen helfen. Indizien aufzuspüren dieses Jemands, den Millionen Christen Gott nennen, der uns und unsere Geschichte in seiner schützenden Hand hält, uns aber nicht in der Unmündigkeit, sondern in der Freiheit, seinen Plan anzunehmen oder zurückzuweisen, begleitet. Und das Lebensglück stellt sich oft als die Übereinstimmung des persönlichen mit eben seinem Plan dar.

1. Kapitel

REISEPLÄNE MIT HINDERNISSEN

»Sunshine – sunshine reggae«, tönte der etwas zu groß geratene Radiowecker auf dem Nachttisch. Ich öffnete langsam die Augen, reckte den Arm und drückte schnell die »Snooze«-Taste, um die Musik verstummen zu lassen – zumindest für 9 Minuten. Wenn man augenblicklich wieder in Tiefschlaf verfällt, können neun Minuten wie ein halbes Leben erscheinen. Auf jeden Fall vergeht irgendwann auch eine Ewigkeit, und als sich der Wecker mit einem weiteren Lied zurückmeldete, war es wirklich höchste Zeit aufzustehen. Ich warf einen kurzen Blick aus dem Fenster, um die Wetterkonditionen abzuschätzen: Es war ein durchschnittlicher, bewölkter Junitag – weder kalt noch warm. Nachdem ich mich fertig gemacht hatte, war es bereits zu spät für ein Frühstück. Heute hatte ich Dienst in der Hauptkasse der Bankfiliale, in der ich seit ein paar Jahren beschäftigt war, und das hieß Dienstantritt um 6.45 Uhr. Zwei Minuten, um meinen roten Perserkater Wusel zu verabschieden und, was noch viel wichtiger als ein Liebesbeweis war, um ihn zu füttern.

Glücklicherweise konnte ich zu Fuß gehen von meiner winzigen Zweizimmerwohnung unter dem Dachstuhl eines alten und etwas vernachlässigten Miethauses im Ortszentrum. Erst die Adamstraße entlang, dann musste ich rechts in die Augustastraße einbiegen und dann weiter links über die Marktstraße bis zum Marktplatz, wo sich die Filiale der Bank an der Ecke befand. Zu dieser frühen Morgenstunde waren nur der Betriebsleiter, Niklas Schneider, und seine treueste Mitarbeiterin, Frau Mögler, schon zur Stelle. Ich machte mich an die notwendigen Vorbereitungen, zählte die über den Nachttresoreinwurf angekommenen Einzahlungen der umliegenden Geschäftsleute, bevor die Filiale um 8.30 Uhr geöffnet wurde. Um kurz vor acht kam Erika, meine Kollegin und engste Vertraute. Während wir Bargeld, Scheckformulare, Hartgeld, ausländische Sorten und alles andere in unseren Kassen verstauten, flüsterte sie mir zu: »Ich muss dir gleich etwas Wichtiges sagen! Du weißt doch, dass ich nächsten Monat Urlaub habe. Wie jedes Jahr will Helmut zu Hause bleiben. Urlaub ist für ihn eine unnötige Ausgabe, du weißt schon. Aber mir ist da eine Idee gekommen, und du musst mir dabei helfen.« Das hörte sich fast nach einer Verschwörung an. Sie tat mir ein bisschen leid. Seit sieben Jahren war sie nun mit Helmut verlobt, der in der 40 km entfernten Stadt Aachen wohnte, aber obwohl Erika über 10 Jahre älter war als ich, schien da von seiner Seite nicht die geringste Absicht zu bestehen, ein über eine Wochenendbeziehung hinausgehendes Verhältnis anzustreben. Überhaupt musste dieser Helmut, den ich noch nie getroffen hatte, ein merkwürdiger Kauz sein. Bei einem unserer üblichen Mittwochstreffen zusammen mit Christine, unserer gemeinsamen Kollegin und Freundin, hatte Erika zur allgemeinen Erheiterung von Helmuts Lieblingsbeschäftigung während der gemeinsamen Wochenenden in Aachen erzählt: Regelmäßig wurden alle Sparbücher aus der Wertkassette herausgeholt, die dann genüsslich betrachtet und in jedem Detail gelesen und analysiert wurden. Also nicht nur ein leidenschaftlicher Geldsammler, sondern offensichtlich auch noch ein authentischer Geizkragen. Nach einem ganzen Jahr Arbeit hat der Mensch wohl auch einen Urlaub verdient. ›Ich könnte tatsächlich auf vieles verzichten, aber Urlaub, insbesondere Reisen jeder Art, gehören zu den Dingen, die das Leben lebenswert machen‹, dachte ich bei mir. Leider vergingen noch einige Stunden, bevor ich mehr über die mysteriöse Idee und meine Beteiligung an der ganzen Sache erfuhr, denn unsere Kassen lagen zwar schräg gegenüber, waren aber durch einen breiten, von der Geschäftsstellenleiterin perfekt kontrollierten Korridor getrennt. Privatgespräche im Dienst waren ein Tab, und da wir beide ähnliche Aufgaben hatten, war es nicht möglich, die Pausen gemeinsam zu verbringen. Der Kundenbetrieb war an diesem Frühnachmittag außergewöhnlich schwach. Unsere Leitung ertrug aber den Gedanken nicht, dass die Kassierer eine Verschnaufpause haben könnten, und so wurde mir ein Stapel Eingabebelege für die Programmierung im Computersystem ausgehändigt. Auf meinen fragenden Blick hin antwortete mir der Betriebsleiter Schneider mit einem Lächeln unter dem Schnäuzer: »Nun, wenn Sie alles für sich behalten

möchten, Frau Demmler, ... aber Sie teilen ja sicher gern mit den Kollegen der anderen Kassenschalter.«
Also machte ich mich an eine gerechte Aufteilung und ging zuerst zur Kollegin Erika Donzella mit ihrem Anteil der Eingabebelege. »Was meintest du denn heute früh? Die Idee ... und was habe ich damit zu tun?«, zischte ich ihr zu, während wir beide gekonnt den Blick auf die Eingabebelege fixierten, als ob wir Unklarheiten damit hätten.
»Diesmal werde ich Helmut nicht die Genugtuung geben. Wenn er wie üblich ein Wochenende mit der Frau Mama im Schwarzwald verbringen will, dann soll er mal. Ich will in den Süden, ich brauche Wärme. Ich bin die verregneten deutschen Sommer leid! Ich bin wild entschlossen. Wenn er nicht mitkommt, dann fahre ich eben allein.«
Stechend spürten wir den Blick der Vorgesetzten im Nacken und ich ging weiter zum nächsten Schalter, um auch Herrn Schlumm seinen Teil abzugeben.
Es wurde Abend, bis wir nach Dienstschuss Gelegenheit fanden, in Ruhe im Eiscafé miteinander zu sprechen. Erika war also entschlossen, allein in Urlaub zu fahren. Leider hatte ich zu einem späteren Zeitpunkt meinen Jahresurlaub, da wir innerhalb der Filiale die gleichen Aufgaben hatten, und daher nicht nur in der Pause, sondern auch im Urlaub nie gemeinsam fehlen konnten. Meine Aufgabe in der ganzen Sache war die, ihr Mut zu machen und eine Woche vor Urlaubsbeginn mit ihr zum Flughafen zu fahren, um eine Last-Minute-Reise mit ihr auszusuchen.
In letzter Zeit hörte man viel von diesen im letzten Moment gebuchten Reisen, die wesentlich günstiger waren. Es gab sogar Leute, die mit gepackten Koffern zum Flughafen fuhren, um dann wenige Stunden später direkt abzufliegen. Erika meinte, sie würde das Schicksal entscheiden lassen. Mir imponierten Erikas Mut und Entschlossenheit, auch wenn sie nicht der Typ Frau war, der sich allein in ein Ferienhotel setzt und mit tausend Bekanntschaften wieder nach Hause zurückkommt. Zum einen war sie eben charakterlich, wie im Übrigen auch ich selbst, nicht unbedingt eine Person, die beim Kennenlernen die Initiative ergreift und zum anderen hatte sie im Leben auch schon einige negative Erfahrungen gemacht, die sie zur Vorsicht mahnten.

So vergingen einige Tage bis zum traditionellen Mittwochstreffen, diesmal in der Bierstube. Auch wenn Christine, Erika und ich nicht zu den großen Biertrinkern gehörten, hatte es sich eingebürgert, unseren Treffpunkt in eins der Lokale um den Marktplatz unweit von unserer Arbeitsstelle zu legen. Nach rheinischer Tradition ließen wir das Bier mit alkoholfreiem Malzbier oder mit Cola verdünnen, diese im Rheinland Schuss und Drecksack genannten Getränke, da die Cola das Glasinnere schmutzig erscheinen lässt, und verbrachten den Abend im Austausch der letzten Neuigkeiten. Natürlich stand neben den betrieblichen Angelegenheiten auch das Thema Urlaub auf der Tagesordnung. Christine war schon dabei, sich für den Sommerurlaub zu rüsten, aber ihre Situation war etwas anders. Seit Jahren war sie fest liiert mit Sebastian, den sie praktisch von Kindesbeinen an kannte und mit dem sie auch ihren Urlaub verbrachte. Beide waren Motorradfans und fuhren auch dieses Jahr mit ihrer schweren Maschine bis nach Genua, um sich dann von dort aus nach Korsika einzuschiffen. Sie nahmen ein Zelt mit und erkundeten so die ganze Insel.
Anders war die Situation bei Erika, die zwar auch liiert war, aber in so mancher Hinsicht eben doch auf sich allein gestellt war, sofern sie nicht alles als gegeben und unabänderbar hinnehmen wollte. Christine war begeistert von der Idee, dass Erika einen Urlaub im sonnigen Süden verbringen würde.
»Was hast du denn gedacht, wohin du genau fahren möchtest?«
»Also am liebsten nach Italien oder vielleicht nach Spanien.«
»Also zu deinen Wurzeln«, warf ich ein, denn Erikas italienisch klingender Nachname »Donzella« kam wirklich von entfernten Verwandten aus der Gegend um Udine. Trotz dieser Herkunft sprach sie kein Italienisch und war auch sonst von einer typischen Deutschen nicht zu unterscheiden. Der einzige Unterschied war, dass ihr immer noch die italienische Staatsangehörigkeit erhalten geblieben war. Auf jeden Fall war sie entschlossen, eine Flugreise zu unternehmen und einige Tage vor ihrem Urlaubsbeginn mit meiner Unterstützung zum Kölner Flughafen zu fahren und eine Reise kurzfristig zu buchen. Und es war ja auch gar nicht unangenehm, dass sie so eine ganze Menge Geld sparen konnte.

Und was ist mit dir? Die Frage hatte ich nicht so recht erwartet. Tja, nun ja. Eigentlich hatte ich ja mit André, meinem ehemaligen Freund, an den Gardasee fahren sollen, aber als wir uns im Frühjahr getrennt hatten, hatte ich als erstes die Reise storniert und dabei auch noch Glück gehabt, dass der freundliche Hotelbesitzer keine Entschädigung verlangt hatte. Danach hatte ich bei all meinen Bekannten und Freundinnen herumgefragt, um Gesellschaft für einen gemeinsamen Urlaub zu finden, aber vergebens. Da war, wer bereits mit dem festen Freund einen Urlaub geplant hatte, und wer Mitte August keinen Urlaub nehmen konnte. Dann war auch noch dazu gekommen, dass André nach einigen Wochen Funkstille wieder angefangen hatte, mich zu kontaktieren, wobei mir seine Absichten aber völlig unklar waren. »Er meint, auch wenn wir nicht mehr zusammen sind, sollten wir doch gute Freunde bleiben«, erklärte ich meinen Freundinnen.

»So nennt man das also«, prustete Christine los, »ich wette mit dir, es vergeht keine lange Zeit, bis er dich besuchen kommt, und dann, weil es ja spät geworden ist, bei dir übernachten will.«

»Da hast du wahrscheinlich nicht unrecht, aber keine Sorge, ich habe die Nase voll von diesem komplizierten Verhältnis, auch wenn es insgesamt fast ein Jahr angedauert hat.«

»Ein bisschen bist du auch selbst schuld«, wandte Erika ein, »wenn man von einer Geschichte in die nächste stürzt, kommt selten etwas Gutes dabei heraus.« Die weisen Worte meiner älteren Freundin! Ich hatte André kennen gelernt, als ich schon zwei Jahre mit Robert, meinem 13 Jahre älteren Lebensgefährten zusammenlebte. Robert war die erste wirklich wichtige Beziehung meines Lebens gewesen. Wegen ihm war ich mit 19 Hals über Kopf zu Hause ausgezogen und musste diese Entscheidung bitter mit dem fast kompletten Verlust der Beziehung zu meiner Familie bezahlen. Anfangs hatte mich dieser Verlust in keiner Weise berührt, denn zu überwältigend war diese neue Liebe gewesen zu einem Mann, der reifer als ich war, sich aber gerne von meiner Jugend inspirieren ließ. Mit der Zeit aber hatten die Schwierigkeiten begonnen, die weniger mit dem Altersunterschied als mit dem schlechten Einfluss einiger seiner neidischen Freunde zusammenhingen. Und in dieser schwierigen Phase war André aufgetaucht, der als völlig Unbekannter bei einem Segeltörn auf dem Ijsselmeer erschien. Greta, meine Freundin, hatte ihn als sechsten Mann mitgebracht, um das Segelboot komplett zu nutzen. Und vom ersten Augenblick an hatte es zwischen uns geprickelt, was mein Freund Robert als einziger nicht bemerkt hatte oder nicht hatte bemerken wollen. Vielleicht war damals einfach der richtige Moment gekommen, um eine in die Sackgasse geratene Beziehung zu beenden und eine neue Lebensphase einzuläuten. In dieser Zeit hatte ich immer das Gefühl gehabt, dass es mit uns einfach nicht sein sollte. So, als ob es irgendein großes, überirdisches Projekt für mich gäbe und mein Instinkt sagte mir, dass es keinen Sinn hatte, diesen Weg weiter zu gehen.

André war also die richtige Person im richtigen Moment gewesen und ich hatte die Initiative ergriffen, Robert zu verlassen. Einfach war das nicht gewesen, weder in emotionaler noch in praktischer Hinsicht. Ich hatte also, gestärkt vom offenkundigen Interesse von André, allen Mut zusammengenommen und eine kleine Wohnung gemietet. Unterstützt von meinen Eltern, die heilfroh und nun natürlich mir auch wieder mehr gewogen waren, hatte ich bei Freunden und Bekannten Hausrat und ausgediente Möbel gesammelt, da ich so schnell keine komplette Einrichtung kaufen konnte. Als ich Robert mitgeteilt hatte, dass ich ihn verlassen würde und auch schon eine neue Wohnung, ganz in der Nähe, gefunden hatte, nahm er dies gelassen auf, fast als hätte er so etwas schon erwartet. Aber als er herausgefunden hatte, wer der Beweggrund dieser Entscheidung war, hatte er schlagartig sein Verhalten geändert. Er hatte mir die für meinen Umzug zugesagte Hilfe versagt und zudem mein aus Gründen der Steuerersparnis auf seinen Namen zugelassenes Auto weggenommen. Als ich dann meine persönlichen Sachen in unserer gemeinsamen Wohnung hatte abholen wollen, hatte ich ein nagelneues Türschloss vorgefunden und meinen ehemaligen Lebensgefährten, der mein Hab und Gut im Hausflur deponierte. Also hatte ich meine Sachen vom Boden aufsammeln und mitnehmen müssen.

Trotz aller Schwierigkeiten und meines verletzten Stolzes stellte der 8.8. einen Gedenktag und einen neuen Anfang für mein Leben dar.

Sicher war die Matratze der alten Gartenliege meiner Mutter, die ich im Schlafzimmer auf den Teppichboden gelegt hatte, kein ausgesprochen bequemes Bett gewesen, aber ich hatte herrliche Nächte allein darauf verbracht, denn ich wusste, dass ich nun dabei war, mir wirklich etwas aufzubauen. Etwas für mich allein, ohne von anderen abhängig und kontrolliert zu sein. Auch die Anstrengung, Roberts alte Küchenmöbel, Herd und Spüle in den 3. Stock zu schleppen, eine fast übermenschliche Leistung angesichts meiner körperlichen Statur, war bald vergessen. Es schien, dass mir in jenen Tagen einfach alles gelang. Vielleicht hatte ich einen Schutzengel an meiner Seite gehabt. Auf André hatte ich als Hilfe nicht zählen können, da er bevorzugte, sich bedeckt zu halten, denn er wollte nicht den Anschein geben, der Verursacher dieser Situation zu sein. Aber war er das nicht irgendwie schon? Natürlich, aber es gibt eben sehr wenige Menschen, die wirklich bereit sind, die Verantwortung für ihr Reden und Handeln zu übernehmen. Diese Erkenntnis sollte sich noch oft in meinem Leben wiederholen.

2. Kapitel

FLASHBACK – ABTAUCHEN IN DIE VERGANGENHEIT

Sehr schnell war es mit meiner Wohnungseinrichtung bergauf gegangen, denn glücklicherweise hatte ich mich auf ein angemessenes Gehalt von meiner Bank stützen können. Nach und nach hatte ich das Schlafzimmer mit einem supermodernen schwarzen, mit knallbuntem Grafikmuster bedeckten Polsterbett eingerichtet, einem weißen Kleiderschrank und ebensolchen Kommoden, die genau unter die Dachschräge passten. Das zweite Zimmer, das gleichzeitig Küche und Wohnzimmer war, hatte an der rechten Seite Platz für die besagte Kücheneinrichtung aus hellem Kiefernholz, wenn sie auch schon ein wenig abgenutzt war. Links hatte ich eine Couch mit einem passenden Schreibtisch hingestellt und unter dem Fenster stand ein kuschliger Sessel mit einer schrägen, ein wenig unbequemen Sitzfläche, der aber der Stammplatz von Wusel war. Auch wenn ich meinen hübschen, kleinen, knallroten Renault »verloren« hatte, war ich doch froh, dass Roberts Rache sich nicht an dem roten Perserkater ausgelassen hatte, denn das wäre unendlich viel schmerzhafter gewesen.

Auch für das Auto-Problem hatte sich eine Lösung gefunden. Mein Vater hatte sich in seinem Bekanntenkreis umgehört und sein langjähriger Freund und Opelvertreter hatte einen Kadett günstig abzugeben. Der weiße Wagen war ein älteres Modell und entsprach nicht so ganz meinen Vorstellungen, denn in so einem sportlichen Auto hatte eine so kleine Person wie ich nicht die günstigste Sitzposition, aber dennoch nahm ich ihn. Manchmal muss man sich eben mit dem begnügen, was sich gerade so bietet. Ohne Auto wäre ich in meinen Bewegungsmöglichkeiten stark eingeschränkt gewesen.

Meine Beziehung zu André startete am 8.8., wenn auch auf eine äußerst unangenehme, aber wegweisende Manier. Auf dem Weg zu unserem ersten Treffen war ich durch eine kleine Ortschaft auf einer Landstraße gefahren, auf der wirklich niemand die vorgeschriebenen 50 Stundenkilometer einhielt. Es hatte gerade angefangen zu regnen, nach mehreren Wochen der Trockenheit. Ich war sehr aufgeregt gewesen und meine Gedanken hatten sich mit dem bevorstehenden Treffen mit André beschäftigt, als plötzlich rechts aus der Einfahrt eines Blumenladens ein Transporter herausgekommen war und sich anschickte, meine Fahrtrichtung einzuschlagen. Ich hatte zu spät gebremst, die feuchte Fahrbahn war extrem rutschig gewesen und mein Wagen war auf den Transporter aufgefahren, der wiederum auf das davor fahrende Fahrzeug auffuhr. Für einen Moment schien alles in Zeitlupe abzulaufen und ich hatte bei mir gedacht: ›Nein, es passiert nichts. Es wird schon gutgehen!‹ Aber leider war es nicht gutgegangen. Die beiden anderen Fahrer waren ausgestiegen. Die Frau aus dem ersten Auto hatte sich entsetzlich aufgeregt, während der Fahrer des Lieferfahrzeuges aus dem Blumengeschäft versucht hatte, sie zu beschwichtigen. Er hatte die Polizei angerufen, die dann alles regelte. Es hatte sich um den ersten Unfall in meiner Führerscheinkarriere gehandelt, daher war ich bass erstaunt gewesen, als einer der Polizisten wirklich freundlich, fast herzlich, mir als erstes einen Strafzettel wegen überhöhter Geschwindigkeit verpasste. Ganz naiv hatte ich gefragt: »Aber wie können Sie denn wissen, wie schnell ich gefahren bin? Sie waren ja nicht dabei. Also verlassen Sie sich blind auf die Aussagen der anderen beiden Fahrer. Und wenn die nicht die Wahrheit sagen?« Der Polizist hatte mich honigsüß angelächelt, wie man ein Kleinkind anlächelt, das gerade entdeckt hat, dass der Weihnachtsmann nicht existiert.

»Nee Frollein, dat is janz einfach. Se müsse immer su schnell fahre, dat Se in jedem Fall rechtzeitisch zum Stehe kumme, wenn ne KFZ vuer Inne bremst.« – »Nein, Fräulein, das ist ganz einfach. Sie müssen immer so schnell fahren, dass Sie rechtzeitig zum Stehen kommen, wenn ein KFZ vor Ihnen bremst.«

Ich hatte gespürt, dass ich rot wurde. Nur zu logisch war diese Antwort. Ab jetzt würde ich nie mehr vergessen, dass gewöhnlich immer der letzte Wagen im Auffahrunfall die Schuld trägt. Die gesamte Abwicklung des Unfalls hatte natürlich einige Zeit gedauert, auch wenn zum Glück niemand verletzt worden war und auch der Blechschaden die Fahrmöglichkeit der Autos nicht einschränkte. Mein Wagen hatte nur die Stoßstange leicht eingedrückt.

Zum ersten Rendezvous mit André im Restaurant einer Tennishalle war ich dennoch mit einer Stunde Verspätung gekommen, was meinem Wesen gänzlich widersprach. »Des Kaufmanns Pünktlichkeit ist fünf Minuten vor der Zeit«, hatte mich mein Vater gelehrt, der tatsächlich davon überzeugt war, dass derjenige, der sich exakt zur vereinbarten Uhrzeit präsentiert, eigentlich schon verspätet war. André war fast beleidigt gewesen und war im Begriff, wegzufahren, als ich auf dem Parkplatz der Tennishalle angekommen war und ihm von meinem Unfall berichtete, aber dann hatte er doch Verständnis gezeigt. Wir waren zurück ins Restaurant der Tennishalle gegangen, wo wir zum ersten Mal alleine über uns reden konnten. Es war ein untypisches Treffen gewesen. Irgendwie hatte die Romantik des ersten Rendezvous gefehlt, auch wenn uns die gegenseitige Anziehungskraft durchaus bewusst war. Es hatte mich leicht verwirrt, dass André, als ich ihm von meinem Entschluss berichtete, Robert definitiv zu verlassen, keine Freude oder ähnliches zeigte, sondern vielmehr Besorgnis, als der hierfür Schuldige betrachtet zu werden. Wir hatten uns darauf geeinigt, dass dies meine persönliche, von ihm unabhängige Entscheidung sei, auch wenn dies tief in meinem Herzen einen üblen Nach- oder besser gesagt Vorgeschmack hinterlassen hatte.

Dieser erste Abend war irgendwo symptomatisch gewesen für eine Beziehung, die so vieles hätte sein können, weil irgendwie alles stimmte, aber die gleichzeitig so vieles nicht war. André war ein sympathischer, fröhlicher, nett aussehender Mensch, ohne auf irgendeinem Gebiet etwas Außergewöhnliches darzustellen. Vielleicht war es eben diese Normalität, nach der ich eine so große Sehnsucht hatte. Die vergangenen drei Jahre waren eben nicht so ganz durchschnittlich gewesen. Wir hatten viel miteinander gescherzt und fühlten uns wohl in der Gesellschaft des anderen, und ich versuchte mir seines Mangels an Verantwortung nicht allzu sehr bewusst zu werden. An diesem Abend war ich zum vorletzten Mal in die Wohnung zurückgekehrt, die ich fast drei Jahre mit Robert zusammen bewohnt hatte. Die Wohnung hatte sich in der letzten Woche stark verändert. Lange Zeit hatte ich darauf gedrängt, die angefangenen Renovierungsarbeiten in der Küche zu Ende zu bringen, aber, wie das eben so ist, wenn die Meinung des Partners völlig an Stellung und Wichtigkeit verloren hat, war meine Nachfrage bei Robert auf taube Ohren gestoßen, und so war es dabei geblieben, dass der Gefrierschrank und der Wäschetrockner einfach so mitten im Raum standen, anstatt in eine Einbauwand eingefügt zu werden. Und es war mir klar geworden, wie sich Verhältnisse zwischen Personen verändern können. Einmal ist deine Meinung die kompetenteste und interessanteste der ganzen Welt für eine Person, die dir gegenüber unvoreingenommen ist, während du für die gleiche Person innerhalb kürzester Zeit die inkompetenteste Person der Welt werden kannst: himmelhochjauchzend und gleich danach zutiefst betrübt. Extreme Positionswechsel gegenüber einer Person bringen ebenso krasse Veränderungen in der Achtung des Anderen mit sich.

Nachdem ich Robert aber gesagt hatte, dass es zwischen uns aus sei, war ich einen Tag lang zu meiner Schwester Rebekka gefahren, die 100 km entfernt wohnte, um etwas Abstand zu gewinnen und um die Gelegenheit zu haben, mit jemandem über die Sache sprechen zu können.

Nach meiner Rückkehr hatte ich alle seit Monaten angesammelten Arbeiten und unerledigten Renovierungen im Haushalt wie durch Zauber erledigt vorgefunden. Selbst die Dunstabzugshaube hatte nun ein Abluftrohr direkt im Luftschacht.

An jenem Abend, nach meinem Unfall und dem Treffen mit André, hatte Robert mich unverzüglich nach meinem Eintreten einer Prüfung »auf Herz und Nieren« unterzogen. Er kannte mich gut genug, um zu wissen, dass ich nicht fähig war, mich zu verstellen oder zu lügen. Auf seine Frage, ob denn eine andere Person im Spiel sei, antwortete ich gezwungenermaßen mit »ja«. Natürlich hatte er nicht locker gelassen, als ich den Namen der Person nicht preisgeben wollte. In diesem Moment waren mir im Bruchteil einer Sekunde unendlich viele Dinge durch den Kopf gegangen. Wie konnte man fast drei Jahre mit einer Person zusammenleben und noch nicht einmal bemerken, dass diese dabei war, sich in einen anderen zu verlieben? Und wie konnte man Tage auf engstem Raum auf einem Segelboot und Abende gemeinsam in Lokalen verbringen, ohne dass einem auffiel, dass da zwei Personen sich immer mehr annäherten, was allen anderen Mitfahrern des besagten Segeltörns, Greta inbegriffen, nicht entgangen war? Meine

Gefühle waren in diesen kritischen Sekunden, in denen Robert auf meine Antwort wartete, eine Mischung aus verletztem Stolz und Genugtuung, mich für diese Interessenslosigkeit zu rächen. Ich hatte fast ein Lächeln auf den Lippen, als ich ihm antwortete: »Es ist André!« Aber das Lächeln sollte mir bald vergehen, denn Robert hatte einen Wutausbruch, den ich nicht so leicht vergessen hätte. Er wurde puterrot und schrie seine Wut aus dem Bauch. Von nun an drehte sich die Situation, denn bisher hatte er so etwas wie Einsicht in die von ihm in unserer Beziehung begangenen Fehler verspürt. Deshalb hatte er auch diese lange vernachlässigten Arbeiten im Haushalt erledigt. Nach dem Motto: Siehst du, jetzt musst du zufrieden sein, ich habe alles gemacht, was du wolltest. Nachdem er die Wahrheit kannte, fühlte er sich aber wie der Betrogene, auch wenn er dies bis heute Abend nicht wirklich gewesen war. Leider war ich gezwungen gewesen, mich an diesem Abend noch in der gemeinsamen Wohnung aufzuhalten, und es wurde eine der schlimmsten Nächte meines Lebens. Robert schwankte ständig zwischen Wut, Selbstmitleid und Versuchen, mich zu überzeugen, doch bei ihm zu bleiben. Es gibt Nächte, in denen man aufs Morgengrauen hofft und sehnlichst wartet, dass ein Lichtstrahl das Leben erhellt. Und diese war eine davon gewesen!

Aber nun saß ich doch hier im Bierstübchen, einem Ort, der fest mit Erinnerungen an viele gemeinsame im Freundeskreis mit Robert verbrachten Abende verbunden war, mit Christine und Erika. Erikas Reisepläne standen fest, während meine ein einziges Fragezeichen waren. Nach der Stornierung der mit André gebuchten Reise ins Paradies der Surfer am Gardasee, war ich etwas orientierungslos und hätte gerne irgendetwas zusammen mit einer Freundin unternommen. Aber mit Erika war es unmöglich, da unsere Betriebsleitung niemals zwei Servicemitarbeiter gleichzeitig in Urlaub geschickt hätte, bei Christine und Sebastian das fünfte Rad am Wagen zu spielen war undenkbar, und Greta hatte in diesem Sommer aus betrieblichen Gründen gar keinen Urlaub.

»Na dann«, sagte Erika, »ist doch klar, dass du alleine fahren musst, so wie ich.«

»Mit dem Gedanken kann ich mich so gar nicht anfreunden, Erika. Wenn ich nur denke, dass ich in einem Speisesaal allein am Tisch sitze und die Leute mich anstarren, wird mir ganz anders«, antwortete ich. »Diejenigen, die dich anstarren, können nur Deutsche sein, die sind so engstirnig. Sicher wird sich keiner der ausländischen Gäste etwas dabei denken, dass eine Frau allein Urlaub macht«, warf Erika ein. »Na los schon, Jessica, lass dich mal ein bisschen gehen«, machte mir Christine Mut.

Ich bat mir Bedenkzeit aus. Es war ja schließlich noch etwas Zeit bis dahin. Wir verabschiedeten uns und ich ging zu Fuß die kurze Strecke bis nach Hause. Wusel schlief in seinem Kuschelsessel unter dem Fenster. »Mein armer kleiner Kater, du bist immer allein. Du bist der allerbeste. Kein anderer Mann auf der Welt ist wie du.« Sobald ich anfing, ihn zu streicheln, setzte sein Schnurren ein, das so laut wie ein gedämpfter Rasenmäher war. Dieses überdimensionale Schnurren hatte mich schon immer zum Lachen gebracht. Wusel war mit acht Wochen zu mir gekommen, ein Wattebausch, der lauthals schnurrte. Ich hatte nie vorgehabt, mir eine Rassekatze zuzulegen, denn eigentlich war ich Liebhaber der ganz normalen Hauskatze. Meine Familie hatte seit Jahr und Tag Katzen gehabt. Zuletzt hatten wir bis zu fünf oder sechs gleichzeitig. Kaum zu glauben, dass meine Mutter Tiere zutiefst hasste, als ich klein war. Die erste Katze hatte uns der ehemalige Freund meiner Schwester Rebekka ins Haus geschleppt. Er war Vertreter und diese arme Mieze verbrachte fast den ganzen Tag im Auto. Also bot meine Mutter aus purer Barmherzigkeit an, die Katze manchmal bei uns zu lassen. Zudem war es ein ausgesprochen ruhiges und liebesbedürftiges Tier, das sein Besitzer auf der Autobahn gefunden hatte, und das das Herz meiner Mutter eroberte. Aus manchmal wurde dann ständig und irgendwann war »Leidenfix« dann unsere Katze. Der merkwürdige Name rührte von Rebekkas Freund her, der die Katze oft in seine großen Hände nahm, sie mit dem Bauch nach oben drehte und mit österreichischem Akzent schrie: »Du armes Tier, du musst so leiden«, woraufhin die Katze – brav dressiert – anfing, kläglich zu miauen. Die arme Leidenfix hatte kein langes Leben, denn schon in jungen Jahren, als Folge einer vielleicht nicht ganz gelungenen Sterilisierung, bekam sie eine Wassersucht, an der sie elendig zu Grunde ging. In unserer Familie wurde getrauert. Vielleicht hatten wir bis dahin gar nicht bemerkt, wie sehr wir an dem niedlichen, zierlichen, weißen Kätzchen hingen. Um die Trauer zu überwinden, hatten wir Nicki ins Haus geholt, eine dunkelgrau-weiße Hauskatze vom Reiterhof, auf dem ich einen Großteil meiner Kindheit verbracht hatte. Zudem wurden in unserem Garten, hinter der zusammengeklappten Tischtennisplatte gut versteckt, fünf Katzenbabys einer halbwilden Mutter geboren. Der Freund meiner Schwester, als großer »Katzenexperte«, fasste diese Katzenkinder schon kurz nach der Geburt an, und die Mutter, die an ihren Jungen den Menschengeruch verspürte, wies diese zurück. Also blieb uns nichts anderes übrig, als die Katzenbabys in unseren warmen Heizkeller zu bringen und sie mit dem Fläschchen zu ernähren. Dies erwies sich als gar nicht so einfach, aber mit ein bisschen Glück schafften wir es, alle fünf, eine Katze und vier Kater, großzuziehen. Als ich im Alter von 19 Jahren dann Hals über Kopf mit Robert zusammengezogen war, hatte ich Nicki natürlich mitgenommen, denn sie lebte fast ausschließlich in meinem Zimmer und ich betrachtete sie als meine Katze. Meine Eltern waren, milde ausgedrückt, unwillig gewesen, diese Beziehung zu akzeptieren und hatten Himmel und Hölle in Bewegung gesetzt, um uns auseinanderzubringen. Unter Druck gesetzt, hatte ich innerhalb weniger Stunden meine Sachen gepackt, mein Kätzchen unter den Arm genommen und war bei Robert eingezogen, der uns freudestrahlend zusammen mit seinem Hund George, einem wilden Bobtailrüden, erwartete. Wir hatten ein wenig Angst vor dem Zusammentreffen zwischen Hund und Katze gehabt, aber es war besser als erwartet gelaufen. George hatte höchsten Respekt vor der Katzendame, die sich sofort in der dominanten Rolle wohlgefühlt hatte und den riesigen, zottligen Hund mit Herablassung behandelte. Nach einiger Zeit hatte sich so etwas wie eine Freundschaft entwickelt, die aber von extremer Vorsicht seitens des Hundes gekennzeichnet war. Nach einigen Monaten schien auch die Wut meiner Eltern über meinen überstürzten Auszug, und zudem auch noch zu einem viel älteren Mann, abzunehmen. Also hatte ich mir Mut gemacht und meine Mutter gefragt, ob sie auf Nicki aufpassen könnte, während ich in Urlaub fuhr. Ich hatte es kaum zu hoffen gewagt, aber sie hatte sofort zugesagt. Ich hatte Nicki

mit ihrem Körbchen und allem Notwendigen zu meinen Eltern gebracht und war unbesorgt in Urlaub gefahren, denn die Katze war ja in ihrer altbekannten Umgebung. Nach meiner Rückkehr hatte mich aber eine schreckliche Überraschung erwartet. Als ich meine Mutter angerufen hatte, um einen Termin für Nickis Abholung auszumachen, tat sie so, als ob sie überhaupt nicht wüsste, wovon ich denn redete.
»Katze, welche Katze? Nicki? Das ist unsere Katze. Die kannst du nicht haben!«, sagte sie mir. Ich war völlig niedergeschlagen und konnte es einfach nicht glauben. Wie hatte mir meine Mutter so etwas antun können, wo sie doch wusste, wie sehr ich an Nicki hing? Die Katze hatte immer in meinem Zimmer gelebt, in meinem Bett geschlafen, hatte mit mir gespielt. Sicher, ich konnte verstehen, dass meine Eltern böse auf mich waren, hatte ich doch nicht nur ihre guten Ratschläge, die Hände von diesem Mann zu lassen, in den Wind geschlagen, sondern war auch noch zu ihm gezogen, als sie versuchten, die Beziehung mit Gewalt auseinanderzubringen, indem sie mich buchstäblich im Haus einschlossen. Obwohl es für mich eine enorme Erniedrigung darstellte, hatte ich erneut bei meinen Eltern angerufen und sie weinend angebettelt, mir die Katze zurückzugeben, denn die hatte es wirklich viel besser bei mir als bei ihnen, die so gut wie nie zu Hause waren. Vergebens. Der Verlust meiner geliebten Katze hatte mir einen fürchterlichen Schlag versetzt, was nur derjenige verstehen kann, der schon einmal eine so enge Beziehung zu einem Haustier gehabt hat. Wer eine intensive Beziehung zu einem Tier lebt, sieht irgendwann kaum mehr einen Unterschied zwischen Mensch und Tier. Tagelang hatte ich mich dahingeschleppt. Es war, als ob Nicki gestorben wäre, denn ich sah keine Chance, sie je wieder zu sehen. Ein paar Tage später hatte ich mich in einem Supermarkt zum Einkaufen befunden, als eine Werbedurchsage aus dem Lautsprecher erklang: »Nicki Katzenstreu ist heute im Angebot, Sonderpreis nur ...« Mir war schwarz vor Augen geworden, als ich den Namen meiner Katze hörte und ich hatte fast das Bewusstsein verloren. Ich hatte mich mitten im Geschäft einen Augenblick zu Boden gesetzt. Eine freundliche Verkäuferin hatte mir ein Glas Wasser gebracht und nach ein paar Minuten war es mir besser gegangen. Abends hatte ich Robert von

diesem Erlebnis erzählt. Am darauf folgenden Samstag hatte er mir eine Annonce in der Tageszeitung gezeigt: »Perserkatzen mit Stammbuch zu verkaufen ...«

»Komm mir bloß nicht mit so etwas«, wehrte ich unverzüglich ab, »du weißt, ich kann Rassekatzen nicht ausstehen. Und außerdem kann man ja auch keinen Menschen einfach so durch einen anderen ersetzen.«

»Ich will doch keine Perserkatze kaufen«, antwortete er, »wir haben doch auch den Hund, aber wir können doch einfach mal zu der Züchterin fahren, du spielst ein wenig mit den Kätzchen und dann fahren wir wieder und sagen, wir müssten es uns noch mal überlegen. Ich meine, Katzenluft schnuppern tut dir vielleicht gut.«

Ich war einfach nicht in der Stimmung gewesen, große Diskussionen zu führen, deshalb hatte ich keine weiteren Einwände vorgebracht, obwohl ich keine besondere Lust hatte, dorthin zu fahren. Gegen Mittag, als Robert sein Geschäft geschlossen hatte, war ich also wie vereinbart gegangen, um ihn abzuholen und hatte gesehen, während ich um die Ecke der Werkstatt bog, in der er sein Auto geparkt hatte, dass er eine alte Wolldecke und einen Karton in den Kofferraum legte. Aha, also hatte ich doch richtig verstanden. ›Na, die Suppe werde ich dir versalzen‹, hatte ich gedacht. Es war wirklich nett gemeint von ihm, aber der Gedanke an eine andere Katze erschien mir wie ein Verrat. Das konnte ich Nicki nicht antun. Außerdem waren Rassekatzen wirklich dämlich und Perser noch mehr. Die hatten so eine abgestumpfte Nase, die ihr Gesicht ganz flach aussehen ließ. Nein danke, das war nichts für mich. Aber gut, es konnte mich ja niemand zwingen. Ich wollte es tatsächlich so machen, wie Robert gesagt hatte: »Wir fahren hin, aber kaufen keine Katze.« Es erschien mir sowieso undenkbar, eine Katze zu kaufen, eine Sache, die ich noch nie getan hatte. Es gab so viele niedliche Kätzchen, für die händeringend ein Frauchen oder Herrchen gesucht wurde. Das war doch nicht korrekt, Geld für Tiere auszugeben. Wir waren also in Roberts schönem Auto zu der Züchterin, die annonciert hatte und am entgegengesetzten Ende der Stadt wohnte, gefahren. Es war ein sehr anmutiges Einfamilienhaus mit Garten. Und mehr als eine Zucht schien es eine Katzenfamilie zu sein, die auch ein menschliches Ehepaar im Haus duldete. Die Katzenmutter war eine riesengroße wunderschöne, dunkelgraue Katzendame, eine tatsächlich edle Gestalt. Sogar der Vater gehörte zur Familie. Ich hatte selten eine so große Katze gesehen. Unter dem Fellbündel hatten sich circa 15 Kilo Kater versteckt. Außer uns waren weitere Interessenten dort, die die Züchterin aber schon persönlich kannte, da diese schon Katzen bei ihr abgenommen hatten. Wir waren also die einzigen Neulinge. Die ganze Umgebung schien ein Paradies mit Körbchen, Kratzbäumen, Gehegen und viel Auslauf im Garten zu sein. Es waren fünf kleine Kätzchen, wovon mich eins – ein blaues – wider Erwarten doch faszinierte. Ich hatte sein samtweiches, langes Fell, das von einer phantastischen grau-blau-Färbung war, bewundert. Als das Tierchen dann das Gesicht zu mir gedreht hatte, war ich doch etwas perplex gewesen, denn es hatte das typische, eingedrückte Persergesicht. Ich hatte völlig vergessen, dass ich ja gar keine Katze wollte und sah mir das andere Weibchen des Wurfes, ein hellbeigefarbenes Kätzchen an. Während ich das Tierchen mit den Augen fixierte, verspürte ich ein Kratzen am rechten Schienbein, das sich langsam intensivierte und Richtung Oberschenkel wich. Ich schaute auf mein Bein: Am rechten Hosenbein meiner Jeans kletterte ein kräftiger, roter Perserkater herauf. Zum ersten Mal seit Tagen musste ich so richtig lachen, nahm den kleinen Schlawiner auf den Arm und sah ihn mir so richtig an. Er war der größte des Wurfes, sein Name war »Dimple von Schauenberg« und mir wurde klar, dass ER MICH ausgesucht hatte. Sofort hatte er angefangen zu schnurren und sein ganzer Körper vibrierte. Wir hatten keinen Moment gezögert. Die Züchterin machte die Papiere fertig. Dimple war bereits acht Wochen alt, hatte alle notwendigen Impfungen und konnte sofort mit uns nach Hause fahren. Die Züchterin hatte beim Abschied Tränen in den Augen gehabt, denn es handelte sich um eine Tierliebhaberin und nicht um eine Person, die kommerziellen Nutzen aus den Tieren ziehen wollte. Während der Fahrt nach Hause hatte sich der kleine Kater auf meinen Schoß gekuschelt. Sofort war mir klar, dass »Dimple von Schauenberg« zwar sein offizieller, adeliger Name war, aber keinesfalls konnte ein so wuscheliges Kügelchen einen so steifen Namen tragen. Da kam mir die Idee: »Wusel!«

»Was?«, fragte Robert
»Wusel«, wiederholte ich, »er heißt Wusel.« Im gleichen Moment musste ich dreimal hintereinander niesen.
»Vielleicht sind mir seine Haare in die Nase geraten«, sagte ich, »hatschi, hatschi.«
»Das scheint mir eher eine richtige Erkältung zu werden«, meinte Robert.
Die Vorstellung zwischen Hund und Katze verlief diesmal herzlicher. Wusel kannte keine Hunde und war völlig unvoreingenommen, während George einen Vaterinstinkt entwickelte.
Die nächsten Wochen nach der Enthüllung unserer Reisepläne verliefen ruhig. Ich arbeitete in meiner Bankfiliale. Nach der Arbeit ging ich oft meine Eltern in ihrem nahe gelegenen Sportgeschäft besuchen. Mittwochs hatten wir unseren Mädelsabend: Christine, Erika und ich. Montags traf ich mich zum Squash mit meiner Freundin Greta Schuster. Donnerstag, unser längster Arbeitstag, mündete regelmäßig in der neben der Bank gelegenen Kneipe auf ein Bier mit fast allen Kollegen. Die Wochenenden waren manchmal langweilig, denn meine Freundinnen verbrachten die freie Zeit mit ihren Freunden und ich war eben momentan der einzige Single. Sonntags besuchte ich häufig meine Eltern, wo ein warmes Mittagessen raussprang. Ich hatte, seit ich zu Hause ausgezogen war, schon recht gut gelernt zu kochen, hatte aber festgestellt, dass ich nicht fähig war, allein eine von mir gekochte Mahlzeit einzunehmen. Sobald ich mich an den Tisch setzte, verging mir regelmäßig der Appetit. Eine Tatsache, die mir zu denken gab. Eigentlich war ich ja unheimlich glücklich über meine eigene Wohnung und hatte alle Freiheit der Welt, das zu tun, was ich wollte. Aber irgendwie war da doch eine Leere. Ich konnte nicht behaupten, einsam zu sein, hatte ich doch Freunde, Arbeitskollegen, eine Familie und auch finanziell fehlte es mir an nichts. Doch manchmal überlegte ich doch, ob das nun wirklich alles an Glück war, oder ob vielleicht für mich noch etwas anderes reserviert war. Jedes Mal, wenn sich vor dem Teller sitzend mein Magen schloss, fragte ich mich, ob ich mich nicht selbst belog. Sicher hatte ich im Gegensatz zu vergangenen Zeiten in der aktuellen Lebensphase keine großen Probleme, aber Glücklichsein war vielleicht doch etwas anders.

3. Kapitel

EINE REISE, EINE ENTSCHEIDUNG UND UNZÄHLIGE BEDENKEN

In der Zwischenzeit war der Monat Juli gekommen und mit dem zumindest kalendarischen Sommer war auch André wieder stärker in mein Leben zurückgekommen.
Durch Greta hatte ich erfahren, dass er sich ständig nach mir erkundigte und mehrmals versucht hatte, mich anzurufen. Wie der Zufall es wollte, hatte er mich nie erreicht und hatte daraus die Schlussfolgerung gezogen, dass ich sehr beschäftigt sei, was seinerseits Fragen der Art »Mit was oder wem ist sie denn beschäftigt?« hervorgerufen hatte. Es bereitete mir Genugtuung, dass er nach den Gründen meiner Abwesenheit forschte, die aber eher zufällig war, da ich leider mit niemandem besonders beschäftigt war. Greta kannte unsere Geschichte nur zu gut, denn sie hatte alle Ereignisse von Anfang an miterlebt und erzählte ihm daher mit reiner Genugtuung, dass ich neue Bekanntschaften geschlossen hätte und deshalb immer unterwegs sei.
Wie schon gesagt, hatte André bereits nach einigen Monaten unserer Beziehung begonnen sich zurückzuziehen. Und zwar in Folge eines rein theoretischen Gespräches über seine und meine Zukunftsvorstellungen, in dem ich den fatalen Satz »Ich könnte mir durchaus vorstellen, dass ich einmal heiraten werde, und – warum auch nicht – einmal Kinder haben werde«, aussprach, der zutiefst meiner Überzeugung entsprach. André hatte buchstäblich die Farbe gewechselt und etwas wie »diese Perspektive ist mit meiner Lebensvorstellung unvereinbar ...«, gestottert. Nach einer längeren Diskussion, in der er klargestellt hatte, dass er keinerlei Absicht hatte, sich fest zu binden, hatte er den Fernsehapparat, den er mir geliehen hatte, kommentarlos unter den Arm genommen und war verschwunden. So dumm und beschämend diese Situation auch war, hatte ich mich doch sehr verletzt gefühlt. Wie so oft war ich zunächst traurig gewesen, bis sich die Trauer in Wut umgewandelt hatte.

Es hatte mehrere Monate gedauert, bis André plötzlich wieder in meinem Leben aufgetaucht war und so getan hatte, als wäre nichts vorgefallen. Aber ich hatte geraume Zeit gebraucht, bis ich wieder Vertrauen zu ihm finden konnte. Nun war er es, der Familienanbindung suchte, und zwar zu meiner. Er hatte darauf bestanden, mich zur Feier des 40. Geburtstages meiner Schwester Rebekka zu begleiten, was mir einige Schwierigkeiten verursacht hatte, da meine Eltern, wie üblich, von meinem Freund nicht besonders angetan waren. Zudem hatte er mich auch seiner Mutter vorgestellt, was mir wiederum nicht so recht gewesen war.

Und auch diesmal hatte ich auf Gretas Rat hin mit der »paradoxen Psychologie« das gewünschte Resultat erreicht. Je weniger Interesse ich zeigte, desto mehr Interesse entwickelte er. Sicher hatte ich diese Beziehung mit großer Hoffnung angefangen, denn es sprach nichts dagegen, dass es mit uns funktionieren könnte, so sah ich das wenigstens. Das, was sich aber geändert hatte, könnte man vielleicht »meine Leidensbereitschaft« nennen. Immer wenn ich wieder Vertrauen zu ihm gefasst hatte, zog er sich zurück. Jedes Mal, wenn ich die Hoffnung auf eine gemeinsame Zukunft aufgegeben hatte, näherte er sich. In einem dieser Momente der Öffnung hatte er mich sogar nach Wiesbaden mitgenommen, um ihn bei einem seiner Kundenbesuche zu begleiten. Er arbeitete als Vertreter einer Einrichtungsfirma, die alles Notwendige für Optiker lieferte. Seine Arbeitswelt war ein völliges Tabu, in die er niemanden wirklich hineinließ. Jedes Gespräch über das Thema tat er ab mit der Bemerkung, jeder Tag, den der Mensch nicht arbeite, sei ein dazu verdienter Tag. Wirklich setzte er sich nicht sonderlich für seine Firma ein. Auf einen Tag, an dem er Kunden besuchte, folgte eine Serie, an denen er zu Hause blieb. Eine Konstante dabei blieb aber die Tendenz, chronisch über die eigenen Verhältnisse zu leben. Eine Tatsache, die für mich als Bankangestellte schon etwas befremdend war, aber als Tochter eines extrem korrekten und peinlich genau wirtschaftenden Vaters außerhalb jedes Verständnisses blieb. Dieser zweite Anlauf war trotz allem irgendwie besser gelaufen als der erste, so dass wir in den ersten Monaten des Jahres sogar gemeinsame Urlaubspläne geschmiedet hatten. Surfen war eins von Andrés geliebten Hobbys, und deshalb hatte er vorgeschlagen, an den Gardasee zu fahren. Er hatte in der Zeitung die Annonce einer Familienpension gelesen. Surfen gehörte gar nicht zu meiner Welt, aber da der Gardasee in Italien lag, und ich zudem wusste, dass André von seinem Vorhaben nicht sehr weit abgewichen wäre, hatte ich zugestimmt. Italien war mein erklärtes Lieblingsland. Als Kind hatte ich jedes Jahr die Ferien in der Nähe von Venedig verbracht und fühlte mich dem Land sehr verbunden. Alles Italienische war schön: die Sprache, die Küche, einfach alles. Um mich im Urlaub besser verständigen zu können, hatte ich an der Volkshochschule mehrere Sprachkurse absolviert. Daher war mir die Aufgabe zugefallen, die Reservierung am Gardasee zu erledigen. Ich hatte auf Italienisch an den Besitzer geschrieben und nach kurzer Zeit die Bestätigung erhalten. Als wir uns Ende April dann – wiederum wegen eines banalen Streites um die Wochenendplanung – getrennt hatten, hatte ich all meine Sprachkenntnisse zusammennehmen müssen, um die Reservierung zu stornieren, ohne dass Kosten entstanden.

Im Juli 1989 rief mich André also wieder ständig an und als er mich schließlich doch einmal erreichte, sagte er mir, dass er sich mit mir treffen wollte. Ich brauchte nicht zu lügen, als ich ihm sagte, dass ich keine Zeit hätte, mich mit ihm zu treffen.

Denn Erikas Urlaub näherte sich und wir hatten vereinbart, zusammen zum Flughafen zu fahren, um eine Last-Minute-Reise für eine Alleinreisende zu buchen. Wir waren aufgeregt wie die Schulmädchen. Man hörte viele Geschichten von Leuten, die mit gepackten Koffern zum Flughafen fuhren, um sofort nach der Buchung in irgendein Flugzeug einzusteigen und zu einem Spottpreis eine Traumreise zu machen. Natürlich musste man flexibel sein, wenn man solch eine Unternehmung vorhatte.

»Erika, so würde ich das nieeeee machen«, gestand ich, »ich wüsste ja noch nicht mal, was ich in den Koffer legen sollte. Man braucht ja nicht die gleichen Sachen für eine Bildungsreise nach Ostafrika oder für einen Badeurlaub in Rimini.«

»Haha, Kulturreise, um Himmels Willen«, antwortete Erika und wir lachten, »aber Rimini, das wär schon was. Überhaupt Italien, Pizza, Nudeln und dann diese gutaussehenden Italiener.«

»Ach, das hast du also vor. Pass aber gut auf, Italiener sind auch Gigolos.«

Wir schüttelten uns vor Lachen. Übermütig kurbelte ich das Autofenster herunter und rief im Vorbeifahren einem dunkelhaarigen, südländisch aussehenden jungen Mann »Ciao, Bello« zu. Wir zogen die Köpfe ein, um nicht gesehen zu werden, und Erika gab Gas. Wir waren in Hochstimmung. Am Flughafen angekommen lagen die Dinge etwas anders, als wir gedacht hatten. Der gesamte Abflugbereich war mit Reisebüro-Schaltern gepflastert, die mit Angebotszetteln tapeziert waren. Es brauchte etwas Zeit, bis wir uns in diesem Dschungel zurechtfanden. Die Angestellten waren viel zu beschäftigt, um uns Auskunft zu geben. Barcelona, Costa del Sol, Dominikanische Republik, New York, Insel Rab, … Milano Marittima …

»Milano Marittima, Jessica, das liegt doch an der Adria. Das ist es!«, rief Erika, aber die Enttäuschung war groß, als wir erfuhren, dass es eine Familienreise für vier Personen war. Offensichtlich hatte eine ganze Familie die Buchung abgesagt, die ebenso mit einer Familie »aufgefüllt« werden sollte. An einem anderen Schalter fanden wir ein günstiges Angebot für eine Reise an die Ligurische Riviera, aber der Abflug war zu früh, am Freitag hatte Erika noch keinen Urlaub. Ganz am Ende der Reisebüros war das von Neckermann, wo kaum Leute standen. Erika fragte die Angestellte nach einer Reise für den Zeitraum ihres Urlaubs.

»Ich glaube, da kann ich Ihnen ein schönes Angebot machen«, lächelte die junge Frau in Uniform nach Stewardessen-Art, »da ist Cala Ratjada auf Mallorca. Ein 4-Sterne-Hotel zum Superpreis. Für den Preis bekommen Sie normalerweise noch nicht einmal eine Pension. Und Halbpension, Flug und Transfer vom Flughafen zum Hotel sind auch inbegriffen.«

Erika sah mich einen Moment lang an. Vielleicht war es nicht genau das, was sie sich gewünscht hatte.

»Gut«, sagte sie, die immer von Vorsehung gesprochen hatte, »dann soll es also Mallorca sein. Machen Sie bitte die Unterlagen fertig.« Nun strahlte sie doch.

»Stell dir mal vor, was Helmut wohl dazu sagen wird«, sagte sie.

»Na, ich weiß nicht, ob ich das wirklich wissen möchte«, antwortete ich ihr.
»Du, ich weiß, dass er meine Entscheidung nicht gut finden wird, aber es ist mir gleichgültig. Ich freue mich auf die Reise. Sonne, Meer und die Wärme werden mir gut tun ... und wer weiß ... vielleicht lerne ich ja meine ganz große Liebe dort kennen.«
»Nee, Spanier, ach, ich weiß nicht«, warf ich ein.
»Es muss doch kein Spanier sein. Mallorca ist voller Touristen.«
»Ich wünsch es dir.«
Wir kehrten zufrieden und mit Erikas Flugticket in der Tasche heim. Die Tage bis zu ihrem Abflug vergingen schnell. Leider konnte ich sie nicht zum Flughafen bringen, da der Abflug morgens um 7.30 Uhr war und ich zu spät zum Dienst erschienen wäre, aber Erikas Schwester übernahm das. Meine Freundin startete voller Hoffnung in diesen Urlaub, der ihr auch den notwendigen Abstand erbringen sollte, um über ihre nicht richtig glückliche Beziehung zum seltsamen Helmut nachzudenken. Als wir uns verabschiedeten, legte sie mir ans Herz, doch die gleiche Entscheidung zu treffen und auch irgendwohin zu fahren.
»Tu dir doch auch was Gutes. Jetzt schau mich doch mal an. Du kennst mich doch gut genug, um zu wissen, dass ich keine Heldin bin. Wenn ich das schaffe, allein etwas zu unternehmen, dann schaffst du das auch.«
Fast hatte sie mich überzeugt. Auch Greta hatte mir keine Hoffnung gelassen, im August doch noch ein paar Tage Urlaub zu bekommen, um zusammen irgendwas zu unternehmen. Der Sommer in Deutschland hatte immer noch keinen Einzug gehalten, obwohl es doch schon Juli war. Ich hatte richtige Sehnsucht nach Sommer und Bräune, auch wenn das bei meiner hellen Haut gar nicht so einfach war. Ich beschloss, die endgültige Entscheidung zum Thema Urlaub bis zu Erikas Rückkehr aufzuschieben. ›Ich warte erst mal ab, wie es ihr ergangen ist‹, dachte ich. Natürlich würde ihr nichts passieren, keiner würde sie fressen, aber 14 Tage allein in einem Hotel zu sitzen und von anderen blöd angestarrt zu werden, war eine Erfahrung, die ich dann doch nicht so gerne nachmachen würde.
Erika kehrte zurück, ohne die Liebe ihres Lebens getroffen zu haben,

aber sie kehrte fröhlich und gut gelaunt zurück. Das Alleinsein war kein Problem gewesen. Sie hatte eine Familie aus Deutschland und eine Reihe anderer Leute kennengelernt. Ihr Leben hatte nicht die erhoffte Wendung erfahren, aber sie war glücklich und auch stolz, allein etwas unternommen zu haben. Nun war sie sich immer mehr bewusst, dass es für sie und Helmut keine Zukunft gab, auch wenn sie nach so vielen Jahren nicht wusste, wie und wann diese Geschichte ihr Ende finden sollte.

Ich nahm mir ihre Erfahrung zu Herzen und entschloss mich zu einer Last-Minute Reise. Anfang August legten wir einen Tag fest, an dem wir gemeinsam zum Flughafen fahren wollten, und diesmal ging es um mich. Das Schicksal wollte, dass genau an diesem Tag Helmuts Mutter einen Schlaganfall erlitt und Erika sofort nach Aachen fahren musste. Es war unklar, wann sie zurückkommen würde. Also blieb mir nichts anderes übrig, als allein zum Flughafen zu fahren. Mir war etwas mulmig bei dem Gedanken und es wäre typisch für mich gewesen, im letzten Moment einen Rückzieher zu machen. Deshalb streifte mich einen Augenblick lang der Gedanke, André zu fragen, ob er mich begleiten würde. Der Gedanke war gar nicht abwegig, da er mich ja mit Telefonaten bombardierte, was wiederum damit zusammenhing, dass ich ihm noch immer die kalte Schulter zeigte, auch wenn mir das enorm schwerfiel. Am liebsten hätte ich sofort wieder mit ihm angefangen, denn er gefiel mir immer noch sehr und ich war immer noch überzeugt, dass wir tatsächlich ein schönes Paar sein könnten. Und ich hatte ihn wirklich noch gerne. Vielleicht auch mehr als das. Schnell schob ich den Gedanken beiseite, denn André hätte mich bestimmt von meinem Vorhaben abgebracht. Ich konnte niemanden gebrauchen, der in mir noch weitere Zweifel säte, denn ich war sowieso schon ständig hin und her gerissen und es fiel mir enorm schwer, Entscheidungen zu treffen. Was war schon richtig und was war falsch? Das war doch eine individuelle Frage. Was für mich richtig war, konnte für eine andere Person eben falsch sein. So einfach war das. Aber das lag natürlich daran, dass ich keine Orientierung in meinem Leben hatte. Wenn alles gut ist nach einem bestimmten Gesichtspunkt und gleichzeitig alles schlecht ist gemäß eines anderen Gesichtspunktes, war das Leben natürlich orientierungslos. Manchmal sehnte ich mich nach einem Halt. Es musste doch etwas geben, das über allem anderen steht. Eine Art Anker, der von nichts und niemandem in Zweifel gezogen wird. Aber was könnte das sein? Vielleicht ein moralischer Wert. Vielleicht war es die Liebe. Das einzige Gefühl, der einzige Wert, der zweifelsohne einfach gut ist. Ja, vielleicht ist die Liebe, die echte, die wahre Liebe das einzige Fundament, das einzige Gut im Leben. Glücklich derjenige, der sie gefunden hat. Mir kam ein Vers über die Liebe in den Sinn: Die Liebe ist langmütig, gütig ist die Liebe, sie ist nicht eifersüchtig, sie bläht sich nicht auf. Ungefähr so musste er lauten. Es waren tiefgründige Worte, die mir mitten ins Herz sprachen. Wo hatte ich die nur gehört? Nun fiel es mir wieder ein. Auf der Hochzeit meiner Schwester. Es war eine der Lesungen. Also musste es wohl aus der Bibel sein. Wer weiß, an welcher Stelle genau diese Worte standen.

Am Abend, nach Dienstschluss, setzte ich mich ins Auto und fuhr zum Flughafen. Ich drehte meine erste Runde an den Schaltern, die ich nun schon kannte und stellte fest, dass das Vorhaben diesmal noch schwieriger war. In der zweiten Augusthälfte waren Schulferien und die Auswahl der abgesagten oder noch verfügbaren Reisen war wesentlich geringer, als zu Erikas Reisezeitpunkt im Juli. Das hatte ich nicht einkalkuliert. Für einen Moment war ich wieder drauf und dran alles abzusagen. Durchhaltevermögen war nicht meine Stärke. Ich fragte am ersten Schalter nach Angeboten für meinen Zeitraum, aber die Antwort war negativ. Ebenso am zweiten, am dritten. Ich spürte, wie mir Tränen in die Augen kamen. In letzter Zeit gelang mir aber wirklich überhaupt nichts mehr. Was auch immer ich anfasste, es kam nichts Gutes heraus. Mitten in meinem Selbstmitleid machte sich aber ein anderes Gefühl in meinem Inneren breit. Eine Kraft, die einfach stärker war, als ich selbst. Vielleicht war es eine Art von Kampfgeist. Nicht aufgeben, dachte ich. Nicht jetzt. Ich ging an den weiteren Schaltern vorbei, ohne die Aushänge zu betrachten oder nach freien Reisen zu fragen. Als ich am letzten Schalter, dem von Neckermann Reisen, angekommen war, hielt ich Ausschau nach der freundlichen jungen Dame, die Erikas Buchung abgewickelt hatte, aber sie war wohl nicht da. Deshalb wandte ich mich an einen jungen Mann.

»Entschuldigen Sie, haben Sie noch etwas frei mit Abflug am 17. oder 18. August für eine Person?«
»Hmm, da sind noch Ferien. Einen Moment bitte. Ich schau mal nach.« Es vergingen einige Minuten, in denen der Angestellte verschiedene Ordner mit Reiseangeboten durchblätterte. Fast am Ende des letzten Ordners angekommen hielt er inne und sagte: »Ich kann Ihnen nur zwei Sachen anbieten: Mallorca oder Griechenland«, und sah mich fragend an. Nun war eine sekundenschnelle Entscheidung gefragt. Schon wieder eine Entscheidung fassen! Ein Ja oder ein Nein, ein Schwarz oder Weiß konnte grundlegende Veränderungen mit sich bringen und danach denkst du den Rest deiner Zeit: ›Hätte ich doch nur anders entschieden.‹ Ich hasste es, mein Schicksal in den Händen zu halten und Weichen zu stellen, deren Ausmaß ich aber gar nicht absehen konnte. So war es auch mit der Berufsausbildung gewesen. Wer weiß, was gewesen wäre, wenn ich anders entschieden hätte. Wenn ich keine Ausbildung zur Bankkauffrau gemacht hätte, sondern Psychologie oder Pädagogik studiert hätte, wie ich anfangs geplant hatte. Sicher würde ich dann noch bei meinen Eltern wohnen, eine Vorstellung, die nicht gerade erbauend war. Was wäre dann aus mir geworden? Und schlimmer noch: Ich würde nie erfahren, was dann geworden wäre. Aber in diesem Fall ging es natürlich nur um einen Urlaub, zwei Wochen. Eine völlig unerhebliche Entscheidung. Banal. Ohne jegliche Konsequenzen für mein Leben. Also Mallorca oder Griechenland. Ich war weder am einen noch am anderen Ort je gewesen. Aber in meiner Vorstellung sah ich die Strände von Mallorca voller Familien mit Kindern und dachte auch daran, dass Mallorca für Erika zwar ein hübscher Urlaub gewesen war, aber dass es dort für sie die große Wende doch nicht gegeben hatte. Oh Gott, und Spanisch verstehe ich kein Wort, aber natürlich auch kein Griechisch. Der Angestellte sah mich mit erwartungsvollem Blick an und wartete auf meine Antwort. Ich hatte das Gefühl, in eiskaltes Wasser zu springen und sagte: »Griechenland.« Oh Gott, wäre doch was in Italien frei. Das würde alles einfacher machen. Mein bisschen Italienisch würde mir dort schon reichen.
»Griechenland«, wiederholte ich, »ja, aber wo?«

»Kreta!«, antwortete der Mann lächelnd, »warten Sie einen Moment, ich rufe den Veranstalter kurz an und frage, ob es wirklich noch frei ist.« Nach einem kurzen Telefonat bestätigte er mir, dass die Reise verfügbar sei und erklärte mir alles: 4-Sterne-Hotel auf Kreta, Hinflug mit LTU am Donnerstag, dem 17. August, 14 Tage Übernachtung mit Frühstück, Rückflug am Donnerstag, dem 31. August, alles für 1400,00 DM. Ein tolles Angebot. Wirklich ein Superangebot. Das sollte man sich nicht entgehen lassen. Er hatte mich praktisch schon überzeugt und hatte angefangen, die Unterlagen auszufüllen, als er lächelte und sagte: »Nur eine Kleinigkeit habe ich Ihnen noch nicht gesagt, es handelt sich um eine Glücksreise!«

»Äh, Glücksreise?«, ich verstand nicht, was er sagen wollte. Glück konnte man immer gebrauchen, aber ich begriff, dass das ein technischer Ausdruck war.

Fast mitleidig lächelte er mich Unwissende an.

»Sie kommen also am Flughafen von Kreta an, in Heraklion, und unser Reiseleiter teilt Ihnen dann mit, in welches Hotel Sie gehen und in welchen Bus Sie einsteigen müssen. Eben da, wo jemand kurzfristig abgesagt hat.«

»Also weiß ich gar nicht, in welcher Ecke von Kreta ich landen werde?«, fragte ich. Spontaneität war nach dem Treffen von Entscheidungen mein zweiter Feind.

»Nein, das kann ich Ihnen nicht sagen«, antwortete er.

Ich war drauf und dran alles abzusagen, als er den Reisekatalog aufschlug und erklärte: »Es ist auf jeden Fall eines der 4-Sterne-Hotels, die wir im Katalog haben, aber welches, erfahren Sie erst, wenn Sie auf Kreta ankommen.«

Er überließ mir den Katalog für ein paar Minuten und beschäftigte sich mit einem anderen Kunden. Ich blätterte darin und sah zum ersten Mal Bilder von Kreta. Türkisfarbenes Meer, pinke und lila Bougainvillea. Ein Hotel war schöner als das andere und ich stellte fest, dass ein 4-Sterne-Hotel auf jeden Fall recht komfortabel sein müsste. Und nüchtern betrachtet, musste ich zugeben, dass ich ja doch nichts über die Insel wusste, von daher, ob ich nun im Norden, Süden, Westen oder Osten landete, war egal. Wie hatte Erika so schön gesagt: Wenn es dann so sein soll. Sie glaubte bedingungslos ans Schicksal. Ich nicht. Ich buchte die Reise und fuhr mit gemischten Gefühlen nach Hause. Mit den Tagen, die vergingen, fasste ich Mut und alles nahm seinen Lauf. So manch eine Kollegin oder Bekannte hielt mich wahrscheinlich für verrückt, allein in Urlaub zu fahren. Ich war ja schließlich keine 60 oder 70, sondern noch keine 23. Je mehr es auf den Urlaub zuging, umso nervöser wurde ich. Vielleicht lag das auch daran, dass ich nachgab und mich wieder mit André traf. Es lief genauso, wie Christine prophezeit hatte. Es wurde spät abends und er übernachtete bei mir. Aber ich war weit davon entfernt, das als ein Comeback zu betrachten. Er war höchst verwundert über meine Urlaubspläne und ich begriff, dass er mir nicht zutraute, etwas allein zu unternehmen. Das ärgerte mich nicht wenig, denn er war während unserer Beziehung sicher nicht die Stütze meines Lebens gewesen. Er bot sich jedenfalls an, mich zum Flughafen zu fahren, was mir ein Problem löste, denn wer hatte schon Zeit, an einem Donnerstag jemanden nach Düsseldorf zu fahren, wo an einem Wochentag alle normalen Menschen einer Erwerbstätigkeit nachgehen. Alle außer André! Und mit dem kompletten Reisegepäck in den Zug zu steigen, war tatsächlich recht unbequem. André hatte natürlich keine Probleme damit, denn er konnte sich die Arbeitszeit selbst einteilen und tat das auch großzügig nach persönlichem Ermessen. Bereits am Wochenanfang machte ich mich ans Kofferpacken, eine Unternehmung, die ich schon seit meiner Kindheit liebte, denn sie war ein herrlicher Vorgeschmack, eine wirkliche Vorfreude auf das, was wohl kommen würde. Die Freude war diesmal aber weniger, denn ich fragte mich langsam, ob ich nicht einen Fehler begangen hatte. Wäre es denn wirklich so schlimm gewesen, den Sommer in Deutschland zu verbringen? Und wenn die Reise ein Reinfall würde? Inzwischen war sie natürlich bezahlt und im Fall eines Rückziehers hätte ich den gesamten Betrag verloren. Meine große Angst bestand darin, von anderen Leuten angestarrt zu werden wie eine Außerirdische. Außer Badesachen, Shorts, Tops, T-Shirts, Wäsche und allem anderen Notwendigen wählte ich drei Bücher aus, die ich schon lange hatte lesen wollen, wofür ich aber keine Zeit gefunden hatte. Ich nahm mein Strickzeug mit dem schon lange angefangenen

Baumwollpullover, den ich stricken wollte. Und da ich ja zwei lange, endlose, einsame Wochen vor mir hatte, legte ich auch zwei weitere Knäuel grauer Wolle in den Koffer, denn wenn ich den Baumwollpullover auf Kreta fertig hatte, konnte ich ja gleich den Schal anfangen, den ich meinem Vater zu Weihnachten schenken wollte. Ich steckte die wichtigsten Medikamente ein, kaufte mir eine Zeitschrift mit Kreuzworträtseln, die ich sonst nie machte, die aber die langweiligen Abende allein ausfüllen konnten, und einen Reiseführer über Kreta. Am Mittwochabend übernachtete André bei mir. Einfach nur, weil es praktischer war, denn am nächsten Morgen mussten wir gegen 12 Uhr losfahren. Er war außergewöhnlich gut gelaunt, liebevoll und machte die ganze Zeit so merkwürdige Andeutungen bezüglich des Gespräches, das zur ersten Trennung unserer Beziehung geführt hatte. Er meinte, vielleicht hätte er ja seine Meinung bezüglich Ehe und Familie geändert. Ich fühlte mich extrem angespannt wegen der bevorstehenden Reise und hatte das Gefühl, dass mein Kopf dermaßen voll sei, und mein Hirn sich jetzt mit nichts anderem beschäftigen könnte. Deshalb ging ich auf seine Andeutungen nicht weiter ein. Es hätte mich schon interessiert, woher diese Meinungsänderung rührte und was »vielleicht« hieß. Entweder man ändert seine Meinung oder nicht. Und ob diese Neuigkeit etwas mit mir zu tun hatte oder ob er eine andere Frau kennengelernt hatte, die ihn zu dieser Änderung veranlasst hatte, das war noch lange nicht gesagt. Auch wenn seine ungewohnte Zärtlichkeit mir gegenüber mich diese Alternative nicht wirklich in Erwägung ziehen ließ. Am Donnerstag trug André sogar meinen Koffer bis ins Auto, was wirklich außergewöhnlich war, da Galanterie nicht zu seinem Selbstverständnis gehörte. Er war zu Scherzen aufgelegt, was mich von meiner Nervosität ablenkte. Die wollte ich ihm nicht gerne zeigen, um ihn nicht in seinem Eindruck zu bestätigen, dass ich immer jemanden brauchte, an den ich mich hängen konnte. Wir kamen sehr früh in Düsseldorf an und nach dem Einchecken hatten wir noch Zeit, auf die Dachterrasse des Flughafens zu gehen, um uns die landenden und abfliegenden Flugzeuge anzuschauen. André umarmte mich und sagte: »Du vergisst mich doch wohl nicht? Denk immer dran, dass wir eigentlich den Urlaub zusammen verbringen wollten.«

»Tja, da ist ja dann nichts mehr draus geworden«, antwortete ich und konnte eine sarkastische Vene nicht unterdrücken.

»Das können wir immer noch nachholen ... «, meinte er mit einem vielversprechenden Lächeln, »und wer weiß, vielleicht geht es dann ja schneller als gedacht mit dem Nachwuchs.«

»Mit dem was?«, fragte ich und wusste wirklich nicht, ob ich akustische Schwierigkeiten hatte wegen dem Flugzeuglärm, denn was ich da gehört hatte, konnte absolut nicht wahr sein. Ich hielt es für weise, das Thema auf sich beruhen zu lassen. Inzwischen war die Zeit gekommen, mich in die internationale Zone zu begeben und wir mussten uns verabschieden. ›Wer uns sieht, hält uns für das perfekte Liebespaar und nicht für zwei, die sich vor Monaten getrennt haben‹, kam es mir in den Sinn.

4. Kapitel

EIN ABFLUG UND EINE ANKUNFT

Ich durchschritt die Sicherheitskontrolle und ging in den Wartesaal. Ich fühlte mich extrem verwirrt. Ich war auf dem Weg, mich allein in ein Flugzeug zu setzen und in Urlaub zu fliegen. Eine ganz ungewohnte Erfahrung! Für einen kurzen Moment drehte sich mir alles und ich musste mich setzen. Bald schon wurde mein Flug aufgerufen und wir stiegen ein. Mein Platz war in der vierten Reihe auf der linken Seite, ein Fensterplatz. Neben mir saß ein dunkelhaariger Mann, der wohl meines Alters war. Er trug eine braune Cordhose und einen dunkelgrünen Pullover mit V-Ausschnitt, aus dem eine bunte Krawatte hervorschaute. Er war ein wenig zu korrekt gescheitelt für meinen Geschmack und auch diese winterliche Bekleidung gab mir den Eindruck eines Pedanten und Spießbürgers. Noch vor dem Start fing er ein Gespräch an. Er stellte sich vor wie ein Gentleman aus dem vergangenen Jahrhundert und mein erster Eindruck bestätigte sich sofort, als er mir sagte, dass er in einer Bank arbeitete. Also Kollegen. Das wunderte mich überhaupt nicht. Banker tendierten oft zu extrem traditioneller Haltung. Mein Kollege war sehr freundlich und das Gespräch ließ die Zeit des Fluges schneller vergehen, aber seine Art war mir etwas zu aufdringlich. Andererseits hatte sich meine Befürchtung, zwei Wochen lang mit keinem Menschen zu sprechen, bereits widerlegt. Ich hielt mich selbst nicht für besonders kontaktfreudig. Woran das lag, konnte ich gar nicht genau sagen. Vielleicht war es doch eine Art der Schüchternheit, die mich nicht auf andere zugehen ließ. Wenn jemand den Anfang machte, war ich immer Bekanntschaften und Freundschaften gegenüber aufgeschlossen, auch gegenüber Personen, die altersmäßig oder vom sozialen oder Bildungsstandard nicht zu mir passten. Ich war gerne in Gesellschaft, auch wenn ich diese Momente gerne mit Alleinsein abwechselte. In letzter Zeit, und zwar seit ich mich von André getrennt hatte, hatte ich zum ersten Mal die Erfahrung gemacht, dass die genüsslichen Momente des Alleinseins auch zu viel werden können. In meinem Elternhaus hatte ich nie viel Zeit allein verbracht. Nach der Schule hatte ich fast jeden Nachmittag im Geschäft meiner Eltern gearbeitet, um Geld zu verdienen. Denn richtigerweise waren meine Eltern der Ansicht gewesen, dass Jugendliche für die finanzielle Unterstützung der Eltern auch etwas tun können. Und tatsächlich hatte mir diese Erfahrung beim Erwachsenwerden geholfen. Und dank dieser Erfahrung hatte ich begriffen, dass Geld nicht auf Bäumen wächst. »Vun nix kütt nix« – »Von nichts kommt nichts« sagt man in meiner Geburtsstadt sehr schön. Abends hatte ich mich oft mit Freunden getroffen. Und selbst am Wochenende, wenn meine Eltern zu Hause gewesen waren, hatte ich selten einen ruhigen Moment. Auch die Zeit, die ich mit Robert verbracht hatte, war gespickt gewesen mit unzähligen Freunden, Sportaktivitäten und vielen großen und kleinen Reisen. Die kleine Wohnung in der Adamstraße war also der erste Ort in meinem Leben, an den ich mich komplett zurückziehen konnte. Aber leider sind wir menschlichen Wesen selten zufrieden. So manches Mal wurde mir die Ruhe zu viel und es ging mir durch den Kopf, dass es viele Leute gab, die so einsam lebten, dass sie im Fall eines plötzlichen Todes erst nach Tagen gefunden wurden. Der Gedanke, dass mir das passieren könnte, war gar nicht angenehm.

Aber nun saß ich ja erst einmal im Flieger von Düsseldorf nach Heraklion und der reizende Bankangestellte mit dem Namen Karl neben mir erklärte mir gerade alles Wissenswerte und vielleicht auch so manches Uninteressantes über die Insel Kreta, an die ich bis vor wenigen Tagen nicht einen Gedanken verschwendet hatte. Er hatte ganz bewusst ein Hotel am Strand von Rethymnon ausgesucht, denn das war ja bekannterweise der schönste der Insel. Zudem hatte er ein Hotel mit zahlreichen Sportmöglichkeiten ausgesucht, versteht sich ja von selbst. Und mit internationaler Küche.

»Ja, sicher«, bestätigte ich ziemlich gelangweilt. Ich hätte jetzt gerne einen Blick, in den brandneuen Reiseführer geworfen, aber, wie ich mir hätte denken können, kam nach diesem Monolog jetzt die Frage nach den Kriterien meiner Wahl zu diesem Urlaub auf der phantastischen Insel, von der ich nicht die geringste Ahnung hatte.

»Tja, also ich habe ehrlich gesagt gar nichts ausgesucht. Und ich weiß

auch nicht so genau, wo ich auf Kreta landen werde«, antwortete ich fast verlegen. Der gute Karl hielt mich wohl für eine abgebrühte Abenteuerurlauberin, als ich ihm in groben Zügen – ohne persönliche Einzelheiten zu erwähnen – erzählte, wie ich zu dieser Reise gekommen war. Karl ließ sich aber doch nicht von der Tatsache, dass ich nichts über mein Hotel wusste, beeindrucken. Sein Mitteilungsbedürfnis schien enorm zu sein. Auf jeden Fall erzählte er mir, dass Kreta die südlichste Mittelmeerinsel und zudem die größte sei. Er erklärte, dass nur an den Küsten, insbesondere an der nördlichen, die Menschen vom Tourismus lebten, während im Inselinneren und an den südlichen Küsten die Bewohner hauptsächlich auf den Fischfang zählen konnten, da die Landwirtschaft aufgrund des heißen, trockenen Klimas etwas karg sei. Von hier aus machte er einen kleinen Ausschweif auf die glorreiche Vergangenheit der griechischen Kultur, auf die Erfindung des Fensterglases und verschiedene andere Argumente. Ich fing an, mich ein bisschen zu langweilen. Zudem fühlte ich mich unvorbereitet, hatte ich doch meinen kleinen Reiseführer in der Tasche, der mir die Geheimnisse Kretas schon noch enthüllt hätte. Nach dem unausweichlichen Exkurs zu unserer beruflichen Tätigkeit, unterschied uns ein für Karl wesentlicher Punkt. Während ich bei einer staatlichen Bank angestellt war, war er Mitarbeiter einer Privatbank, was er für einen qualitativ enormen Unterschied hielt. Nun, glücklicherweise schlummerte unser Banker der obersten Kategorie, nachdem er sich buchstäblich in den Schlaf gequasselt hatte, bald ein und ich hatte den Kopf frei, um mich in meinen Gedanken mit den bevorstehenden zwei Wochen zu befassen. Und das, obwohl mir sein leises, röchelndes Schnarchen stark missfiel, denn Schnarchen konnte ich überhaupt nicht vertragen.
Den Reiseführer las ich nun doch nicht, denn Karl hatte mir schon alles, was darin beschrieben sein konnte, ausführlich erklärt. Da ich ein Mensch war, der Überraschungen überhaupt nicht liebte, dachte ich die Möglichkeiten, die sich in der nächsten Zukunft ergeben konnten, gerne durch. Ich war der Ansicht, dass es einfacher wäre, auf Situationen zu reagieren, wenn man diese zumindest gedanklich schon einmal durchgegangen war. Es war mir natürlich klar, dass man kein ganzes

Leben programmieren konnte, aber so manche Entscheidung hätte man vielleicht anders gefällt, wäre man nur auf die entsprechende Situation vorbereitet gewesen. In anderen Worten: Mir fehlte einfach das, was man allgemein Spontaneität nennt.

Während des Landeanfluges auf Heraklion wachte der redselige Karl wieder auf und gleich nach dem Ausstieg verabschiedeten wir uns. Er begab sich zum Bus, der die Urlauber in die Hotels in Rethymnon fuhr, während ich mich an den Urlauberservice von Neckermann wenden musste, um den Namen meines Hotels zu erfahren. Als mir der dunkelhaarige, braungebrannte junge Angestellte sagte: »Hotel Wyndham Grand Crete Mirabello in Agios Nikolaos, Bus Nr. 7« wurde mir klar, dass mir der schönste Strand von Kreta versagt bleiben würde und somit auch die zweiwöchige Gesellschaft des Bankers Karl, wobei mir letzteres überhaupt nicht leid tat. Als ich aus dem Flughafengebäude heraustrat wurde ich durch einen unsagbar schönen Sonnenuntergang entschädigt. Merkwürdig, dass die Sonne bereits unterging, zeigte meine Uhr doch erst 18.30 Uhr an, und zu Hause stand um diese Zeit im August die Sonne noch für einige Stunden am Himmel. Der Bus Nr. 7, meine Glückszahl, war schon fast bis auf den letzten Platz gefüllt und die Fahrt ging bald los. Ich hatte natürlich keinerlei Vorstellung, wie lange die Fahrt dauern würde, da ich keine Ahnung hatte, wo Agios Nikolaos denn wohl lag. Ich schlug den Reiseführer, der auch eine kleine Karte hatte, nun endlich auf, aber durch die heftigen, vom sportlichen Fahrstil des Fahrers verursachten Bewegungen während der Fahrt schaffte ich es nicht, mir einen Überblick zu verschaffen und es erschien mir peinlich, ein Gespräch mit einem der anderen Urlauber anzufangen, auch wenn es alles Deutsche zu sein schienen.

Die erste halbe Stunde verging, ohne dass der Bus an einem Hotel angehalten hätte. Die Landschaft überraschte mich. Die Straßen schienen von der Hitze regelrecht ausgelaugt zu sein, die Berge hatten fast gar keine Vegetation und die Küste sahen wir nur stückweise. Das Meer variierte in Farbnuancen zwischen türkis, grün und tiefblau. Es war auch um diese Uhrzeit noch sehr heiß und ich war froh, dass die offenen Fenster den Fahrtwind in den Bus bliesen und meine Haare im Wind wehten. Die Hitze hielt aber nicht lange an, denn schon beim ersten Halt war die Sonne fast vollkommen untergegangen und es war fast dunkel. Einige Familien und eine Reihe von Paaren stiegen aus und ihr Gepäck wurde ausgeladen. Der Bus fuhr weiter und hielt nun mehrere Male kurz nacheinander an verschiedenen Hotels, um dann wieder eine halbe Stunde ohne Halt durchzufahren. Auch hier stiegen einige gutgelaunte Urlauber aus. So ging es noch eine ganze Zeit weiter. Bei jedem Halt begrüßte der Busfahrer den jeweiligen Pförtner am Hoteleingang und tauschte offensichtlich die Neuigkeiten mit ihm aus. Natürlich verstand ich kein Wort griechisch, aber der Wortfall und der Ton gefielen mir. Es war inzwischen stockfinster und im Bus waren außer mir nur ein Mann und eine Frau mit einem kleinen Jungen übrig. Ich hoffte inständig, dass ich im gleichen Hotel mit ihnen untergebracht sei, aber bald stiegen auch sie aus und mich überkam das Gefühl, am Ende der Welt mein Hotel zu haben. Mir tat der Rücken vom langen Sitzen weh. ›Warum habe ich mir das nur angetan‹, dachte ich, ›wäre ich doch zu Hause geblieben.‹ Die Fahrt ging noch eine ganze Weile weiter, ohne dass der Fahrer auch nur ein Wort zu mir gesagt hätte. Vielleicht war das auch besser so. In welcher Sprache hätte er es tun sollen? Es war fast 22 Uhr auf meiner Uhr, als wir in einer spärlich beleuchteten Straße anhielten und der Fahrer mich auf Englisch zum Aussteigen anwies. Ich fühlte einen Kloß im Hals, denn ich sah noch nicht einmal Lichter, die auf ein Hotel hingewiesen hätten. Ich stieg aus und der Fahrer drückte mir meinen Koffer in die Hand und wies auf einen Hoteleingang, der dann doch da war. Ich kam in die Eingangshalle, in der recht gedämpftes Licht herrschte. Ich wandte mich an die Rezeption und während ich meine Reiseunterlagen aushändigte, knurrte mir laut der Magen. Ich fragte auf Englisch nach einem möglichen Abendessen, aber man antwortete mir, dass es um 23 Uhr leider nicht mehr möglich war zu essen. Erst da wurde mir klar, dass es eine Stunde Zeitverschiebung zwischen Griechenland und Deutschland geben müsse. Überhaupt erschien mir der Nachtportier nicht ausgesprochen entgegenkommend. Er händigte mir lediglich den Zimmerschlüssel aus und zeigte auf die gegenüberliegende Tür des Aufzuges: Room number 114, 1st floor. Ich war nun wirklich sehr müde und fühlte mich angestrengt, in erster Linie nicht wegen der

Reise, sondern mehr wegen der nervlichen Anspannung. Ich fuhr mit meinem bleischweren Koffer in den ersten Stock. Mein Einzelzimmer war sauber, mit Teppich ausgelegt und hatte einen Balkon. Es war nicht sonderlich groß, aber es war alles da, was ich brauchte. Inzwischen hatte ich nur noch das Bedürfnis schlafen zu gehen, daher widmete ich dem Zimmer keine besondere Aufmerksamkeit. Außerdem hatte ich großen Hunger und ich ärgerte mich, dass ich nicht so vorausschauend gewesen war, mir etwas zu essen mitzunehmen. Und jetzt noch das Hotel zu verlassen, um etwas kaufen zu gehen, kam nicht in Frage. Zudem hatte ich beim Aussteigen aus dem Bus den Eindruck gehabt, dass die Lage des Hotels extrem isoliert war. Ich zog einen Schlafanzug und den Kosmetikbeutel aus dem Koffer und ging ins Bad, um mich zu duschen. Bevor ich dann ins Bett schlüpfte, prüfte ich noch, ob Zimmer- und Balkontür verschlossen waren und bemerkte jetzt erst, dass die Balkontür überhaupt kein Schloss hatte und von innen und außen geöffnet werden konnte. Und das auf einem ersten Stockwerk. So etwas war doch undenkbar. Hatten diese Menschen denn überhaupt keine Vorstellung von einem Sicherheitsbedürfnis? Nun konnte ich mich wirklich nicht mehr halten und fing an zu weinen. Nur ich konnte wirklich so dumm und verbohrt sein, allein in ein unbekanntes Land zu fahren, wo ich niemanden kannte und keinen um Hilfe fragen konnte. Warum war ich nur so? Konnte ich wirklich nie auf etwas verzichten? Dann wäre ich eben dieses Jahr nicht in Urlaub gefahren. Das wäre ja bestimmt nicht das erste Mal gewesen. Als ich 12 Jahre alt war, hatten meine Eltern ein Sportgeschäft eröffnet, in dem beide sehr eingespannt waren. Die ersten Jahre machten wir noch gemeinsam Urlaub, aber dann wurde die Arbeit einfach zu viel und sie konnten die Angestellten nicht allein damit lassen. Da sie mich nicht allein in Urlaub fahren lassen wollten, auch nicht, als ich fast volljährig war, hatte ich viele Jahre keinen Urlaub gemacht. Und ich hatte immer sehr darunter gelitten. Überhaupt kam es mir oft vor, dass das Leben einfach so an mir vorbei ging, ohne dass ich viel davon abbekam. Schon mit 14 hatte ich mich immer außen vor gefühlt. Meine Freundinnen gingen am Sonntagnachmittag ins Kino, aber meine Eltern meinten, dass ich dafür noch zu jung sei. Mit 15 gingen alle meine Freunde samstagsabends in die Disko in eine Tanzschule, nur ich musste früher weg, denn um 21 Uhr musste ich zu Hause sein. Auf die gleiche Art und Weise war meine ganze Jugendzeit verlaufen. Alle durften und konnten dies und das machen, nur ich nicht. So hatte sich in mir das konstante Angstgefühl entwickelt, etwas zu verpassen. Und nun saß ich hier auf Kreta in einem Hotelzimmer mit offener Balkontür und wer auch immer wollte, konnte hier während der Nacht einsteigen. Mit stiegen die Tränen immer wieder hoch, aber die Müdigkeit überwältigte mich und ich muss irgendwann doch eingeschlafen sein.

5. Kapitel

EINE NEUE FREUNDSCHAFT UND EIN GELUNGENER URLAUB

Am nächsten Morgen wachte ich auf und wusste nicht, wo ich mich befand. Das Zimmer war taghell und ich fühlte mich hervorragend. Ich hatte tief geschlafen. Ich erinnerte mich an meine Angst vom Vorabend und schämte mich fast. Mit einem Satz sprang ich aus dem Bett und ging zur Balkontür, schob sie mit der Hand auf und trat auf den Balkon. Vor mir lag die Mirabello-Bucht mit dem in allen erdenklichen Blau- und Grüntönen schimmernden Meer. Unter mir lag eine große Terrasse, die stufenweise bis zum Meer abfiel. Die Mauern waren weiß gekalkt und bildeten einen starken Kontrast zum Blau des Meeres. Die Terrasse war mit Laub und pinkfarbenen Blüten überzogen. Der Anblick war so schön, dass er mir den Atem nahm. Eine Weile blieb ich dort stehen und sog den Geruch des Meeres und von frischen Kräutern ein. Dann blickte ich auf die Uhr und stellte fest, dass es fast 9 Uhr war. Ich fühlte mich großartig und war bester Laune. Schnell zog ich meinen neuen schwarz-türkisen Bikini an, ein Top und Shorts darüber und fuhr mit dem Aufzug ins Erdgeschoss, auf der Suche nach dem Frühstücksraum. Den fand ich auch gleich, indem ich einfach den anderen Leuten folgte. Er lag zur Meerseite und hatte in der Mitte ein riesiges Frühstücksbuffet. Ideal für meinen gigantischen Hunger. Mein Blick schweifte durch den Raum auf der Suche nach einem kleinen Tisch mit Ausblick aufs Meer, aber vergeblich, es war keiner frei. Stattdessen kreuzte sich mein Blick mit einem dunkelhaarigen, jungen Mädchen, das mich anlächelte.
»Magst du dich zu uns setzen?«, fragte sie auf Deutsch und zeigte auf einen freien Platz an dem Tisch, an dem sie mit einer blonden Freundin saß. Das ließ ich mir nicht zwei Mal sagen. Als sie sich vorstellte, musste ich lachen, denn sie hieß Erika. Das war wohl Schicksal, dass ich, wenn ich auch nicht mit meiner Freundin und Kollegin hier war, trotzdem eine Erika getroffen hatte. Ihre blonde Freundin hieß

Sonja. Beide waren aus dem Saarland, was ihr spezieller Akzent auch verriet.
»Ich heiße Jessica und bin aus Köln«, stellte auch ich mich vor.
»Und seit wann bist du hier?«, fragte mich Erika.
»Erst seit gestern Abend.«
»Aber du bist doch nicht allein, oder? Du bist doch sicher mit einem Freund oder einer Freundin gekommen?«
»Doch, ich bin allein, denn meine Freundin Erika konnte nicht mitkommen und auch keine andere Freundin.«
»Na, dann hast du aber Glück, dass du uns gleich am ersten Tag getroffen hast«, meinte die Wortführerin, »wir können dir alles zeigen, denn wir sind schon seit vier Tagen hier.«
Sonja war die Stillere von beiden, und ich war unbeschreiblich glücklich, dass ich die beiden getroffen hatte. Sie waren beide sehr fröhlich und freundlich und voller Tatendrang. Nach dem ausgezeichneten Frühstück zeigten sie mir den Weg zum Strand, oder besser gesagt zu einer Betonplattform, auf der die Sonnenschirme und Liegen zu finden waren, denn das Hotel Wyndham Grand Mirabello verfügte nur über ein kleines Stück Sandstrand, von dem aus man ins etwas flacher abfallende Meer hineingehen konnte. Ansonsten gab es Leitern, die von der Plattform aus ins Meer hinabführten. Das stellte für mich kein besonderes Problem dar, konnte ich doch ganz gut schwimmen. Wir nahmen uns einige nebeneinanderstehenden Liegen, die praktisch richtige Holzbetten mit bequemen Matratzen waren und ich genoss die ersten Sonnenminuten, nachdem ich mich gründlich mit einem starken Sonnenschutz eingecremt hatte. Bei meiner hellen Haut musste ich schon aufpassen, denn ich merkte gleich, dass es die griechische Sonne in sich hatte. Zur Mittagszeit gab es am Strand eine kleine Bar, in der man Pizza und andere kleine Snacks kaufen konnte. Wir bliesen zusammen meine Luftmatratze auf und badeten im Meer. Natürlich sprachen wir anfangs mehr über Belanglosigkeiten, über die französischen Wurzeln des Saarlandes und die Spuren davon, die man noch heute in der Sprache wiederfindet. So sagt man noch heute im Saarland zum Regenschirm Paraplu und zum Bürgersteig Trottoir. Das war schon ganz anders bei uns im Rheinland,

wo hauptsächlich in Arbeiterkreisen Dialekt gesprochen wird, außer zu Zeiten des Karnevals, wo plötzlich die rheinische Lebensart allgemein wahrgenommen wird. Wir lachten über die typischen Ausdrücke wie »Köbes« für die traditionell gekleideten Kellner in den Brauereilokalen, die ernsthaft beleidigt sind, sollte ein Unvorbereiteter sie »Herr Ober« nennen, was augenblicklich mit einer Lokalrunde bestraft wird.

Wir waren alle drei fast gleichaltrig. Erika war dreiundzwanzig, so wie ich im nächsten Monat würde und Sonja war zweiundzwanzig. Alle drei waren wir im Moment nicht liiert. Der einzige Unterschied zwischen uns war wohl, dass Erika und Sonja einer Urlaubsbekanntschaft gegenüber absolut nicht abgeneigt waren, während mir der Gedanke unerträglich vorkam, denn ich hatte im Moment tatsächlich die Nase von den Männern voll. Es schien mir, dass sie immer nur Komplikationen mit sich brachten. Und dann kam noch diese ungeklärte Situation mit André dazu, die ich seit meinem Abflug nun gar nicht mehr zu deuten wusste. Erika und Sonja erschienen mir vertrauenswürdig und ich erzählte ihnen von diesem Verhältnis, das nun mit Höhen und Tiefen seit über einem Jahr verlief. Erika kommentierte spontan die Situation.

»Na, das ist doch sonnenklar, er will wieder mit dir zusammen sein. Vielleicht hat er nicht den Mut, dir zu sagen, dass er ohne dich nicht auskommt. Ich gehe jede Wette ein, dass ihr ein tolles Paar werdet, wenn du zurück bist.« Ich war da weitaus skeptischer. Ich kannte es nur zu gut, das sogenannte Freiheitsbedürfnis von André, der im Grunde genommen eine Freundin suchte, die – sofern ihm danach war – bedingungslos zur Verfügung stand, während sie auf Nachfrage für Wochen von der Bildfläche zu verschwinden hatte. Und diese Rolle schien mir gar nicht auf mich zugeschnitten. Meine Vorstellung von einer Beziehung war relativ altmodisch. Ich hatte einfach Sehnsucht nach einer Person, mit der man eine Zukunft aufbauen konnte. Nach jemandem, der etwas Festes, etwas Unantastbares sucht, jemand, der für mich da ist und ich für ihn, um – warum auch nicht – eine Familie aufzubauen. Das hörte sich extrem einfach und logisch an für Erikas und Sonjas Ohren, aber bei uns in der Großstadt war die Praxis eine ganz andere. Im etwas ländlicheren Saarland, schien mir, war die Welt vielleicht doch ein wenig mehr in Ordnung als bei uns, wo die meisten Männer in meinem Alter von festen Beziehungen überhaupt nichts mehr wissen wollten.

Dieser erste Urlaubstag war ein voller Erfolg. Nie hätte ich mir träumen lassen, dass er so positiv verlaufen wäre. Wir verbrachten den ganzen Tag zusammen und kurz vor dem Sonnenuntergang zeigten mir Sonja und Erika den Souvenirladen, der genau gegenüber vom Hotel lag. Nun konnte ich mir überhaupt nicht mehr erklären, warum mir die Lage des Hotels am Vorabend so isoliert vorgekommen war, denn ich sah, dass es von Restaurants und Geschäften umgeben war. Das war wieder einmal der Beweis dafür, dass man oft voreingenommen ist, besonders wenn man müde oder im Allgemeinen körperlich nicht gut in Form ist, und im Endeffekt nur das Negative sieht, was der eigenen Erwartungshaltung entspricht. Wir kauften eine Reihe von Ansichtskarten und Briefmarken, denn die im Shop in der Eingangshalle des Hotels waren deutlich teurer als die in den Geschäften außerhalb. Wir trennten uns, um auf unsere Zimmer zu gehen und zu duschen. Wir verabredeten uns für 21.30 Uhr in der Hoteltaverne, denn Erika und Sonja hatten Halbpension im Hotel gebucht, während ich nur Übernachtung mit Frühstück hatte und somit in einem Restaurant zu Abend essen würde. Ich hatte vom Souvenirgeschäft aus bereits gesehen, dass ein nettes kleines Gartenlokal direkt neben dem Hotel Wyndham Mirabello lag und beschloss, es heute Abend auszuprobieren. Erika und Sonja waren nicht im Hauptgebäude des Hotels untergebracht wie ich, sondern in einem Bungalow. Während ich durch die Hotelhalle ging, grüßten mich freundlich die Angestellten der Rezeption und ich musste lachen, denn gestern Abend war mir der Nachtportier fast unmenschlich vorgekommen. Neben der Treppe, die auf den ersten Stock des Hotelgebäudes führte, lag der besagte Laden, von dem Erika mir gesagt hatte, dass er recht teuer für die Landesverhältnisse war. Im Vorübergehen fiel mein Blick auf einige ausgefallene Postkarten. Sie schienen von einem bekannten Fotografen gemacht zu sein und waren alle in schwarz-weiß aufgenommen. Sie stellten sparsam bekleidete Männer mit perfekten Körpern dar, die neugeborene

Babys im Arm hielten oder auf dem Bauch liegen hatten. Man sah genau so viel von den männlichen Körpern, wie es reizvoll war, ohne ordinär zu werden. Ich fand sie sehr geschmackvoll, denn die Schönheit der Körper stach hervor, ohne unanständig zu wirken. Besonders eine gefiel mir sehr, auf der man einen blonden Mann mit starken muskulösen Armen sah, auf denen ein nackter, wunderschöner Säugling wie in einer Wiege sicher ruhte. Das Weiß des Babykörpers stach vor der braungebrannten Haut des Mannes hervor, was man in den Schwarz-Weiß-Schattierungen klar erkennen konnte. Ich musste an eine der üblichen Diskussionen denken, die ich oft mit André führte. Jedes Mal, wenn unser Gespräch auf einen gutaussehenden Schauspieler oder Sportler kam, schien er sich sofort in die Defensive zurückzuziehen, um seine Ansicht, dass ein Mann nicht gut auszusehen brauchte, zu proklamieren. Nach einem Film mit Robert Redford, den wir uns gemeinsam mit einem befreundeten Paar angesehen hatten, wollte er uns Frauen davon überzeugen, dass der Hauptdarsteller nicht mehr zu bieten hätte, als er oder tausend andere Männer, die täglich an einem auf der Straße vorbeigehen. Ich erinnerte mich gut, dass ich ihm versucht hatte zu erklären, dass die Angelegenheit mit der Betrachtung eines Kunstwerkes zu vergleichen sei. Man kann ohne weiteres die Venus von Botticelli bewundern, ohne dass man den unwiderstehlichen Wunsch empfindet, das Bild selbst zu besitzen. Ich musste lächeln bei dem Gedanken, was er wohl zu der Postkarte sagen würde, wie er versuchen würde, mich zu überzeugen, dass der abgebildete Mann tatsächlich nicht besser aussah als viele andere. Ich nahm die Postkarte in die Hand und war mir sicher: ER SAH TAUSEND MAL BESSER AUS, ALS FAST ALLE ANDEREN MÄNNER DER WELT. Ich kaufte die Karte und auch die dazu gehörige Briefmarke für einen Versand nach Deutschland.
Ich ging nach oben und bereitete mich fröhlich auf den Abend vor, auf meinen ersten Urlaubsabend. Ich fühlte mich phantastisch. Die Sonne und das Meeressalz auf der Haut hatten mir wirklich gut getan. Das Klima war traumhaft. Die Luft war zwar sehr heiß, aber es schien praktisch keine Luftfeuchtigkeit da zu sein und ein kühler Hauch, der ab und zu vom Meer kam, strich über die Haut. Ich duschte mich

genüsslich und nahm mir Zeit, um mich einzucremen, mich anzuziehen und der Nagellack durfte nun auch nicht fehlen. Ich hatte einmal gehört, dass die Menschen in den südlichen Ländern sowieso einen anderen Lebensrhythmus haben und dachte, dass es besser sei, nicht vor 20 Uhr ins Restaurant zu gehen. Als ich fast fertig war, entdeckte ich im Eingangsbereich meines Zimmers ein in die Wand eingelassenes Radio, drehte es an und es ertönte moderne Popmusik abwechselnd mit einem extrem schnellen griechischen Wortfluss. Ich dachte an Erika, an meine Erika, die aus Köln. Gerne hätte ich ihr erzählt, wie gut dieser Urlaub angefangen hatte. Bevor ich loszog, setzte ich mich einen Augenblick auf die Bettkante, nahm einen Kuli zur Hand und dachte über einen ironischen Satz nach, den ich auf die Postkarte mit dem Foto des muskulösen Mannes mit Baby schreiben wollte, die ich beschlossen hatte an André zu schicken, auch wenn ich nicht wusste, ob diese vor meiner Rückkehr nach Deutschland ankommen würde.

»Manchmal stehen die physische und die innere Schönheit in engstem Verhältnis« – nein, das überzeugte mich nicht. Vielleicht sollte ich lieber auf Andrés Angstzustände gegenüber der Vaterrolle anspielen. »Vater und Sohn – eine perfekte Harmonie« schrieb ich, fügte die Anschrift ein und beschloss, nicht weiter über den Text nachzudenken und klebte die Briefmarke auf. Entweder er verstand meine Ironie und dass ich ihn einfach auf den Arm nehmen wollte, oder er verstand sie eben nicht. Natürlich war das fotografierte Baby nicht der Sohn oder die Tochter des männlichen Fotomodells, aber trotzdem vermittelte mir das Foto eine Vater-Sohn-Symbiose. Der Fotograf war sicher ein echter Künstler, der es verstand, eine Botschaft zu übermitteln. Unten an der Rezeption gab ich die Karte für den Postversand nach Deutschland ab.

An diesem ersten Abend probiere ich, wie geplant, das gleich neben dem Hotel gelegene Lokal aus. Mehr als ein richtiges Restaurant war es ein Garten mit aufgestellten Holztischen. Die Speisekarte war natürlich auf Englisch und ich bestellte, um kein Risiko einzugehen, Bifteki, also ein griechisches Hacksteak, was ich aus griechischen Lokalen zu Hause bereits kannte, und trockenen Rotwein. Das Essen war köstlich, auch wenn ich eine geraume Weile darauf warten musste. Wie mir meine Schwester Rebekka nach ihrem ersten Griechenlandurlaub erzählt hatte, war den Griechen der Begriff der Eile gänzlich unbekannt. Mir gefiel diese südländische Art, alles mit Ruhe anzugehen. Wer konnte sich denn schon vorstellen, dass der Gast in einem so schönen Lokal schnell wieder weg möchte. Ganz im Gegenteil: Wer sich richtig wohlfühlt, bleibt doch gerne noch ein Weilchen. Ich schmunzelte innerlich, denn tatsächlich bewegte sich der Kellner gemächlich zwischen den Tischen und es verging fast eine Stunde zwischen der Bestellung und dem Moment, in dem mein Essen tatsächlich am Tisch ankam. Aber das machte mir wirklich nichts aus, denn ich saß herrlich unter Pinienbäumen, hörte den Grillen, die zirpten, zu und genoss die Kühle des Abends. Um mich herum schwätzten die Griechen untereinander und einige Touristen versuchten ein paar Wörter dieser melodischen Sprache aufzufangen. Auch der Rotwein war köstlich und alles passte zusammen. Als ich den geringen Preis bezahlte und mich wieder zum Hotel aufmachte, war es bereits halb zehn und ich befürchtete, zu spät zum verabredeten Treffpunkt mit Erika und Sonja zu kommen. Auch wenn ich die südländische Lässigkeit bewunderte, konnte ich doch nicht leugnen, die sprichwörtliche deutsche Pünktlichkeit im Blut zu haben. Sofort stieg der Spruch meines Vaters: »Des Kaufmanns Pünktlichkeit liegt fünf Minuten vor der Zeit!« in mir hoch und mir wurde klar, dass ich verspätet war, obwohl es Punkt 21.30 war. Ich eilte zur Hoteltaverne, die eben genau der Garten war, den ich am Morgen unterhalb meines Balkons gesichtet hatte, aber von Erika und Sonja keine Spur. Also setzte ich mich und während ich auf meine neuen Freundinnen wartete, beobachtete ich das Geschehen um mich. Ich versuchte die Nationalität der anderen Urlauber im Hotel zu erraten und mir fiel auf, dass es außer Deutschen, Schweizern, Italienern auch viele Franzosen oder Belgier gab. Es dauerte eine ganze Weile, bevor die beiden ankamen. Zuerst kam nur Erika und erklärte mir, dass Sonja noch kurz auf dem Zimmer war, um ihr Make-up aufzufrischen. Das befremdete mich ein wenig, denn am Strand hatten wir uns ganz natürlich, also ohne Schminke, gesehen. Als Sonja dann in perfektem Outfit ankam, gingen wir los in den Ort, der Agios Nikolaos hieß. Während Erika und ich ganz normal mit Shorts, Top und flachen Schuhen angezogen waren, kämpfte Sonja mit den hohen Absätzen, als wir die 20 Minuten bis ins Zentrum zu Fuß zurücklegten. Während Erika und ich uns den Hafen und die orthodoxe Kirche ansehen wollten, drängte Sonja darauf, in die Diskothek zu gehen. Wir einigten uns erst auf das eine und dann auf das andere. Mir gefielen Diskotheken nicht besonders und zu Hause in Deutschland war ich schon lange in keiner mehr gewesen, aber ich wollte den Kontakt mit den beiden nicht aufs Spiel setzen und beschwerte mich deshalb nicht. Die Diskotheken verlangten auch kein Eintrittsgeld und wir konnten deshalb von einer zur anderen wechseln. Denn sobald wir drei eindeutig deutsch aussehenden Mädchen in ein Lokal kamen, näherte sich sofort eine Gruppe von Griechen oder Engländern und die Situation wurde etwas unangenehm. Auch Erika schien sich nicht wohl in ihrer Haut zu fühlen, während Sonja souverän und provokant die jungen Männer musterte, die aber offensichtlich nicht ihrem Geschmack entsprachen. Ich hatte nicht vor, allzu spät ins Bett zu kommen und kündigte daher nach der vierten Diskothek meinen Rückzug an.

»Sonja, lass uns doch mit Jessica zurückgehen. Wir können ja im Hotel noch ein bisschen zusammen sitzen«, schlug Erika vor. Sonja ließ sich überreden und nach einer Viertelstunde Fußweg wieder im Hotel angekommen zeigten mir die beiden den Swimming-Pool des Hotels, den ich noch gar nicht bemerkt hatte, da er im seitlichen Eingangsbereich lag. Wir setzten uns im Halbdunkeln auf die Liegen und redeten noch lange. Dieser Teil des Abends gefiel mir eindeutig besser, als die lauten Lokale im Ort. Erst sehr spät gingen wir schlafen und verabredeten uns für den nächsten Tag zum Frühstück.

Am folgenden Tag ging ich am Nachmittag zum Treffen mit dem verantwortlichen Reiseleiter meines Reiseveranstalters, der den neu angekommenen Urlaubern die wichtigsten Informationen über Kreta zu vermitteln versuchte. Außerdem hatte er eine ganze Reihe von Ausflugsvorschlägen. Natürlich konnte ich nicht nur zwei Wochen auf der Sonnenliege verbringen, ohne etwas von der Insel zu entdecken. Deshalb buchte ich für den 24. August einen Ausflug zum Knossos-Palast und dem Historischen Museum in Heraklion, der Hauptstadt Kretas.

Des Weiteren verliefen die nächsten Urlaubstage recht ähnlich. Wir genossen die Tage am Strand und verbrachten die Abende im nahgelegenen Ort. Wir suchten ständig einen Kompromiss zwischen Sonjas Abenteuerlust, die sich anscheinend auf das andere Geschlecht konzentrierte, und Erikas und meiner Vorliebe zum Shoppen. Sobald wir mit Sonja irgendwo auftauchten, waren wir von Männern umringt. Sie sah zugegebenermaßen sehr gut aus mit ihrer tollen Figur und wasserstoffblonden Haaren, und sie verstand sich vorzüglich darauf, deren Blicke auf sich zu ziehen. Manchmal unterhielt sie sich mit dem Einen oder Anderen, aber die meisten snobbte sie. Gleich blieb auch die ausgedehnte Zeit, die ich jeden Abend nach meinem Abendessen in einem der vielen Restaurants, die die Straße nach Agios Nikolaos säumten, in der Hoteltaverne verbrachte, um auf meine neuen Freundinnen zu warten.

6. Kapitel

EIN TREFFEN, DAS DEN GANG DES LEBENS VERÄNDERN KÖNNTE

Diese neue Freundschaft mit Erika und Sonja war wirklich ein Geschenk des Himmels. Obwohl mir Sonjas Verhalten gegenüber dem männlichen Geschlecht missfiel, dachte ich nicht einmal im Traum daran, mich wieder von den beiden zu distanzieren. Das Strickzeug hatte ich kurz nach meiner Ankunft auf Kreta in den Kleiderschrank geräumt, und dort lag es immer noch unangetastet. Und ich hatte auch erst eines der Bücher angefangen zu lesen, gerade mal ein paar Seiten abends vor dem Einschlafen oder am Strand.

Für den 22. August hatte ich mit Erika vereinbart, im Ort auf Jagd nach Souvenirs zu gehen. Auch sie hatte die Leidenschaft, ihren Freunden und Bekannten eine Kleinigkeit aus dem Urlaub mitzubringen. Die Geschäfte in Agios Nikolaos boten handbemalte Keramikvasen, typische griechische Gewürze, Untersetzer mit den Abbildungen historischer Funde der Insel und vieles andere viel günstiger an, als das kleine Geschäft im Inneren des Hotels, wo ich die Postkarte für André gekauft hatte. Deshalb ging ich an diesem Abend in der gleich neben dem Hotel gelegenen Taverne, die ich auch am ersten Abend besucht hatte, essen. Der Kellner erinnerte sich wohl an mich und begrüßte mich freundlich. Diesmal nahm ich frittierten Fisch und Weißwein. Vielleicht wurde ich schon als Stammkunde betrachtet, auf jeden Fall ging es diesmal viel schneller und ich war schon recht früh in der Hoteltaverne, die, wie gewöhnlich, unser Treffpunkt war. Sonja und Erika waren noch nicht da. Sicher waren sie noch beim Abendessen im Speisesaal oder machten sich für den Abend hübsch. ›Eigentlich waren sie das auch ungeschminkt‹, dachte ich mir, während ich mich an einen der Tische setzte und wartete. Erika erinnerte mich an die Hauptdarstellerin von »Dirty dancing«, Jennifer Grey. Sie war keine perfekte Schönheit, sie hatte eine etwas zu ausgeprägte Nase, aber sehr weiche Gesichtszüge und wunderschöne, schulterlange lockige hellbraune Haare. Während ich so über Belanglosigkeiten nachdachte, hörte ich in meiner unmittelbaren Nähe eine Gruppe Menschen laut lachen und durcheinanderschreien. Rechts von mir unter der Veranda der Taverne hatte sich eine Menschentraube gebildet, die wild gestikulierte und sich anscheinend köstlich amüsierte. Nun, zum Glück war nichts passiert, wie ich bei dem Geschrei eine Sekunde lang befürchtet hatte. Ich war neugierig geworden und wollte wissen, was es denn so Interessantes gab. Ich lehnte mich leicht zur Seite auf dem Stuhl und reckte den Hals. Aufstehen wollte ich nun nicht, denn das hätte den Eindruck erweckt, dass ich mich in die Angelegenheiten anderer einmischen wollte. Ich sah einen jungen Mann in Frauenkleidern, der mitten im Hotelgarten einen komischen Striptease hinlegte. Ich fragte mich, wer mehr Spaß an der Sache hatte: der Hauptdarsteller oder sein Publikum. Dann wurde mir schlagartig klar, dass es sich um eine Horde von Italienern handelte. Na typisch, schmunzelte ich. Das wusste ich nur zu gut, dass Italiener Weltmeister der Fröhlichkeit und der Geselligkeit waren. Die sind eben anders als wir zugeknöpften Deutschen. Der junge Mann, der offen gestanden nur extrem kurzsichtige Frauenaugen mit seinem Strip verführen konnte, riss sich mit einer theatralischen Geste die Bluse vom Leib und seine entblößte, rothaarige Männerbrust kam zum Vorschein. Bei dieser ruckartigen Geste war aber die orangefarbene Perücke auf seinem Kopf verrutscht. Die italienische Menge krümmte sich vor Lachen und der begnadete Tänzer fühlte sich nur umso mehr bestätigt. Nun stieg er auf einen Tisch und fing an, den Rock über den behaarten Oberschenkeln zu lüften. Der griechische Barkeeper, der die Szene belustigt beobachtete, hatte passenderweise »You can leave your hat on« von Joe Cocker aufgelegt, das Lied, das den unerreichten Striptease von Kim Basinger im Film »9 1/2 Wochen« begleitete und den italienischen Stripper richtig in Fahrt brachte. Inzwischen hatte die Gruppe nicht nur meine Aufmerksamkeit und die des Barkeepers auf sich gelenkt, sondern auch die aller anderen anwesenden Urlauber. Die Spannung blieb bis zum letzten Kleidungsstück erhalten, die Badeshorts, die er unter den Kleidern trug und von denen er offensichtlich nicht die Absicht hatte sich zu trennen. Das Lied war vorüber und die Italiener, mehr oder weniger in meinem Alter, schätzungsweise 12 oder

15 Personen, hatten sich an dem langen Tisch rechts von meinem niedergelassen, quatschten wie ein Wasserfall und kicherten unaufhörlich. Ich horchte ein wenig herüber, um ein paar Worte aufzuschnappen, hatte ich doch aus Liebe zu Italien vor einigen Jahren zwei Italienischkurse an der Volkshochschule absolviert. Während ich versuchte, mich an die Konjugation des Verbes »andare« – gehen, zu erinnern, kreuzte mein auf die italienische Tischgemeinschaft gerichteter Blick den einer Person. Ich sah, wie mich ein sehr junger Mann vom Tisch der Italiener aus ansah und lächelte. Bevor es mir richtig klar wurde, lächelte ich zurück. Die dunkelbraunen Augen sahen mich an, und ich sah weg. Nach einigen Sekunden blickte ich wieder zu ihm rüber und er lächelte erneut. Ich fühlte, wie ich rot wurde und hatte den Eindruck, mich wie ein Schulmädchen zu benehmen. Sicher hatte ich die Situation falsch interpretiert, sicher hatte er nicht mich angeblickt, sondern unsere Blicke hatten sich nur zufällig getroffen. Um das aber feststellen zu können, musste ich noch einmal herüberschauen. Ich tat es und sah den jungen, braungebrannten Italiener, der sich nun den Strohhut des neben ihm sitzenden Mädchens aufs Gesicht gesetzt hatte und wie ein Clown mich durch ein Loch im Hut ansah. Jetzt musste auch ich lachen, er nahm den Hut ab und blickte mich direkt lachend an. Ich schien mich wohl doch nicht geirrt zu haben. In Sekundenschnelle gingen mir die vergangenen 12 Monate durch den Kopf. Das Ende meiner Beziehung zu Robert nach fast drei Jahren, in denen wir zusammengelebt hatten. Die Zeit mit André mit all ihren Höhen und Tiefen, die zahlreichen Missverständnisse und Komplikationen. Nein, ich hatte wirklich keine Lust, so weiterzumachen. Es wäre wirklich unbegreiflich, wenn ich meinem Leben noch weitere Schwierigkeiten hinzufügen würde. Ich war knappe 23 Jahre alt und hatte schon eine Liste an Lebenserfahrung, die manche 40-Jährige nicht hatte. ›Schluss‹, schalt ich mich, ›jetzt hörst du sofort auf mit solchen Geschichten, die ja ohnehin keinen Sinn haben.‹ Entschlossen erhob ich mich vom Stuhl und erblickte im gleichen Moment Erika und Sonja, die gerade auf die Gartenterrasse der Taverne traten, um mich, wie üblich, abzuholen.

»Entschuldige, es hat heute etwas länger gedauert«, erklärte Sonja.

»Macht doch nichts«, antwortete ich, »was machen wir denn heute Abend Schönes?«, nahm die beiden Freundinnen am Arm und zog sie schnell zum Ausgang. Mein kleines Erlebnis behielt ich an diesem Abend für mich, denn ich war selbst verwirrt über die Episode, die mir völlig unwirklich vorkam. Den Abend konnte ich irgendwie gar nicht richtig genießen. Auch Erika hatte bemerkt, dass ich abwesend wirkte. Also verabschiedete ich mich recht früh und ging allein zurück zum Hotel. An diesem Abend setzte ich mich zum ersten Mal auf den kleinen Balkon und schlug mein Buch auf. Nach wenigen Zeilen legte ich es aber wieder weg, denn die Balkonbeleuchtung war zu schwach und außerdem waren meine Gedanken nicht bei der Sache. Ich musste immer wieder an die kleine unwichtige Begegnung in der Hoteltaverne denken. Ich war eben einfach nicht der Typ für eine Urlaubsbekanntschaft. Die letzte hatte ich mit gerade einmal 15 Jahren gemacht. Damals war ich mit meinen Eltern, wie fast jedes Jahr, nach Italien in Urlaub gefahren, nach Caorle in der Nähe von Venedig. Das ausgesprochen elegante Hotel hatte eine eigene Diskothek, wo ich mit einigen deutschen Jugendlichen meines Alters, deren Eltern die Bekanntschaft meiner Eltern gemacht hatten, die Abende verbrachte. Der Diskjockey hieß Riccardo und war der Neffe des Hotelbesitzers. Sein Freund Emanuele, ein Student aus Portogruaro, hatte mir auf Anhieb gefallen, denn er war kein so typischer Italiener. Er war dunkelblond und im Gegensatz zu vielen anderen fast schüchtern im Umgang mit Touristinnen. Unter dem wachen Blick meiner Eltern war eine Annäherung sehr schwierig, aber trotzdem tauschten wir die Adressen aus und schrieben uns ein paar Mal. Damals hatte ich angefangen, mich für die italienische Sprache zu interessieren. Den jungen, sensiblen Emanuele hatte ich nie vergessen. Aber man sah ja, was bei Urlaubsbekanntschaften herauskam. Ich hatte ausnahmsweise geistesgegenwärtig reagiert und es war gut so, dass ich aufgestanden und weggegangen war. An diesem Abend ging ich früher ins Bett. Vor dem Einschlafen dachte ich daran, dass ich in zwei Tagen den Ausflug zum Knossos-Palast gebucht hatte und freute mich auf den nächsten Tag in Gesellschaft von Erika und Sonja.

Am Morgen wachte ich gegen halb neun auf. Eigentlich hatte ich

beschlossen, etwas zeitiger zum Frühstück zu gehen, aber dann bemerkte ich, dass meine Strandtasche voller Sand und zudem auch unordentlich war und brachte diese erst einmal in Ordnung. Während ich mir dann die Zähne putzte und mich anzog, war es doch wieder 20 vor 10. Also musste ich mich sputen, denn das Frühstücksbuffet war nur bis 10 Uhr geöffnet. Ich eilte die Stufen hinunter und erreichte im Laufschritt den Frühstücksraum. Der Kellner, der jeden Morgen die Gäste am Eingang erwartete, begrüßte mich freundlich mit einem »Oppla, lanszam Frollein.« Ich sah sogleich Erika und Sonja, die an einem Vierertisch neben einem Pfeiler saßen und mit dem Frühstück schon fast fertig waren. Sonja wollte noch einmal aufs Zimmer gehen, während Erika mir beim Frühstück Gesellschaft leistete. Schnell holte ich mir vom Buffet ein Jogurt, Toastbrot und Wurstaufschnitt. Während ich dabei war, in mein Brot zu beißen, ging am Frühstücksbuffet der Italiener, mit dem ich am Vorabend die lächelnden Blicke ausgetauscht hatte, stetigen Schrittes und mit einem voll beladenen Tablett entlang. Er erkannte mich sofort wieder, strahlte mich über das ganze Gesicht an, als ob wir uns seit Jahren kennen würden, wobei er weiterging, ohne darauf zu achten, wohin er eigentlich ging. Und es kam so, wie es kommen musste: Er übersah den Pfeiler gleich neben unserem Tisch und es gab einen Heidenlärm, das Tablett mit allem, was darauf war, fiel zu Boden und der junge Casanova stieß sich den Kopf am Pfeiler. Alle Anwesenden drehten sich schlagartig herum, ich schüttelte mich vor Lachen und der sehr verlegene Italiener ebenfalls. Es schien fast eine Szene aus einem Film, aber die Situation hatte sich ihrer Spannung entladen. Die Kellner fegten alles weg und der junge Mann kam geradewegs zu unserem Tisch und wandte sich an mich: »Wosch yu nehmn?« Ich hatte ihn nicht verstanden.
»What?«, antwortete ich instinktiv auf Englisch. »What's your name?«, wiederholte er und zwang sich diesmal, die Konsonanten nicht allzu Italienisch auszusprechen.
»Ah, Jessica«, antwortete ich, »and you?«
»Agostino.«
Ich hatte ihn schon wieder nicht verstanden.
Auch diesmal wiederholte er geduldig: A-GOS-TI-NO, was mir

enorm peinlich war. Wahrscheinlich hielt er mich für hörgeschädigt. Wir waren beide furchtbar verlegen und wussten nicht, was wir sagen sollten. Mehr mit Händen und Füßen, als mit englischen Worten fragte er mich, an welcher Seite des Strandes, beziehungsweise des Betonplateaus ich mich üblicherweise aufhielt. Erika begriff sofort und beschrieb ihm mittels der gleichen Methode, welche Liegen wir gewöhnlich belegten. Ehe ich die ganze Situation überhaupt begriffen hatte, war er zu seinem Tisch gegangen. Ich fühlte mich leicht benebelt.
»Phantastisch«, jubilierte Erika, »wann habt ihr euch denn kennen gelernt? Ist ja super, dass du eine Urlaubsbekanntschaft gemacht hast. Und du hast immer gesagt, dass du gar nicht auf der Suche nach einem neuen Partner bist. Aber ich freu mich für dich.«
»Nein, mach mal langsam. Das bin ich ja auch gar nicht. Ich kenne ihn außerdem überhaupt nicht.«
»Na, er kennt dich aber schon! Hast du nicht gesehen, wie er dich anguckt?«, konterte Erika.
»Ach, Quatsch, was redest du denn. Komm, wir gehen zum Strand. Wer weiß, ob wir den noch mal wiedersehen«, verwarf ich den Gedanken.
Wir gingen zum Strand herunter, aber so gleichgültig wie ich tat, war mir die ganze Sache doch nicht. Innerlich fühlte ich mich aufgewühlt und fragte mich, ob er mich am Strand suchen würde, denn so groß wie dieser war und zudem recht überlaufen, stellte das kein leichtes Unterfangen dar. Sobald wir dort angekommen waren, wollte Erika erst einmal alles über unsere gestrige Begegnung wissen. Ich erzählte ihr vom Austausch der Blicke, was mir erst einmal Spaß gemacht hatte und von der plötzlichen Unterbrechung eben in dem Moment, in dem sie und Sonja angekommen waren. Sie war enorm begeistert von diesem Urlaubsflirt, der sich hier ihrer Meinung nach anzubahnen schien. Ich war davon gar nicht überzeugt, hoffte innerlich aber doch, dass sich dieser Agostino – was für einen merkwürdigen archaischen Namen dieser Mensch trug – blicken lassen werde. Der Vormittag war, wie üblich, extrem heiß. Wir nahmen meine Luftmatratze und gingen schwimmen. In Ufernähe waren zu viele Leute im Wasser, und wir beschlossen, etwas weiter hinaus zu schwimmen. Dort konnten wir

zwar nicht stehen, aber wir hängten uns an die Luftmatratze und ließen uns treiben.

»Ach Jessica«, seufzte Erika, »weißt du, was dein Problem ist?«
»Ehrlich gesagt fühle ich mich im Moment pudelwohl hier im warmen Wasser, und die Sonne scheint so herrlich. Ich habe überhaupt keine Probleme«, antwortete ich ihr lachend, auch wenn mir klar war, worauf sie hinaus wollte.

»Ich meine doch, was die Männer angeht. Du hast mir erzählt, dass du so lange mit einem zusammengelebt hast, der viel älter war als du, und dann die Geschichte mit deinem letzten Freund. Ist doch klar, dass du kein Vertrauen mehr zu den Männern hast.«

Mir war nicht nach einem ernsthaften Gespräch, deshalb winkte ich ab: »Zu denen sollte man am besten nie Vertrauen entwickeln!«
Erika ließ sich in keiner Weise abblocken: »Du weißt einfach nicht, wie man mit ihnen umgeht. Du musst dich eben taktisch klug verhalten. Das fängt schon damit an, wie man jemanden kennenlernt.« Ich war nicht wirklich von Erikas Kompetenz in dieser Angelegenheit überzeugt, wollte sie aber nicht verletzen und behielt deshalb meine Zweifel für mich. Sie interpretierte mein Schweigen offensichtlich als Zustimmung.

»Also, ich zeige dir das an einem konkreten Beispiel. – Siehst du die beiden da, die uns gerade anstarren? Jetzt zeige ich dir, wie man es anstellt, um die kennenzulernen!«

»Erika, bist du verrückt? Nein! Lass das!« Von dieser kecken Seite hatte ich sie noch nicht gesehen. Sie klammerte sich in der Position des Rückenschwimmers an eine Seite der Luftmatratze und mit einer Geste machte sie mir klar, dass ich mich ebenso am anderen Ende festhalten sollte. Sie fing an, mit den Füßen zu paddeln und lenkte die Luftmatratze rückwärts direkt auf die beiden Jungs zu.

»Erika, was hast du denn vor?«, fragte ich, aber sie antwortete mir nicht, fragte mich nur: »Stehst du eigentlich auf blond oder auf dunkel?«, im Ton der authentischen Fachfrau in Liebesangelegenheiten.

»Äh, eigentlich blond, aber ... «, stammelte ich und fühlte mich total überrollt.

»Also gut, du den blonden, ich den dunklen!«, entschied Elke.
Ich versuchte, möglichst unauffällig hinter mich in die Richtung der beiden Interessierten zu schauen. Je näher wir den beiden nun aber kamen, umso klarer wurde mir, welch schlechte Wahl ich getroffen hatte. Während der linke schwarze, kurze Haare, ein sonnengebräuntes Gesicht und interessante Gesichtszüge hatte, litt der sogenannte Blonde, der tatsächlich eine rotblonde Lockenmähne besaß, unter einer starken Akne und wirkte aus der Nähe fast entstellt. Das machte nun aber alles nichts, denn es handelte sich ja praktisch nur um eine Lehrstunde in Sachen Männer, die ich erhalten sollte. Aber da waren wir auch schon bei ihnen angekommen und Erika lenkte die Luftmatratze auf Kollisionskurs und rempelte die beiden an. Mit einem honigsüßen Lächeln sagte sie »Sorry!« Mir schien, dass ihr etwas Dümmeres nicht hätte einfallen können und wäre froh gewesen, wenn sich mitten im Meer ein Abgrund unter mir geöffnet und mich verschluckt hätte. Aber die beiden strahlten zurück und fingen sofort ein Gespräch an, das heißt zumindest der dunkelhaarige, der sich als Luigi italienischer Staatsbürgerschaft vorstellte, während sein Freund Enzo hieß, aber kein Wort zur Unterhaltung beitrug. Also schon wieder Italiener!
»Where are you from?«, wollte ersterer wissen und auch wir stellten uns vor.
»From Germany. My name is Erika and my friend is Jessica«, übernahm Erika sofort das Gespräch, »you are from Italy? Do you know another Italian with the name Agostino?«
Luigis Gesicht erhellte sich, als er den Namen Agostino hörte. Ein Lächeln machte sich auf seinem Gesicht breit und er antwortete verschmitzt: »Yes, I think I know him! Maybe I know him.« Ich verstand sein Lächeln zwar nicht genau, dachte aber auch nicht weiter darüber nach, denn die Situation war einfach zu peinlich.
Erika fügte schnell hinzu: »Agostino is a great friend of Jessica!« In diesem Augenblick hätte ich sie am liebsten erwürgt, denn eine Bekanntschaft am Frühstückstisch, die 60 Sekunden gedauert hatte, konnte man doch nicht »große Freunde« nennen. Obwohl ich im erfrischenden Meerwasser an der Luftmatratze hängend strampelte,

wurde mir kochend heiß und ich merkte, wie ich rot anlief. Wie peinlich! Luigi ließ sich aber weiter nichts anmerken. Wir lachten, scherzten, sprachen über das Hotel, über den Urlaub und andere Belanglosigkeiten. Als ich Erika dann überzeugt hatte, dass mir kalt geworden war – was natürlich eine Lüge war – und ich zurück an Land wollte, erkundigte sich der sympathische, aufgeweckte Luigi, wo unsere Liegen stünden. Erika zeigte sie ihm und wir verblieben: »See you later on the beach.«

Nachdem wir außer Hörweite waren, zischte ich Erika zu: »So was darfst du nicht noch einmal machen.«

»Wieso denn nicht?«, fragte sie unschuldig. »Du willst doch wohl nicht den Rest deines Lebens diesem André hinterher weinen? Also meiner Ansicht nach lohnt sich das nicht. Ich habe den Eindruck, dass du richtig Trübsal bläst wegen dem.«

Diesen Eindruck konnte ich nicht bestätigen. »Ich weine André keine Träne hinterher. Sicher, es hätte alles mit ihm passen können. Ich hatte gedacht, dass wir wirklich zusammenpassen, aber mir scheint nicht, dass ich am Boden zerstört wirke«, konterte ich, aber während ich meine Meinung aussprach, kamen mir selbst leichte Zweifel zu dem, was ich da sagte. Und wenn ich tatsächlich meine Gefühle soweit verdrängt hatte, dass ich mir selbst nicht mehr im Klaren war? Sicher ist so etwas möglich und um ehrlich zu sein, waren die letzten Monate, vielleicht sogar die letzten Jahre nicht so ganz einfach gewesen. Schon die Zeit, die ich mit Robert verbracht hatte, war, abgesehen vom Anfang, nicht rosig gewesen. So urplötzlich und mit einer nicht abgeschlossenen Ausbildung von zu Hause weg zu gehen. Da glaubst du, du hast den Mann deiner Träume gefunden, aber dann bricht alles zusammen. Es gibt nur noch Streit, und welch einen Streit. Es hatte nicht viel gefehlt, und es wäre zu Handgreiflichkeiten gekommen. Und verbal hatten beide Seiten so ziemlich alles laut ausgesprochen, was man einer geliebten Person niemals sagen sollte. Irgendwann kamen wir an einen Punkt, an dem es kein Zurück mehr gab. Wir brauchten die Beziehung eigentlich gar nicht mehr zu beenden, denn sie war ohnehin schon zu Ende. Dann war da auch noch das Problem mit seinen Freunden gewesen, die der eigentliche Auslöser der geführten Diskussionen waren. Anfangs hatten mich Roberts Freunde herzlich aufgenommen, auch wenn ich 10 bis 15 Jahre jünger als sie war. Aber nach einiger Zeit hatten sich Konflikte gebildet. So war da Roberts bester Freund Jim gewesen, dessen Freundin Melanie sich mehrmals bei mir ausgeweint hatte, wie respektlos dieser sie behandelte. Auch wenn ich Jim als netten Kerl kennengelernt hatte, hatte meine Sympathie für ihn doch einen schweren Rückschlag erlitten, als ich erfahren hatte, dass die arme Melanie, obwohl sie gebildeter und von Haus aus stilvoller als er war, hauptsächlich als persönliche Putzfrau von ihm ausgenutzt wurde, er ihr aber ansonsten keine größere Bedeutung beimaß. Unverständlich für mich war aber, dass Melanie keinerlei Konsequenzen für sich zog, sondern weiter in dieser Situation ausharrte, da – wie sie erklärte – sie ansonsten die gemeinsam verbrachte Zeit als verlorene Zeit betrachten müsste. Als ich diese Behandlung offen kritisierte, wurde ich als »Emanze« abgestempelt und zudem als jemand, der sich in die Angelegenheiten anderer einmischt.

Noch schlimmer war da ein alter Schulfreund, mit dem Robert nach Jahren wieder Kontakt aufgenommen hatte, ein gewisser Horst, der als einziger der Truppe verheiratet war und zwei kleine Kinder hatte. Offensichtlich bereitete ihm das Eheleben einige Probleme, und so organisierte er zur Frustbewältigung jeden Mittwoch ein Saufgelage in einer Kneipe und formte unsere gemütliche Mittwochsrunde zu einer abartigen Veranstaltung um, zu der er seine Frau natürlich nie mitbrachte. Ehrlich gesagt hatte ich keine Probleme mit dem Alkohol und hatte auch Verständnis dafür, dass man manchmal einen Tropfen mehr trinkt, als einem gut bekommt, aber einmal pro Woche mit dem festen Vorsatz aus dem Haus zu gehen, stockbetrunken wieder zurückzukommen, ging doch weit über alles Akzeptable hinaus. Die ersten Male hatte ich noch mitgemacht und hatte die Folgen des Alkohols am nächsten Morgen auszuhalten, aber dann hatte ich die Nase voll von Übelkeit und Migräne, und das auch noch am darauffolgenden Tag, der natürlich ein Arbeitstag war, und hatte mich zuerst zum stillen Protest entschlossen. Ich traf mich also jeden Mittwoch mit Armin, meinem Schulfreund, einer stilsicheren Person, um ein smartes Weinlokal zu besuchen, wo wir beste trockene Weine – in der richtigen

Menge – begleitet von Zwiebelkuchen oder französischem Käse genossen. Dem proletarischen Saufgelage setzten wir also den kultivierten Feinschmeckerabend entgegen, der zudem von geistreichen Gesprächen zu Themen aus allen Bereichen begleitet war. Lange ging das aber nicht gut, denn mein Verhalten wurde als »du glaubst wohl, du bist was Besseres« ausgelegt. Und Robert ließ sich von den Mittwochabenden keineswegs abhalten, auch dann nicht, als ich ihn vor die Wahl stellte: Deine Freunde oder ich. Diese extreme Maßnahme gefiel mir selbst nicht, denn niemand sollte zwischen seinen Freunden und seiner Lebensgefährtin wählen müssen. Ich sah mich aber dennoch dazu gezwungen, als ich spürte, dass diese ihn ständig gegen mich aufhetzten und zudem versuchten, systematisch Einfluss auf seine geschäftlichen Entscheidungen zu nehmen. Zu guter Letzt hatten sie ihn zu einer großen Investition in ein Gewerbeobjekt ermutigt, was ihn fast sein mit Jahren harter Arbeit mühsam erarbeitetes Unternehmen gekostet hätte und eine enorme finanzielle Belastung mit sich brachte. Und dann kam der Segeltörn und ich lernte André kennen.

Ich setzte mir den Kopfhörer des Walkmans auf, drückte die Starttaste und es erklang treffenderweise »On the beach« von Chris Rea. Ich summte leise mit, während in meinen Gedanken der Film der letzten Jahre ablief, bis ich plötzlich ein strahlendes Lächeln neben meiner Liege erblickte: Es war Luigi, der Erikas Haarband, das sie wohl im Meer verloren hatte, baumelnd in der Hand hielt. Und gleich neben ihm stand A G O S T I N O, mein »great friend«. Ich erschrak und vergaß fast, dass ich auf dem Bauch liegend das Oberteil meines Bikinis geöffnet hatte, um keine »hässlichen« weißen Streifen auf dem Rücken zu haben. Verlegen knöpfte ich es zu und erhob mich umständlich. Agostino setzte sich zu mir auf die Liege, während Erika meinen Fotoapparat aus der offenen Badetasche gezogen hatte und ein Foto von uns schoss. Unglaublich, was ihr so alles durch den Sinn ging. Auf die Idee wäre ich nicht gekommen. Klar war das Haarband ein willkommener Vorwand, aber dass Agostino nun auch zu uns gekommen war, hatte ich absolut nicht erwartet. Also kannten sich Luigi und Agostino tatsächlich! Unsere Unterhaltung verlief nach Schema:

Where are you from? Agostino kam aus Neapel. War das nicht diese große verruchte Stadt in Süditalien, von der man ständig Negatives in der Zeitung las?

»You know Napoli?«, wollte er wissen. Ich musste grinsen und antwortete: »Camorra?«, was ihn anscheinend nicht weiter verwunderte. An dieser Stelle griff Luigi aber ins Gespräch ein und erklärte mir nach einem kurzen Dialog mit Agostino in ihrer Muttersprache in fließendem Englisch, dass es zu viele Vorurteile gegen seine Stadt gäbe, die aber in Wirklichkeit wunderschön sei, nur von den Medien immerfort in den Schmutz gezogen würde. Ehrlich gesagt hatte ich bereits einige Brocken des italienischen Wortwechsels zwischen den beiden aufgefangen. Vielleicht hatte ich doch nicht alles vergessen, was ich im Italienischkurs der Volkshochschule gelernt hatte. Außerdem hatte ich in der Schule einige Jahre Latein gelernt, was meinen Horizont zu romanischen Sprachen deutlich eröffnet hatte. Die beiden wollten wissen, ob ich schon einmal in Italien gewesen sei und ich erzählte ihnen von Caorle und von Ligurien. Luigi meinte zu meiner Verwunderung, dass diese Orte völlig anderes seien, und fragte, ob ich denn nie den Süden Italiens besucht hätte. Ich wollte schon verneinen, als mir die Abschlussklassenfahrt des Gymnasiums einfiel. Wir waren damals zwei Tage in Florenz und acht Tage in Rom gewesen. Rom schien mir doch unter Süditalien zu fallen. Agostino und Luigi bestätigten, dass Neapel noch viel mehr zu bieten hatte, als Rom. Sie erzählten von der südlich der Stadt gelegenen Küste, von den Inseln Ischia und Capri, die mir sicher ein Begriff waren, die ich aber offen gestanden nie mit dieser Stadt in Verbindung gebracht hatte. Erdkunde war sicher nicht eine meiner Stärken, und es kam auch noch hinzu, dass an meinem fortschrittlichen Gymnasium das Problem der Apartheid in Südafrika und die Vernichtung der tropischen Regenwälder ausführlichst behandelt wurden, während wir aber noch nicht einmal die Flüsse Deutschlands durchgenommen hatten. Also war es nicht verwunderlich, dass ich die Städte und Inseln Süditaliens nicht genau präsent hatte. Nach einer Weile der Unterhaltung verabschiedete sich Luigi, der mit einem Freund Tischtennis spielen ging, aber Agostino blieb überraschenderweise noch. Allerdings wurde die Verständigung sofort schwieriger, denn Luigis ausgezeichnetes Englisch hatte deutlich zur Konversation beigetragen. Ich war mir nicht ganz sicher, ob Agostinos Englisch tatsächlich nicht so gut war oder ob er aus reiner Schüchternheit nicht Englisch sprechen wollte. Er versuchte mir noch eine Sache zu erklären, von der ich mir aber nicht sicher war, ob ich sie richtig verstanden hatte. Ich hatte nämlich begriffen, dass er und seine Freunde heute abreisten. Das kam mit aber äußerst unwahrscheinlich vor. ›Wenn ich heute Nachmittag abreisen müsste, würde ich sicher nicht seelenruhig im Meer baden, sondern auf mein Zimmer gehen und meine Koffer packen‹, dachte ich. Offensichtlich war es ein sprachliches Problem, auch wenn mir nicht einleuchtete, was er denn wohl damit sagen wollte: »Today I and Luigi and all to Italy!« Was ich allerdings verstanden hatte, war, dass er wollte, dass ich mit zu seinem Liegestuhl käme, denn er suchte nach Papier und einem Stift. Ich versuchte mich irgendwie aus der Affäre zu ziehen und suchte eine Ausrede, weil es mir peinlich war, mit diesem im Endeffekt Unbekannten am Strand herumzulaufen. Agostino ließ aber nicht locker und so folgte ich ihm unter seinen Sonnenschirm. Dort gab es ein Wiedersehen mit der gesamten Horde Italiener, die ich am Vorabend in der Taverne beobachtet hatte. Sie hatten ihre Liegen an der entgegengesetzten Seite der Betonplattform. Ich war nun schon seit Tagen hier am Strand und hatte nie bemerkt, dass der Hotelstrand auch links von der Badebucht noch viel weiterreichte, ja fast eine Halbinsel darstellte. Die Italiener waren auch jetzt noch genauso fröhlich wie am Vorabend, begrüßten mich freundlich und lachten und schwatzten unaufhörlich. Nur von Luigi, der mit seinen Sprachkenntnissen den Gesprächsfluss stark vereinfacht hätte, keine Spur. Agostino ließ von einem jungen Mädchen einige Blätter aus einem Taschenkalender reißen, besorgte sich einen Kuli und begann zu schreiben. Er reichte mir das Blatt, auf dem in schnörkeliger Schrift sein Name, Nachname, Adresse und Telefonnummer standen. Ich betrachtete den Zettel und mir kam der Verdacht, dass ich vielleicht doch richtig verstanden hatte. Vielleicht reiste er wirklich bald ab. Er machte mir mit dem Kopf Zeichen, auf das andere Blatt meine Adresse zu schreiben. Obwohl ich normalerweise bei Fremden etwas misstrauisch war, zögerte ich keinen Augenblick.

Dieser schmächtige Junge hatte den Gesichtsausdruck einer anständigen Person. Seine Augen hatten einen so lieben Ausdruck, den ich noch nie bei jemandem gesehen hatte. Seine übergroße, gekrümmte Nase gab dem dunklen, braunen Gesicht den italienischen Charakter. Nicht eine Sekunde hätte ich ihn für einen Spanier oder Franzosen gehalten. Ich schrieb also meine Adresse und Telefonnummer auf das herausgerissene Kalenderblatt, dachte aber im gleichen Moment, dass das, was ich tat, ohnehin keinen Sinn hatte. Wir hatten uns gerade einmal ein paar Minuten kennen gelernt, da würde sicher keine große Brieffreundschaft draus entstehen, wie denn auch. Er sprach kaum Englisch. Ich fühlte mich ein wenig enttäuscht und fragte mich, was meine Erika zu Hause wohl dazu gesagt hätte, wahrscheinlich: »Wie gewonnen, so zerronnen!« Sie kannte sich gut mit Redensarten aus. Ich sah das Ganze aber anders. Ich war eben ein Pechvogel. Bei mir lief eben nie etwas richtig gut. Aber zumindest hatte ich den Triumph, jemanden kennengelernt zu haben. Agostino stellte mir nun die ganze Horde vor: Da waren Emilio, der neben einer wasserstoffblonden Holländerin namens Mareike lag, der picklige Blonde namens Enzo, ein Paar, das er als Roberto und Fiorella vorstellte, Riccardo, der wohl wie Luigi Englisch sprach, Giorgio, der Striptease-Künstler vom Vorabend, den ich nun ohne rote Perücke sah, noch ein weiterer Enzo, der aber deutlich besser aussah als der Blonde, den ich im Meer kennengelernt hatte, ein Mädchen namens Michela, die Besitzerin des Strohhutes mit Loch vom Vorabend, die mir als Stefania vorgestellt wurde, sowie ein Grieche mittleren Alters, der sich als Christos präsentierte. Christos schien mir eine Urlaubsbekanntschaft von Agostino zu sein. Ich konnte mir nicht vorstellen, dass er aus Neapel angereist war, um Urlaub auf Kreta zu machen. Vielleicht wohnte er ja hier oder er arbeitete im Hotel. Aber auch das war nicht wahrscheinlich, denn er saß wie ein Urlauber in der Badehose hier am Strand. Auf jeden Fall sprach Christos – wie fast alle Griechen – ein perfektes Englisch und bestätigte mir, dass heute Nachmittag tatsächlich Agostinos Abreise bevorstünde. Aber es gäbe auch eine Chance, dass er nicht abreisen werde, aber das wüsste man eben nicht genau. Ich blickte ihn ungläubig an. Es kam mir merkwürdig vor, dass man noch nicht einmal

wusste, ob der eigene Urlaub zu Ende ist oder nicht und sagte ihm das. »Nein, nein«, meinte er, »ihr Urlaub (er bezog sich wohl auf alle Italiener oder zumindest auf eine Gruppe von ihnen) ist schon zu Ende, aber vielleicht gibt es ja eine Möglichkeit zu verlängern. Um das aber festzustellen, muss Agostino heute Nachmittag mit dem Reisebus und allen anderen zum Flughafen abfahren, um dann eventuell am Abend zurück ins Hotel zu kommen, wenn alles klappt.«
So etwas hatte ich noch nie gehört, aber der Grieche schien von seinen Worten überzeugt zu sein. Nachdem ich den Sachverhalt, zumindest mehr oder weniger, verstanden hatte, machte mir Agostino klar, dass er jetzt nach oben gehen müsse, um sein Zimmer zu räumen und die Koffer zu packen. Er bat mich aber mit Christos Übersetzung, ob ich um 15.30 Uhr zur Rezeption kommen könne, um ihn zu verabschieden. Natürlich sagte ich, wenn auch ein wenig verwirrt, zu.
Etwas betreten durch diese allzu kurze Bekanntschaft kam ich zu meiner Liege zurück, wo Erika alleine auf mich wartete und sofort alle Einzelheiten wissen wollte. Ich erzählte ihr von dieser Bekanntschaft, die praktisch ebenso schnell beendet war, wie sie angefangen hatte. Das heißt, ich erzählte das, was ich verstanden hatte. Erika fand hierin die Bestätigung ihrer These, dass ich, was Männer betrifft, einfach vom Pech verfolgt sei.
Während meiner Abwesenheit hatte Sonja Bekanntschaft mit einem auffälligen, jungen Griechen geschlossen, den wir bereits ein paarmal im Hotel beobachtet hatten. Besonders war uns sein Sportwagen aufgefallen. Nun hatte er Sonja zu einer Fahrt im Motorboot eingeladen. Ich fragte mich, ob Erika sie nicht begleitet hatte, weil sie es nicht wollte, oder ob Sonja sie vielleicht gar nicht dazu eingeladen hatte. Aber im Grunde kannte ich die beiden erst ein paar Tage und wollte vermeiden, mit einer Frage eine mögliche Auseinandersetzung zu provozieren. Deshalb schwieg ich.
Ich wandte mich für einige Zeit wieder Chris Rea und meinem Walkman zu, um auf andere Gedanken zu kommen. Die Idee, pünktlich um halb vier an der Rezeption zur Verabschiedung »meines alten Freundes Agostino«, zu erscheinen, war mir äußerst unangenehm, ja fast peinlich. Ich kannte ihn ja überhaupt nicht. Das Einzige, was ich von

ihm kannte, war seine Adresse, die ich auf einem Zettel in meiner Badetasche hatte, und den Ausdruck seiner dunkelbraunen Augen. Er machte den Eindruck einer gutmütigen, ehrlichen Person, jemand, der als Kind vielleicht von seinen Mitschülern verhauen worden ist, aber sicher keiner, der anderen absichtlich schadet. Sein Blick flößte mir Vertrauen ein. Trotzdem war es mir unangenehm, zu einer formellen Verabschiedung zu gehen. Ich wusste nicht, wie ich mich verhalten sollte. Und dann die Sache mit der Adresse: In welcher Sprache wollten wir uns denn schreiben? Agostino verstand Englisch wohl ganz gut, ich hatte aber den Eindruck, dass er die Sprache nicht gut sprechen konnte. Wie wollte er also schreiben? Vielleicht war es das Beste, wenn ich mich um die Sache drücken würde, denn sicher würde er nicht an den Strand kommen, um mich zu suchen. Ich überlegte hin und her und kam zu keinem Entschluss, so wie mir das häufig passierte. Entscheidungen, auch die unwichtigsten, überforderten mich.

Ich hasste es, Weichen zu stellen, und welche Entschlüsse ich auch immer in meinem Leben getroffen hatte, im Nachhinein erschien mir jedes Mal, dass es besser gewesen wäre, wenn ich mich zum Gegenteil entschlossen hätte. Mit jedem Ja oder Nein öffnete oder schloss man Türen, was in den meisten Fällen unabänderliche Konsequenzen mit sich brachte. Und wie wäre alles geworden, wenn ich den anderen Weg gewählt hätte? Auf diese Frage findet man nie eine Antwort. Es gibt Leute, die alles für Schicksal halten, die überzeugt davon sind, dass »im Himmel« bereits alles in den kleinsten Einzelheiten geschrieben steht. Das hieße aber, dass wir nur Marionetten sind, und dass unser Handeln völlig sinnlos ist, denn dem Schicksal können wir doch nicht entgehen. Nun, irgendetwas Höheres gab es sicher, jemand hat uns Menschen schon geschaffen. Wir haben uns nicht selbst gemacht. Wenn ich da nur an die wundersamen Umstände meiner Geburt dachte. Meine Mutter hatte eigentlich keine Kinder mehr bekommen können. Sie hatte mit 19 Jahren geheiratet und wurde erst einmal nicht schwanger. Deshalb hatte sie die verschiedensten Untersuchungen und Therapien über sich ergehen lassen, die nach ein paar Jahren Erfolg hatten und meine Schwester wurde geboren. Es war ein komplizierter Kaiserschnitt, meine Schwester wurde gerade noch gerettet und es dauerte eine ganze Weile, bis meine Mutter sich aus dem Wochenbett erheben konnte. Der Arzt sagte ihr, dass sie Glück gehabt habe und dass sie mit einem gesunden Kind zufrieden sein solle, denn ihre Organe seien aufgrund der Armut und der schlechten Ernährung der Nachkriegszeit nicht so entwickelt wie die einer erwachsenen Frau. Ihre Entwicklung sei praktisch im 14. Lebensjahr stehen geblieben. Auch wenn die Familienplanung meiner Eltern anders ausgesehen hatte, mussten sie sich gezwungenermaßen mit einem Einzelkind zufrieden geben und unternahmen daher keinerlei Anstrengung, um eine weitere Schwangerschaft zu verhindern.

So vergingen sieben Jahre, bis meine Mutter sich über einen längeren Zeitraum hinweg nicht gut fühlte. Es waren die 60er Jahre, in denen die modernen Krankheiten zu einem Gesprächsthema der Öffentlichkeit geworden waren, und so zog meine Mutter den voreiligen Schluss, dass sie an einem Tumor litt. Die monatlichen Unregelmäßigkeiten beunruhigten sie weniger als ihr allgemeines Unwohlsein, denn sie war überzeugt, dass das häufige Ausbleiben der Monatsregel mit ihrer unvollständigen Entwicklung zusammenhing. Also ging sie – innerlich bereits von der Diagnose überzeugt – zu ihrer Frauenärztin und guten Bekannten, Frau Dr. Welling, und ließ sich untersuchen. Nach Abschluss aller Tests stellte sie dann die alles entscheidende Frage: »Also, ist es ein Tumor?« Die Antwort der Ärztin war in unserer Familie zu einer festen Anekdote geworden: »Tja, so etwas Ähnliches.« Aufgrund ihrer inneren Anspannung hatte meine Mutter das Schmunzeln der Frau nicht bemerkt und fragte weiter: »Und was kann ich dagegen tun?«, worauf sie antwortete: »Das erledigt sich von selbst!« Nun fing meiner Mutter etwas an zu dämmern und sie fragte weiter: »Wie denn?«

»Na, in knapp sechs Monaten! Du bist schon im dritten Monat.«

So war ich also zum Familientumor geworden und folgerichtig fragte meine Mutter meinen Vater angesichts der Tatsache, dass ich ausgesprochen hässlich zur Welt gekommen bin: »Hast du sie denn trotzdem ein bisschen lieb?«, und mein Vater antwortete wortkarg, wie es bei emotionalen Themen seine Art war: »Tja, schon.«

Über solche Gedanken und von Chris Reas samtiger Stimme

eingelullt, muss ich wohl eingeschlafen sein. Ich wachte erst auf, als ich eine Stimme aus scheinbar enormer Entfernung hörte: »Hello!« Und es war nicht die von Chris Rea.

Ich öffnete langsam die Augen und sah den Griechen Christos neben meiner Strandliege stehen. ›Kleidergröße 52, aber die Hose muss gekürzt werden, besser wäre eine 102‹, fuhr es durch meinen fachmännischen Sinn. Lange hatte ich im Sportgeschäft meiner Eltern gearbeitet und betrachtete die Menschen und ihre Körperform nach der Konfektionsgröße. Christos war nicht allzu groß, aber ziemlich kräftig. »Come on, come on, we have to go to tell good-bye to your lover, Agostino!«, schrie er.

Wie peinlich, vor allem hoffte ich, dass die Leute in meiner Umgebung kein Englisch verstanden, denn ich wollte weder als die Geliebte noch als Freundin von Agostino betrachtet werden. Also erhob ich mich, schlüpfte blitzschnell in ein Strandkleid, damit sichergestellt war, dass Christos diesen Satz nicht wiederholte. Der braungebrannte Grieche hakte sich freundschaftlich in meinen Arm ein und wir gingen in die Hotelhalle, wo aber noch kein Italiener zugegen war. Wir setzten uns auf ein Sofa und Christos fing sogleich ein Gespräch an. Er erklärte mir auf Englisch, dass Griechen und Italiener sich als verwandte Rassen betrachteten und als geschichtlich eng verbundene Völker. Das wunderte mich, denn bei meiner Arbeit in der Bank hatte ich natürlich unzählige Bekanntschaften mit Ausländern jeglicher Herkunft gemacht: Türken, Griechen, Jugoslawen, Italiener, Spanier. Und dabei hatte ich große Unterschiede zwischen diesen Nationalitäten gesehen. Italiener waren zweifellos das am besten integrierte Volk in Deutschland. Viele Italiener betrieben natürlich gastronomische Betriebe in Köln, andere waren Arbeiter, wobei die meisten aber Facharbeiter waren. Diese Menschen hatten das ungewöhnliche Geschick, ihre von der Mentalität begründeten Eigenheiten mit denen der Deutschen aufs Beste zu kombinieren. Ohne jemals ihre Charakteristik zu verleugnen, präsentierten sie sich stets als Gegenpol zum »Deutschtum«, so dass jeder Teutone in ihnen die Verwirklichung der eigenen unrealisierten Wünsche entdecken kann: Gegensätze ziehen sich an. Und damit erklärt sich ja auch die tiefe Sympathie, die diese beiden

Völker verbindet. Aber die Griechen? Die waren durchaus nicht so. Ich hatte Griechen immer als ausgesprochen ruhige, bescheidene und unauffällige Menschen erfahren, die allerdings weitaus größere Schwierigkeiten mit der Integration in Deutschland hatten. Viele von ihnen sprachen auch nach Jahren noch nicht richtig Deutsch, viele Frauen lernten nie die Sprache ihrer neuen Heimat. Über ihr Land wussten wir Deutschen nicht allzu viel, vielleicht sollten wir mehr Fragen stellen. Ich wollte gerne wissen, woher Christos genau kam und er antwortete: Aus Athen. Das hätte ich mir fast denken können, denn da lebte ja der Großteil der griechischen Bevölkerung.

Während wir so plauderten, wurde es plötzlich laut in der Hotelhalle, da eine Gruppe Italiener, unter denen sich auch Agostino befand, erschien. Er kam auf uns zu, umarmte Christos und redete in einem unverständlichen, mit einigen englischen Brocken durchsetzten Kauderwelsch auf ihn ein. Seltsamerweise schien dieser ihn zu verstehen und wandte sich in perfektem Englisch an mich: »Agostino sagt mir, dass sie jetzt zum Flughafen fahren, aber vielleicht ist er heute Abend wieder hier im Hotel. Eigentlich müsste er heute nach Napoli zurückfliegen, aber vielleicht bleibt er auch hier mit einem Freund. Wir wissen es nicht.« Es schien mir immer noch unverständlich, dass jemand nicht weiß, ob er heute seinen Urlaub beendet oder nicht und fragte: »His holidays are finished or not? – Sind seine Ferien zu Ende oder sind sie es nicht?« Christos gestikulierte nun fast wie ein Italiener und erzählte mir von einem Mann, der zurück nach Italien wollte und von einem Tausch – change, aber der Zusammenhang war mir immer noch nicht klar. Im Traum hätte ich nicht gedacht, dass Agostino seinen Urlaub mir zuliebe verlängert hätte. Sollte dies der Fall sein, hätte es keine Erklärung dafür gegeben, dass er erst zum Flughafen fuhr und dann vielleicht wieder zurückkam. Agostino umarmte mich und verabschiedete sich mit zwei Wangenküsschen und mit einem Mal war er weg. Die Hotelhalle wurde urplötzlich wieder still ohne die Italiener und Christos und ich gingen zum Strand zurück, wo wir uns trennten und jeder ging zu seinem üblichen Platz. Auf meiner Liege angekommen war ich allein. Ich zog das von Agostino handgeschriebene Zettelchen aus meiner Strandtasche und las: Agostino Marini,

Via Giuseppe Verdi, 68, 80145 Napoli, telefono 0039 081 7651234. Die Handschrift war exotisch, irgendwie ein wenig weiblich, verschnörkelt, aber schön. Wer weiß, ob ich je von ihm noch einmal gehört hätte. Italiener waren ja extrem spontan, aber oberflächlich. Wahrscheinlich erinnerte er sich nicht einmal mehr an meinen Namen, wenn er zu Hause ankam. Luigi hatte schon recht, dass Italien in meiner Perspektive, und in der vieler Deutscher, bei Rom aufhörte. Italien, das war für mich immer Venedig gewesen, die Adria, Rimini, ja, und während der Abschlussfahrt nach Florenz und Rom hatte ich noch einen anderen Aspekt, also große Städte kennen gelernt. Aber Neapel musste weitaus größer sein und ganz unten im Süden liegen. Von der Stadt hörte man fast nur aus den Nachrichten, wenn das organisierte Verbrechen zugeschlagen hatte. Aber mir fiel auch ein alter Freund ein: Karsten, der oft auf der Insel Ischia den Urlaub verbracht hatte und sehr davon geschwärmt hatte. Die musste in der Kante liegen, Luigi hatte den Namen erwähnt.

7. Kapitel

UNVERHOFFT KOMMT OFT

Der Tag nahm seinen Lauf, auch wenn ich mich merkwürdig fühlte, ohne dies genau definieren zu können. Ich duschte mich auf meinem Zimmer, zog mich an und ging an diesem Abend in ein Lokal namens »Kri-Kri«, das auf halbem Weg in Richtung des Zentrums von Agios Nikolaos lag. Das Restaurant war terrassenförmig angelegt und ich hatte bereits mehrere Male darüber nachgedacht, dort zu essen. Es war ausgezeichnet und ich genehmigte mir einen kleinen Metaxa, bevor ich zur Hoteltaverne ging. Ich war nicht sicher, ob Erika und Sonja zum üblichen Treffpunkt erscheinen würden. Sonja würde wahrscheinlich noch mit ihrer griechischen Eroberung beschäftigt sein. Hoffentlich war Erika mir nicht böse, dass ich sie am Morgen allein gelassen hatte. Wir hatten uns den ganzen Nachmittag nicht mehr gesehen, weil ich früh aufs Zimmer gegangen war.

Als ich die in lauem Licht liegende Taverne betrat, sah ich in der Mitte unter den Olivenbäumen eine kleine Gruppe Personen sitzen, die mir den Rücken zukehrten. Christos war darunter. Er drehte sich um und lud mich ein, bei ihnen Platz zu nehmen. Er ergriff an einem Nachbartisch einen Stuhl, den er nicht neben seinen, sondern neben den einer anderen Person platzierte. In diesem Moment drehte sich Agostino lachend zu mir um und erst jetzt nahm ich ihn wahr. Tatsächlich war er zurückgekommen. Er strahlte mich an und bat Luigi, der auch mitten in dieser Gruppe saß, mir die Zusammenhänge zu erklären. Ich bemerkte, wie vertraut die beiden miteinander waren, sie schienen also gute Freunde zu sein. Ich wurde verlegen bei dem Gedanken, dass Erika ihn gefragt hatte, ob er einen gewissen Agostino kenne, der ein guter Freund von mir sei, worauf er humorvoll: »Yes, I think I know him! Maybe I know him.«, geantwortet hatte, wo er ihn, wie mir jetzt klar wurde, mehr als gut kannte. Vielleicht waren sie gemeinsam hierher gekommen. Luigi erklärte mir in bestem Englisch, dass heute tatsächlich ihre gebuchten zwei Wochen Urlaub vorüber seien. Am Morgen aber, als er an der Rezeption den Zimmerschlüssel habe abgeben wollen, hatte ihn ein Landsmann angesprochen und ihn gefragt, ob er gerne noch zehn Tage bleiben wolle. Auf eine solche Frage hatte er nur »Ja« antworten können, »sicher. Es hat mir sehr gut hier gefallen.« Der deutlich ältere italienische Herr, der sogar aus der gleichen Stadt war, wollte aber auf etwas anderes heraus: »Meiner Lebensgefährtin gefällt es hier nicht. Sie würde lieber Ferien auf Capri machen«, wobei Luigi anmerkte, dass die Lebensgefährtin wohl eher seine Sekretärin zu sein schien. So schlug dieser einen Tausch der Flugtickets vor, an die er aber eine Bedingung band. Die einzige geforderte Gegenleistung für den kostenlosen Urlaub war die Abholung seiner Wäsche in der Hotelwäscherei und die Auslieferung – nach beendigtem Urlaub – bei ihm zu Hause in Neapel. Dafür überließ er Luigi zehn Tage Aufenthalt im Hotel Wyndham Mirabello für zwei Personen und einen Mietwagen für diese Zeit, alles bereits bezahlt. Luigi erzählte, dass er am liebsten sofort zugesagt hätte, die Aussicht auf zehn Tage Gratisurlaub war einfach verlockend gewesen. Als erstes hatte er unter den mit ihm gereisten Freunden geforscht, wer dieses Angebot mit ihm teilen wollte: Riccardo musste zurück aus beruflichen Gründen, Emilio hatte familiäre Verpflichtungen. Der Einzige, der problemlos den Urlaub verlängern konnte, war Agostino. Beide kontaktierten ihren Reiseleiter, um Informationen einzuholen zur Möglichkeit, die Flugtickets mit dem Paar zu tauschen. Dies alles geschah, als die Twin-Tower in New York noch an ihrem Platz standen und niemand in der Welt sich ernsthafte Sorgen über islamistische Terrorakte machte. Der Reiseleiter wies sie darauf hin, dass es bei einer zwar nicht sehr wahrscheinlichen Kontrolle an Bord des Flugzeuges Ärger gegeben hätte, denn einer von beiden reiste ja unter einem weiblichen Namen (unter dem der gelangweilten Begleiterin des italienischen Herrn), aber er fügte hinzu, dass er persönlich es unter diesen Bedingungen riskiert hätte. Also blieb nur noch zum Flughafen zu fahren, die Tickets auszutauschen und abzuwarten, bis der Neapolitaner und seine Begleiterin, die die Insel Capri heiß begehrten, durch die Schranke in Richtung des Flugzeugs nach Neapel schritten, um unter den Namen von Agostino und Luigi zu fliegen. Agostino und Luigi hatten es sich danach gleich im Mietwagen bequem gemacht, mit dem der spendable Herr und seine Begleiterin zum Flughafen gefahren waren, und waren zum Hotel Wyndham Mirabello zurückgekehrt, um den zweiten, diesmal zehntägigen Urlaub zu starten. Und hier waren sie also beide, strahlend.

»Lucky boys, welch ein Glück diese beiden Jungs haben«, meinte Christos und schlug den beiden freundschaftlich auf die Oberschenkel. Unglaublich, diese Geschichte! Ich konnte mir nur schwer vorstellen, dass ein Deutscher einem Wildfremden einen bereits bezahlten Urlaub einfach so schenkte, auch nicht, wenn dieser wohlbetucht war. Ebenso fragte ich mich, ob ich nicht zu misstrauisch gewesen wäre, um ein solches Geschenk von einem Fremden anzunehmen. Man wusste ja nie, ob im Nachhinein nicht doch irgendwelche Forderungen gestellt würden. Agostino strahlte mich an und rückte mit seinem Armstuhl etwas näher, was aber kein großes Ergebnis produzierte, da wir notwendigerweise einen Übersetzer brauchten, um zu kommunizieren. Luigi und Christos wechselten sich fabelhaft ab. Der Abend war herrlich. Wir saßen unter einem Dach aus Bäumen, über dem sich ein tiefschwarzer, mit Sternen übersäter Himmel ausdehnte. Die Luft war warm, aber trotzdem angenehm.

Plötzlich tauchte Erika am Eingang der Taverne auf. Ich winkte ihr zu, aber ich bemerkte, dass ihr im Näherkommen aufgefallen war, dass ich nicht allein war. Es schien mir, als ob ihr Gesichtsausdruck alles andere als Begeisterung verriete. Trotzdem grüßte sie alle freundlich.

»Ok, ich wusste das nicht, dass du …, ich wollte dir nur Bescheid sagen, dass wir in den Ort nach Agios gehen. Aber du bist ja beschäftigt. Also, ich muss los, … wir sehen uns dann«, sagte sie hastig.

»Ja, Erika, ich weiß nicht … ja okay, tschüss.«

In den wenigen Sekunden war ich mit der Entscheidung mitzugehen oder hierzubleiben, überfordert. Aber dann war sie auch schon weg und Christos stellte mir eine Frage. Im Nu hatte ich Erika und Sonja vergessen. Ich wollte etwas mehr über Agostino wissen und stellte ihm die üblichen Fragen nach Beruf, Familie und ähnlichem. Agostino erzählte gerne von sich. Er lebte in Neapel, wohl etwas außerhalb, aber dennoch zentral gelegen. Er arbeitete als Zahntechniker und wohnte noch bei seinen Eltern. Er hatte einen Bruder und, wenn ich richtig verstanden hatte, zwei Schwestern. Eine hatte er mit Sicherheit, aber von der anderen sagte er, es sei nicht seine richtige Schwester, aber doch wie eine Schwester. Vielleicht fehlte Luigi der englische Begriff für Adoptivschwester, »stepsister«. Ich erzählte ihm auch von meiner Arbeit als Bankangestellte, was in Italien offenbar ein respekteinflößender Beruf war, so interpretierte ich zumindest den Blick, den Luigi und Agostino bei Luigis Übersetzung austauschten. Ich berichtete von meiner Familie, meinen Eltern und meiner Schwester Rebekka. Ich sprach es nur beiläufig an, denn, fügte ich hinzu, ich wohnte schon seit einigen Jahren nicht mehr zu Hause. Das wollten die beiden Italiener schon genauer wissen. Ich beschrieb ihnen meine kleine, gemütliche 2-Zimmer-Wohnung und fragte, ob auch in Neapel die jungen Leute unseres Alters alleine lebten. Agostino bejahte, erklärte aber, dass die Mietwohnungen gewöhnlich sehr groß seien und daher natürlich auch kostspieliger, was manchmal dazu führte, dass junge Menschen aus Ersparnisgründen noch zu Hause wohnten. ›Die Ersparnis sollte dann schon erheblich sein‹, dachte ich, ›um dafür die persönliche Freiheit einzubüßen.‹ Als Zwanzigjähriger oder älter noch bei den Eltern zu wohnen hielt ich, gemäß meiner persönlichen Erfahrung, für ausgesprochen schwierig für alle Beteiligten. Mit fast glänzenden Augen beschrieb Agostino mittels Luigis Übersetzung seine Heimatstadt. Er erzählte vom Meer, von den Inseln Ischia und Capri, von historischen Ausgrabungen – den Namen Herkulaneum hatte ich noch nie gehört – von der Sonne, von gutem Essen, von haarsträubendem Autoverkehr, von Pizza und zwar der Erfindung der Pizza schlechthin, die dieser Stadt zugeschrieben wurde, von einem Vulkan, der Vesuvius hieß, ein Bösewicht, der die römische Stadt Pompeji buchstäblich mit Schutt und Asche zugedeckt hatte, von Ortschaften wie Sorrent, Amalfi und Positano, von engen Gässchen und Panoramastraßen.

Mir wurde wieder einmal klar, wie sehr meine geographischen Kenntnisse zu wünschen übrig ließen, was nicht allzu verwunderlich ist, wenn man überlegt, dass ich während einer dreizehnjährigen Schulkarriere nur wenige Themen in Erdkunde durchgenommen hatte. Was ich von Italien recht gut kannte, war die Gegend um Venedig: mein geliebtes Caorle, wo ich fast alle Urlaube meiner Kindheit und Jugend verbracht hatte. Luigi fragte mich, ob ich denn gar kein Italienisch spräche, worauf ich einen Moment zögerte und schwindelnd verneinte. Für einen Augenblick war meine antrainierte Skepsis durchgekommen. »Traue nie einem Fremden«, klangen mir die Worte meiner Eltern, die immer im Kontakt mit anderen Menschen voreingenommen waren. Sie behaupteten, damit im Leben gut gefahren zu sein. Ich war mit dieser Haltung, so wie mit fast allem, was sie dachten, nicht einverstanden. Aber in meiner Situation, als Alleinreisende in einem fremden Land mit einer neuen Bekanntschaft war es besser, sich nicht komplett aus der Reserve locken zu lassen.

Im Dialog zwischen Agostino und Luigi hatte ich tatsächlich einige Wörter aufschnappen können. Mein Italienisch war alles andere als perfekt. Als Kind hatte diese Sprache herrlich in meinen Ohren geklungen. Auch meine Eltern hatten immer versucht, im Hotel oder im Restaurant die Kellner und Angestellten mit ein paar Brocken zu überraschen. Mit 14 hatte ich dann an der Volkshochschule den ersten Italienischkurs belegt. Anfangs war auch alles sehr einfach, denn ich hatte Grundkenntnisse in Latein und Französisch, später aber wurde die Grammatik etwas komplexer und somit aufwändiger und ich hatte die Dinge ruhen lassen. Trotzdem hatte ich nicht alles vergessen.

Wir sprachen an diesem Abend über viele Themen, lachten, hatten Spaß, und die Zeit verging wie im Flug. Nach Mitternacht meinte Luigi: »Heute ist der 23. August, nein, eigentlich ist ja schon der 24., der erste Tag unseres zweiten Urlaubs, und dabei sollte es der letzte sein!«

Als ich das Datum hörte, fiel mir siedendheiß ein, dass ich für den 24. August einen Ausflug nach Heraklion ins Historische Museum und zum Knossos-Palast gebucht hatte. Und die Abfahrt sollte um 7 Uhr morgens sein. Ich erklärte Luigi, dass ich nun bald nach oben gehen würde, denn ich müsse spätestens um 6 Uhr aufstehen. Ehrlich gesagt, hatte ich aber noch keine Lust, schlafen zu gehen. Zu angenehm war dieser Abend. Die Atmosphäre in der Taverne unter den Bäumen und dem lauen Sternenhimmel in Gesellschaft all dieser interessanten Menschen, von deren Existenz ich vor ein paar Tagen noch nichts gewusst hatte, war einfach magisch. Ich war so glücklich und entspannt wie lange nicht mehr. Wir sprachen über dies und das und bei jedem meiner Worte hing Agostinos Blick an meinen Lippen, als ob ich mit jedem Satz neuartige wissenschaftliche Weisheiten von mir geben würde. Die Gesellschaft war ausgesprochen angenehm, auch Christos erzählte vom Leben in Griechenland. Dann und wann entfernte er sich. Ich vermutete, dass er noch andere Freunde hier hatte, die er nicht vernachlässigen wollte.

Christos war ein aufmerksamer Beobachter: Er fragte mich, ob die deutschen Frauen einen bestimmten Grund hätten, die Haare an den Beinen nicht entfernen zu lassen. Vielleicht handele es sich dabei ja um religiöse Gründe ähnlich den islamischen Frauen, die den Kopf mit einem Tuch bedecken. Ich errötete leicht und fuhr mir mit der Hand über die Schienbeine, denn auch ich gehörte zu dieser Kategorie deutscher Frauen. Ich erklärte dem Griechen, dass es sicher keinen religiösen Grund gebe, sondern dass wir vielleicht keinen Grund sähen, diese zu entfernen. Christos wunderte sich und erzählte, dass die griechischen Frauen sich fast die Haut der Beine abrasierten. Auch Agostino und Luigi stimmten bezüglich der italienischen Frauen zu. Ich musste lachen und sagte ihnen, dass die deutsche Frau sicher einen Schönheitssinn besitzt, aber dass es auch so etwas wie Bequemlichkeit gibt und dass jede hauptsächlich mit sich selbst zufrieden sein sollte, ohne zu viel von der Meinung anderer abzuhängen. Das erschien allen recht selbstbewusst, auch wenn Christos bei der Meinung blieb, dass Frauenbeine keine Haare haben sollten, da das eklig für einen Mann sei.

Zuerst dachte ich, dass es an unserem Thema läge, als ich begann, einen Juckreiz am Schienbein zu spüren, was aber nicht an mangelnder Depilation, sondern vielmehr an einem Mückenstich lag.

»Moskito?«, fragte Agostino. Als ich bejahte, sprang er auf und riss einen kleinen Zweig an einer Pflanze an der dem Meer zugewandten Seite des Gartens ab und brachte ihn mir. Ich wusste nicht, was ich damit anfangen sollte, bemerkte aber, dass die Blätter herrlich frisch, fast nach Zitrone rochen. Agostino forderte mich mit Gesten auf, die Blätter über meine Beine zu streichen. Nun hatte ich begriffen, dass es sich um eine natürliche Version von Autan handelte.

»Citronella«, sagte er, es war also Zitronenmelisse. Die kannte ich nur in Verbindung mit Desserts, insbesondere in Verbindung mit Erdbeeren. In den Gesprächspausen tauschten Luigi und Agostino einige Worte auf Italienisch aus und ich freute mich, dass ich zumindest einen Ansatz, manchmal auch den Sinn verstehen konnte, aber ich hütete mich, etwas davon verlauten zu lassen. Es reichte aus, um zu verstehen, dass sie nicht über mich sprachen. Inzwischen waren außer uns nur noch wenige Leute in der Taverne. Ich erzählte von meinem morgigen Ausflug, was Christos' Begeisterung verursachte. Er erzählte mir von den altertümlichen Schätzen, von den Meisterwerken der altgriechischen Architektur, meinte aber, dass die Tour wohl etwas anstrengend werden würde.

»Warum?«, fragte ich ihn, aber er lachte nur und wies auf seine Armbanduhr. Es war bereits viertel nach 3. Ich hatte die Zeit total vergessen, wollte nun aber doch noch ein paar Stunden schlafen. Agostino erhob sich sofort und erbot sich, mich ins Zimmer zu begleiten. Das Herz klopfte mir bis in den Hals und ich war extrem aufgeregt, als ich meinen neuen Freunden gute Nacht sagte und mich mit ihm zum Ausgang begab. Hoffentlich hatte er sich jetzt nicht ein nächtliches Abenteuer mit mir in den Kopf gesetzt! Oh Gott, wie sollte ich nun mit dieser Situation fertig werden? Natürlich hatte er es sich in den Kopf gesetzt! Wie sollte ich mich jetzt verhalten? Ich war absolut nicht die Richtige für den ersten Abend! So etwas hatte ich noch nie gemacht. Andererseits: ein richtiger Urlaubsflirt, sich mal richtig gehen lassen, so wie mir meine Urlaubsfreundin Erika aus dem Saarland empfohlen hatte. ›Jessica!‹, rief ich mich zur Ordnung, ›die Folgen von einem einzigen Abend können katastrophal sein.‹ All diese Gedanken zischten in Raketenschnelle durch mein Hirn, während ich versuchte, mir meine Verwirrung nicht anmerken zu lassen. Noch nie hatte mich jemand auf mein Zimmer, und nur wenige Male hatte mich jemand nach Hause gebracht. Wir kamen an der Rezeption vorbei, wo ich den Schlüssel von Zimmer 114 verlangte und bat, mich um 6 Uhr zu wecken. Agostino fragte mich mehr mit Gesten als mit Worten, wo mein Zimmer lag.

»First floor,« – »Ah, primo piano«, antwortete er und ich nickte, als er mir den erhobenen Zeigefinger zeigte. Wir gingen über die Treppen und ich wünschte, dieser Moment wäre schon vorbei und ich wäre schon allein in meinem Zimmer. Was dachte wohl das Paar, das uns auf dem Flur entgegenkam? Wahrscheinlich dachten sie nichts Gutes von mir. Und wie sollte ich mich verabschieden? Vor meinem Zimmer angekommen, bevor ich den Schlüssel ins Loch stecken konnte, umarmte mich Agostino zärtlich und küsste mich langsam. Ein Moment lang war ich versucht, ihn in mein Zimmer einzuladen, aber sofort fing ich mich wieder, öffnete die Türe und sagte mit Entschlossenheit: »Good night.« – »Buona notte«, antwortete Agostino mit einem hinreißenden Lächeln und ich trat ein und schloss die Türe. Ich erledigte nur noch das Notwendigste und schlief sofort ein.
Ich hatte gerade die Augen geschlossen, zumindest schien es mir so, als der telefonische Weckdienst klingelte. Völlig verwirrt hob ich den Hörer ab und eine Stimme mit einem wunderbaren griechischen Akzent sagte: »6 o'clock, Madam.« Seit wann wird man im Urlaub um 6 Uhr geweckt? Ach ja, natürlich, der verdammte Ausflug nach Heraklion. Hätte ich den mal nicht gebucht. Widerwillig stand ich auf, zog mich an und machte eine Tasche mit Wasser, Fotoapparat und so weiter fertig. Ich verzichtete auf ein Frühstück, wahrscheinlich war der Speisesaal ohnehin noch geschlossen, zumal ich keinen Appetit hatte. Bisher hatte ich mir lediglich die Frage gestellt, BIS wie viel Uhr es Frühstück gibt und nie AB WANN!
Ich kam in jämmerlichem Zustand am Treffpunkt an und stieg in den Bus, der uns zum Knossos-Palast brachte. Die Reiseleiterin schwätzte fröhlich drauflos, aber mich interessierten die Erklärungen zur Insel nicht weiter. Ich war zu sehr in meinen Gedanken gefangen. Ich hatte Agostinos Blick von gestern Abend noch genau vor Augen. Er kam aus dunkelbraunen, treuen Augen. Sein Blick hatte nichts von Falschheit. Überhaupt machte er den Eindruck eines »guten« Jungen. Er war nicht sehr groß, vielleicht 1,75 m, extrem schlank, eigentlich schon dünn, Größe 46 höchstens. In der Badehose hatten seine Rippen unter der dunkelbraunen Haut hervorgeschienen. Er hatte dunkle Haare, aber für einen Südländer relativ wenig Körperbehaarung. Er hatte

einen breiten Mund mit einem phantastischen Lächeln, das einen schräg stehenden Eckzahn entblößte. Was mir am besten gefiel, war sein Gesichtsausdruck, auch wenn er schwer zu beschreiben war. Er war einfach lieb. Ich konnte mir Agostino nicht als boshaften Menschen vorstellen, sein Gesicht strahlte Unsicherheit, ja auch Schüchternheit aus, und Güte.

Als wir am Knossos-Palast ankamen, befand ich mich immer noch im Halbschlaf. Die antike Ausgrabungsstätte war schon von weitem sichtbar. Als erstes fiel eine Säulenstruktur mit einem farbigen Relief ins Auge, was mir bereits in Geschichtsbüchern begegnet und das Wahrzeichen des Palastes war. Außer uns waren noch einige andere Gruppen am Eingang. Die Leute trugen allesamt Sonnenhüte und ich bereute, keinen mitgebracht zu haben. Unser Führer leitete uns durch diesen riesigen Königspalast, der aus dem Jahr 1450 v. Christus stammte, aber auf den Ruinen des noch älteren und durch ein Erdbeben zerstörten Palastes aus 1900 vor Christus ruhte. Natürlich konnten wir nicht 1300 Räume besichtigen, da von diesen auch viele nicht mehr erhalten waren, aber die Vorstellung, dass das Gebäude ursprünglich bis zu 5 Stockwerke gehabt hatte, war schon beeindruckend. Die Räume waren untereinander durch schmale Gänge verbunden, was den Eindruck eines Labyrinths verstärkte, denn diese Gänge waren stark verwinkelt.

Da im Palast des Minos Steuereinnahmen in Form von Olivenöl, Honig und Getreide aufbewahrt wurden, gab es so genannte Pithoi, antike gigantische Tonkrüge, die bis zu 78.000 Liter fassen konnten. Phantastisch war das berühmte Delphinfresko, das hauptsächlich aus einem Azurblau bestand, das, wenngleich man es kaum glauben konnte, vor so vielen Jahren geschaffen und aufgetragen worden ist, ohne bis heute seine Leuchtkraft zu verlieren. Es beeindruckte mich auch die anschauliche Darstellung der Wasserklosetts mit funktionsfähiger Spülung, überhaupt die Kanalisation, die an einen nicht weit entfernten Fluss angebunden war.

Unsere Gruppe legte nach der Besichtigung eine Ruhepause unter herrlichen Pinienbäumen ein, um dann weiter ins Nationalmuseum von Heraklion zu fahren. Das Museum hatte tatsächlich Interessantes zu bieten, auch wenn mich in den klimatisierten Räumen die Müdigkeit wieder überfiel. Es gab eine Münze mit dem Labyrinth von Knossos. Inmitten von Unmengen von Amphoren, Statuen und Geschirr des alltäglichen Lebens des Jahrtausends vor unserer Zeitrechnung beeindruckte mich ein Helm aus Eberzähnen. Die Menschen hatten damals noch Phantasie und benutzten die Rohstoffe, die sie zur Verfügung hatten, auf die beste und effektivste Weise. Und wer wusste schon, ob der Träger dieses Helms nicht auch die Stärke eines Ebers hatte darstellen wollen. So wie heutzutage derjenige, der diese oder jene Jeansmarke trägt, automatisch als cool und überlegen angesehen wird. Zumindest von manchen Menschen. Nach einer Weile verließ ich die Gruppe und wartete in der Eingangshalle, bis die Besichtigung beendet war. Ich war froh, als ich wieder im Bus saß und wir uns zum Hotel aufmachten. Ich wurde zusehends nervöser, denn ich fragte mich, ob die Magie des letzten Abends noch da sein würde oder ob Agostino und ich uns als das, was wir tatsächlich waren – also als zwei Fremde – begegnen würden. Eigentlich hatte ich damit bereits vorausgesetzt, dass wir uns überhaupt begegneten. Ich wusste ja noch nicht einmal seine Zimmernummer oder was er am Spätnachmittag machte. Es versteht sich von selbst, dass ich zweifellos nicht dorthin gegangen wäre, um ihn zu suchen, selbst wenn ich seine Zimmernummer gekannt hätte. Wie sollte ich es hinbekommen, Agostino wiederzusehen, ohne das Hotel komplett abzusuchen? Vielleicht sollte ich einen kleinen unauffälligen Rundgang am Strand machen, dem Ort, an dem er wohl am wahrscheinlichsten zu finden war. Vielleicht hätte es so ausgesehen, als ob ich Erika und Sonja suchte. Apropos Erika und Sonja. Ich hatte sie außer dem Moment am gestrigen Abend, als Erika mich in der Taverne suchte, nicht mehr gesehen und fühlte mich ein wenig schuldig. Vielleicht wussten sie gar nichts von meinem Ausflug zum Knossos-Palast. Ich erinnerte mich nicht, ob ich ihnen davon erzählt hatte. Ich konnte die beiden nicht plötzlich fallen lassen, denn bisher hatte mir diese Bekanntschaft gutgetan und auch das Problem des Alleinseins gelöst. Ich beschloss, ab diesem Abend meine Zeit wieder mit ihnen zu verbringen, als der Bus vor dem Hotel Wyndham Mirabello vorfuhr und hielt.

8. Kapitel

EINE UNERWARTETE LOVESTORY

Als ich die Stufen des Busses herunterkletterte, hob ich den Blick und sah einen lächelnden Agostino, der auf der Bank vor dem Hotel saß. ›So ein Zufall‹, fuhr es mir durch den Sinn. Fast im gleichen Moment kam mir ein anderer Gedanke: ›Und wenn er auf mich wartet?‹, aber sofort schob ich diesen Gedanken weg, er war absurd. Agostino stand sofort auf und kam mir strahlend entgegen. Er legte mir den Arm um die Schultern und wir gingen ins Hotel. Er wollte wissen, wie mein Ausflug nach Knossos gelaufen war.

»Fine, really fine«, log ich, denn eigentlich hatte ich mich den ganzen Tag gelangweilt, weil meine Gedanken immer um eine ganz bestimmte Person gekreist waren. Wir gingen zum Strand und badeten zusammen in dem Teil des Meeres, das von dem kleinen Strand aus erreichbar war und wo man noch stehen konnte. Ich hatte den Eindruck, dass Agostino nicht gut schwimmen konnte, wollte ihn aber nicht mit einer Frage verletzen. Wir umarmten uns, spritzten uns Wasser ins Gesicht und hatten Spaß, bis die Sonne unterging und ich mich zumindest zum Abtropfen auf eine Liege setzte, da ich weder ein Badetuch noch anderes bei mir hatte. Zum Glück hatte ich den Bikini anstatt der Unterwäsche unter der Kleidung angehabt. Agostino wollte sich mit mir für den Abend verabreden. Ich wollte wissen, ob er mit mir essen gehen wollte und machte es ihm mehr mit Gesten als mit englischen Worten klar. Er zeigte auf das Hotel. Ah, also hatte auch er Halbpension, so wie Erika und Sonja. Wir machten aus, uns nach dem Abendessen zu treffen. Wir verblieben für halb 10 in der Hotelhalle. Er sprach von Elounda, aber ich verstand nicht, um wen oder was es sich handelte. Es war mir auch völlig egal. Ich war glücklich, den Abend mit ihm zu verbringen und hatte Erika und Sonja wieder total aus meinen Gedanken verbannt.

Schnell machte ich mich für den abendlichen Restaurantbesuch fertig. Wie so oft ging ich ins Gartenlokal gleich neben dem Hotel, wo ich den bestellten Fleischspieß, der Souvlaki hieß, mit den süßen Kätzchen teilen wollte, die mir um die Beine strichen. Sie hatten eine unglaubliche Routine im Betteln. Sie näherten sich nicht, solange das Essen noch nicht serviert war, aber sobald der Kellner sich mit dem Teller in der Hand zu einem der Tische wandte, begannen sie, kläglich zu miauen. ›Raffiniertes Volk. Die wissen schon, wessen Herz sie erweichen können‹, dachte ich. Ich liebte Katzen, denn sie waren schlau und wussten die Menschen um den Finger zu wickeln. Nicht so wie Hunde, die dem Herrn unterlegen sind und in blindem Gehorsam handeln. Katzen kann man nicht besitzen, sie besitzen ihre Menschen. Ich hatte Sehnsucht nach meinem kleinen Wusel, der sich auf Urlaub bei meinen Eltern befand. Ich konnte sicher sein, dass ich ihn wieder zurückbekam, und dass sich die Geschichte mit meiner Katze Nicki nicht wiederholte, denn unser Verhältnis hatte sich eindeutig gebessert, seit ich nicht mehr mit Robert zusammen war. Meine Eltern hatten mir geholfen, eine eigene Wohnung zu finden, als ich beschlossen hatte, ihn zu verlassen und hatten mich auch beim Kauf des Hausrats unterstützt. Sie hätten wohl alles getan, um mich von ihm weg zu bekommen. Der große Altersunterschied zwischen uns war für sie nicht akzeptabel. Ich war froh, dass ich diese Beziehung beendet hatte, weil ich davon überzeugt gewesen war, dass sie keine Zukunft hatte, und nicht, weil ich dem elterlichen Druck nachgegeben hatte. Obwohl sie von André nicht übermäßig begeistert gewesen waren, hatten sie ihn mehr oder weniger toleriert. Und dies alleine schon, weil sie nicht als die ewigen Meckerer, die niemanden akzeptieren, dastehen wollten. Wer wusste schon, wie André die Vorkommnisse meines Abreisetags interpretieren würde. Sicher hatten wir uns wieder gut verstanden, aber nach diesen Tagen der räumlichen Distanz war ich zu dem Schluss gekommen, dass er keine Person war, mit der man ein gemeinsames Leben aufbauen konnte; seine Bindungsangst war einfach zu groß. Andererseits konnte ich mir nicht vorstellen, den Rest meines Lebens alle paar Monate oder auch Jahre den Freund zu wechseln. Irgendwo musste es doch auf der Welt den Mann geben, der dafür geschaffen war, mein Lebenspartner zu werden. Der Gedanke gefiel mir gut: Für jeden Menschen gab es eine für ihn bestimmte, ja, vielleicht von Gott ausgesuchte andere Hälfte. Denn es musste doch einen Gott geben, der die Menschen besser kannte, als sie sich selbst. Jemanden, der über allem stand und in die Herzen schaute. Das Kunststück, das ein Leben gelungen werden lässt, besteht nur darin, diesen Menschen zu finden. Und wie stellte man es an, ihn zu erkennen, wenn man ihn getroffen hatte? Die einzige Möglichkeit, die mir einfiel, war, es eben auszuprobieren. Nachdem man eine Weile mit diesem Menschen verbracht hatte, musste man doch merken, ob er der Richtige war. Sicher besaß ich genügend Instinkt dafür. Der Kellner stand mit dem Souvlaki in der Hand vor mir. Das war recht schnell gegangen, es war noch keine Stunde vergangen. Ich schmunzelte. Langsam passte ich mich der griechischen Mentalität an. Und da kamen auch schon die hungrigen Katzen.

Als ich in der Hotelhalle ankam, sprang Agostino von einem Sessel auf. Über das ganze Gesicht lächelnd, fast strahlend, nahm er meine Hand und wir gingen vom Hotel in Richtung Parkplatz. Er blieb vor einem kleinen Fiat Panda stehen und schloss das Auto auf. Wir stiegen ein und ich fragte mich, wohin es ging.

»Elounda«, sagte er als Antwort auf meinen fragenden Blick.

»Ah«, war meine Antwort, aber der Name sagte mir nichts. Ich bemerkte, dass er beim Ausgang der Hotelanlage nach rechts, also in die entgegengesetzte Richtung von Agios Nikolaos, abbog. Ich war bisher noch nicht in den östlichen Teil der Insel vorgedrungen. Die Straße war sehr dunkel und gänzlich unbeleuchtet. Dazu hatte sie unzählige Kehrschleifen. Ich fühlte mich unsicher und fragte mich, wie lange Agostino wohl den Führerschein besaß, denn in den Kurven gelang es ihm nicht, den Wagen durchweg in der Spur zu halten, und er geriet häufig auf die linke Seite, woher der Gegenverkehr kam. Ich war an eine recht deutsche Art des Autofahrens gewöhnt, bei der man sich ohne Wenn und Aber an die Regeln hielt, während mir sein Fahrstil unorthodox, ja fast chaotisch schien. Die kleinen Räder des Wagens zogen mal nach rechts und mal nach links. Zum Glück war die Strecke nicht sehr lang und nach 15 Minuten kamen wir in die kleine Ortschaft, die, wie das Ortseingangsschild anzeigte, Elounda hieß, und wo Agostino den Wagen parkte. Als wir ausstiegen, sah ich nicht viel.

Eigentlich gab es hier nur eine Strandpromenade mit einer kleinen Pension und ein paar Lokale. Noch nie hatte ich auf Kreta einen so schwach besuchten Ort gesehen. Es schien, als ob der Massentourismus hier noch nicht angekommen war. Wir setzten uns unter das strohgedeckte Dach eines Lokals und fragten, ob wir nur etwas trinken könnten. Agostino bestellte Wasser und ich ein Glas Rotwein. Ich wusste nicht, wie und zu welchem Argument wir ein Gespräch anfangen könnten. Wir sahen uns in die Augen und lächelten uns an. Agostino brach das Eis, ein Eis, das aber in Wirklichkeit alles andere als kühl war, und zeigte auf den Sternenhimmel über dem Meer. Der war rabenschwarz und übersät mit Millionen Sternen. Mit einem Mal war die Verlegenheit völlig verschwunden und wir vergaßen alles um uns herum. Wir hielten uns bei den Händen und sprachen – wenn auch zögernd – über zu Hause, über unsere Familien, über unsere Ideen. Wir sprachen ein paar Worte Englisch, die Weltsprache der Gesten, und ich merkte, dass ich auch ein paar Worte Italienisch verstand, die er benutzte, wenn ihm die englischen nicht einfielen. Nachdem wir ausgetrunken und bezahlt hatten, gingen wir an der Strandpromenade entlang spazieren. Der Abend war herrlich, die Luft war nach dem heißen Tag abgekühlt und roch nach Salz und Meer. Wir fanden eine Bank, von der man aufs Meer und den schwarzen Sternenhimmel, der darüber hing, sehen konnte. Wir setzten uns und brauchten jetzt keine Worte mehr. Wir umarmten und küssten uns zum ersten Mal leidenschaftlich. Ab und zu sah mich Agostino an, umarmte mich fest und lachte glücklich. Er sah mich an, als ob er sagen wollte: Da bist du ja endlich, ich habe schon lange darauf gewartet, dich zu treffen. Ich weiß nicht, wie lange wir dort saßen. Die Zeit stand still für uns.

Wir kamen spät in der Nacht wieder in unserem Hotel an. Seine Fahrweise hatte mir auf der Rückfahrt nichts mehr ausgemacht. Vielleicht war er auch besser gefahren mit nur einem Arm, denn den anderen hielt er während der ganzen Fahrt fest um meine Schultern. Agostino brachte mich bis zu meinem Zimmer. Diesmal war die Verabschiedung nicht so kurz wie beim letzten Mal. Ich machte mehrmals einen Anlauf zum »Goodnight«, aber jedes Mal umarmten und küssten wir uns wieder auf dem nächtlich menschenleeren Flur. Es kostete mich eine große Überwindung, ihn nicht auf mein Zimmer einzuladen, aber ich war kein Mädchen für die erste Nacht und auch nicht für die zweite. Als ich allein im Zimmer war, drehte sich alles um mich. So glücklich war ich lange nicht mehr gewesen. Ich hatte nur ein Glas Wein getrunken, fühlte mich aber sturzbetrunken. Das Wort »glückstrunken« fuhr mir durch den Sinn, ehe ich einschlief.

Mit dem Beginn des nächsten Morgens nahm der Urlaub eine radikale Wendung. Ich war nicht mehr alleine im Urlaub, denn Agostino und ich verbrachten fast jede Minute des Tages zusammen. Nur beim Frühstück sahen wir uns nicht, denn Agostino verschlief es fast jeden Tag. Das Frühstück war auch einer der wenigen Momente, in denen ich Erika und Sonja traf. Ihr Verhalten mir gegenüber war verändert. Erika war kühl, Sonja schroff. Ich war mir nicht im Klaren darüber, ob ich mir etwas zu Schulden hatte kommen lassen, denn sie waren ja doch in gewissem Sinne eine Zufallsbekanntschaft. Ich war ihnen gegenüber zu nichts verpflichtet, aber es tat mir schon leid, denn ihre Gesellschaft hatte mir in den ersten Tagen sehr geholfen und auch gut gefallen. Andererseits wollte ich mir die Chance, die letzte Urlaubswoche mit Agostino zu verbringen, auf keinen Fall nehmen lassen, also nahm ich ihre Reaktion in Kauf und distanzierte mich. Schließlich war es doch Erika gewesen, die mich ermuntert hatte, auf die Männer zuzugehen und mir auch eine Lehrstunde zu diesem Thema erteilt hatte. Und jetzt, wo ich tatsächlich jemanden kennengelernt hatte, schien sie fast beleidigt.

Nach einem weiteren Tag hatte ich die Bestätigung, dass meine Entscheidung, nicht auf Agostino zu verzichten, um den Urlaub mit den Freundinnen zu verbringen, richtig gewesen war, als ich Sonja in der Hoteltaverne traf, wo sie unter dem Blick aller anderen Gäste wild mit einem sicher über dreißigjährigen Griechen knutschte. Dieser junge Mann war uns dreien bereits in den ersten Urlaubstagen aufgefallen. Wie konnte man ihn auch übersehen? Er kleidete sich im John-Travolta-Stil mit weißen Anzügen und aufgeknöpftem Hemd. Wenn das auch einem Beobachter entgangen wäre, so hätte dieser aber sicher den auffälligen Spider bemerkt. Und eben in diesem Sportwagen brauste die gute Sonja im ultraknappen Minirock nun durch die Gegend. Mein erster Eindruck von ihr hatte sich bestätigt. Also war ihre

Freundschaft kein allzu großer Verlust, auch wenn es mir um Erika leid tat. Ich fragte mich, wie die Freundschaft zwischen den beiden funktionieren konnte. Sie waren sehr unterschiedlich. Vielleicht benutzte die ins Auge stechende Sonja die unscheinbare Erika, um noch mehr im Zentrum der Aufmerksamkeit zu stehen. Das war eine häufig benutzte Taktik von Frauen, die alle Beachtung auf sich ziehen wollten.

Agostino und ich verbrachten die Tage oft zusammen mit seinem Freund Luigi, der uns zu einer besseren Verständigung verhalf. Auch Christos war oft mit uns zusammen. Von der italienischen Truppe, die ich am ersten Tag beobachtet hatte, waren auch Roberto und Fiorella geblieben, ein junges Paar, das Agostino erst hier kennengelernt hatte. Dies hieß, dass all die Italiener, die ich in der Taverne beobachtet hatte, nicht gemeinsam angereist waren, sondern sich zum großen Teil hier kennengelernt hatten. Die Italiener, also Agostino, Luigi, Roberto und Fiorella, schwätzten alle fröhlich auf Italienisch miteinander und immer öfter schnappte ich einige Vokabeln auf, aber ich fand nicht den Mut, ihnen zu sagen, dass ich ein bisschen Italienisch verstand. Luigi hatte mit der Holländerin namens Mareike, die ich an Agostinos vermeintlichem Abreisetag flüchtig am Strand gesehen hatte, Freundschaft geschlossen. Mareike verstand wie die meisten Holländer Deutsch und sprach auch ein wenig. Aber da die Sprache für alle verständlich war, sprachen wir vorrangig Englisch miteinander.

Gemeinsam mit Luigi und Mareike nahmen wir an einem Schiffsausflug auf eine Insel teil. Diese Insel namens Spinalonga war früher eine Leprastation gewesen. Während der Fahrt standen wir an der Reling und bewunderten die vielen Blau-Grün-Schattierungen, die das Meer je nach seiner Tiefe und dem Grund aufwies. Luigi und Agostino sprachen miteinander und plötzlich hatte ich verstanden, dass Luigi eine Bemerkung über Mareikes herrliche wasserstoffblonden, aber doch ungefärbten Haare gemacht hatte. Ohne nachzudenken und wie aus der Pistole geschossen sagte ich auf Englisch lachend zu Mareike: »Mir scheint, Luigi gefällt deine Frisur heute.« Luigi wechselte die Farbe, als er begriff, dass ich verstanden hatte.

»Allora parli italiano?«, fragte er mich, »also sprichst du doch Italienisch?«

»Un poco – ein bisschen«, gab ich zu.
Die beiden Italiener fühlten sich ertappt, waren aber trotzdem begeistert über die neue Möglichkeit der Verständigung. Und tatsächlich konnte ich mehr verstehen, als ich gedacht hatte. Der Italienischkurs an der Volkshochschule hatte doch mehr bewirkt, als ich angenommen hatte. Von nun an mischte Luigi in seine englischen Übersetzungen immer ein paar Worte Italienisch, die er langsam aussprach. Wollten die beiden Italiener aber ungestört miteinander reden, so wählten sie den neapolitanischen Dialekt, der für mich völlig unverständlich war.
Auf der Insel angekommen, besichtigten wir die von den Venezianern errichtete Festung. Diese Italiener hatten doch wirklich überall ihre Finger im Spiel und hatten der Insel auch diesen Namen gegeben. »Spina longa« bedeutete langer Dorn, ein Name, der vielleicht von der Form der Insel abgeleitet war. Spinalonga war seit Anfang des 19. Jahrhunderts eine Leprastation gewesen und trug deshalb den Beinamen »Insel der Verdammten«. Denn bevor in den fünfziger Jahren Medikamente gegen diese schreckliche Krankheit erfunden wurden, lebten die Kranken hier praktisch in Erwartung ihres Todes. Wir sahen die Überreste des antiken Krankenhauses, in dem die Patienten behandelt worden waren und spazierten über die Insel.
Aber das wirklich Wichtige an diesem Tag war, ihn mit Agostino zu verbringen. Wir schlenderten Arm in Arm über die Insel und uns schien, als ob wir schon ein ganzes Leben miteinander verbracht hätten. Wir spazierten durch die Leprakolonie und besichtigten die erhaltenen Gebäude. Von den Hügeln hatte man einen herrlichen Blick aufs Meer und wir machten viele Fotos. Am Ende fanden wir eine Bucht, die völlig verlassen dalag und wir badeten, bevor uns das Ausflugsschiff wieder zurückbrachte.
Am nächsten Tag erbot sich Agostino, auf das Abendessen im Hotel zu verzichten, um mit mir ins Restaurant zu gehen. Ich wählte das am Ortseingang gelegene Lokal »Kri Kri«. Der Abend war magisch und romantisch, wie ich es selten erlebt hatte. Auf dem Rückweg ins Hotel wurde mir kalt und Agostino legte mir als perfekter Kavalier sein Jackett um die Schultern. Schon lange hatte ich eine so liebevolle Geste

von keinem Mann mehr erfahren und ich fühlte ein unbeschreibliches Glück im Herzen. ›Größe 46‹, dachte ich, als ich das Jackett um die Schultern hatte und betrachtete Agostinos Figur, um die Bestätigung für seine Kleidergröße zu finden.

An einem anderen der wenigen verbliebenen Tage machten wir mit dem Mietwagen, den ihm sein freundlicher Gönner überlassen hatte, einen Ausflug an die Südspitze Kretas, die den südlichsten Punkt Europas darstellt. Mir gefiel sehr, dass diese Gegend touristisch noch fast unberührt war. Es gab zwar ein paar Lokale, aber der Strand war naturbelassen. Wir verbrachten einen weiteren herrlichen Tag zusammen, an dem wir fast ununterbrochen miteinander kommunizierten. Und zwar auf eine neue Weise: Zu den englischen »Brocken« und der Sprache der Gestik hatten sich nun auch immer mehr italienische Worte gesellt. Sicher war die Verständigung nicht perfekt, aber dennoch lernten wir uns immer besser kennen, indem wir immer mehr über das Leben des anderen zu Hause erfuhren. Dieser unvergessliche Tag brachte uns fast ans Ende der Ferien.

An meinem letzten Abend lud mich Agostino ein, mit ihm und Luigi im Hotel zu Abend zu essen. Ich vermutete, dass er mit den Kellnern abgesprochen hatte, die Kosten dafür zu übernehmen, da ich nur Übernachtung mit Frühstück gebucht hatte und mir die Mahlzeiten nicht zustanden. Das Essen im Hotel ließ mich fast vergessen, dass wir uns in Griechenland befanden. Im Hotel bereitete man eine sogenannte »internationale Küche«, die stark italienisch beeinflusst war. Trotzdem gefiel es mir, denn ich saß neben Agostino und lernte seine italienischen Tischgenossen kennen. Er begrüßte freundlich auch andere Italiener, die das Alter meiner Eltern erreicht hatten. Ich wunderte mich, dass Agostino Freundschaft mit ihnen geschlossen hatte. Offensichtlich kannte er fast alle Gäste des Hotels. Und dabei schien er mir so schüchtern.

Nach dem Essen wurde in der Hoteltaverne unter den herabhängenden Bäumen der »Mister Mirabello« ermittelt. Sofort rekrutierten die Veranstalter die Italiener, also Agostino, Roberto und Luigi, die aufgrund der fröhlichen, lockeren südländischen Mentalität sofort zusagten, mitzumachen. Außerdem wurden ein Belgier, ein Franzose und ein Österreicher als Kandidaten aufgestellt. Es galt verschiedene Proben abzulegen. Als erstes sollten die Kandidaten ihre Künste im Sirtaki-Tanzen unter Beweis stellen. Diese Momente wurden von einem professionellen Fotografen sofort festgehalten. Danach sollte jeder ein für sein Land typisches Lied singen, das aber als Thema »Essen« haben sollte. Mit Ausnahme des Österreichers, der etwas über Dampfnudeln sang, kannte natürlich niemand die Lieder der anderen und somit konnte die Richtigkeit des Inhaltes nicht überprüft werden. Aber sicher war, dass die Italiener mit ihrem seltsamen Song über eine »schwarze Kreatur« den größten Lacheffekt und die Sympathie unter den Zuschauern und -hörern erlangten. Die letzte Übung war, eine landestypische Geste vorzuführen. Agostino war sicher der Schüchternste unter den Teilnehmern, er amüsierte sich und lachte, aber man sah, dass er auch verlegen war. Er entschied sich schließlich für eine Geste, die, wie mir schien, irgendetwas mit dem italienischen »mit Händen und Füßen reden« zu tun hatte, die ich aber nicht genau einordnen konnte. Er drehte den Zeigefinger kreisförmig in Richtung Himmel. Die Italiener lachten, es hatte wohl eine komische Bedeutung. Agostino war offensichtlich verlegen, weil alle Augen der Zuschauer auf ihn gerichtet waren, und das war schon eine gute Bedingung, um sich die Sympathien aller zu erobern, während Roberto der geübte Showman zu sein schien, der geradezu die Aufmerksamkeit des Publikums genoss. Der Belgier, der von der an einem Tisch sitzenden Erika fest im Auge gehalten wurde, drehte sich für seine Geste mit dem Rücken zu den Zuschauern und zog sich die Hose herunter. Er hatte wohl einige Bierchen zu viel getrunken. Während die Italiener die Nase rümpften und ich angeekelt war, sprang Erika vom Stuhl auf und umarmte den Belgier stürmisch. Sie schien sein Benehmen toll zu finden. Bei der Ermittlung des Siegers stand ich in der Nähe der Jury und hörte, wie sie sofort einig waren, dass Roberto die größte Sympathie unter den Zuschauern erobert hatte und Agostino auf den zweiten Platz kam. Der dritte Platz hätte Luigi sein sollen, aber einige trugen ihre Einwände vor, dass die Entscheidung von drei Italienern als Gewinner in einem international besuchten Hotel wohl Proteste ausgelöst hätte, und so entschied man –

wenn auch ungern –, dass der Belgier den dritten Platz bekäme. Erika schien sich darüber mehr zu freuen als der Belgier, der sie vor allen Leuten wild küsste. ›Nun, da hat sie ja doch das gefunden, was sie gesucht hat: ein Abenteuer!‹, dachte ich. Aber richtig gefiel mir das nicht, denn ich hatte das Gefühl, dass es eine Reaktion darauf war, dass ich Agostino kennengelernt hatte. Aber ich hatte keinen Grund, ein schlechtes Gewissen zu haben. Ich hatte die Wahrheit gesagt, nämlich dass ich nicht mit der Absicht gekommen war, eine große Liebe zu finden. Aber dann war eben alles anders gekommen. Jetzt hatte ich sie, die große Liebe. Aber mein Urlaub war zu Ende. Morgen Nachmittag ging mein Flug nach Hause. Und dann? Wie ging es weiter? Oder besser: ging es weiter? Ich hatte keine konkrete Idee, wie eine Beziehung zwischen Köln und Neapel weitergehen könnte. Aber heute Abend war heute Abend und ich wollte den Moment genießen. Während ich noch so weiterdachte, kam Agostino von der Preisverleihung zurück, zog mich an sich und umarmte mich fest.

Doch nur wenig später machte er mir ein Zeichen, uns von dem allgemeinen Trubel zu entfernen. Er nahm mich bei der Hand und wir durchquerten den Garten, den ich am ersten Morgen meines Urlaubes vom Balkon bewundert hatte. Vielleicht war es dieser Anblick gewesen, die herrlichen starken Farben von pink und grün, die den wundervollen Kontrast zum tiefblauen Meer ausmachten und der meine Stimmung so gründlich von Verzweiflung zum inneren Frieden gekehrt hatte. Wir gingen hinunter bis zum Strandplateau, wo die schweren Holzliegen nun ordentlich in Reihen standen. Wir setzten uns auf eine davon, die von den Lichtern der Taverne fast gar nicht erhellt wurde. Ich setzte mich mit angezogenen Knien zwischen die Beine Agostinos und lehnte mich an seine Brust. Gemeinsam betrachteten wir das in der Dunkelheit liegende schwarze Meer. Weit draußen sah man manchmal ein Licht, vielleicht das eines Fischkutters, der zu später Stunde noch, oder vielleicht schon zu sehr früher Stunde, unterwegs war. Lange saßen wir noch hier und genossen es, einfach zusammen zu sein an unserem letzten gemeinsamen Abend.

9. Kapitel

AUS DER TRAUM – REIN IN DEN ALLTAG

Am nächsten Morgen packte ich meine Sachen, denn bis 10 Uhr hatte ich das Zimmer zu räumen, wenngleich mich der Bus zum Flughafen erst um 14 Uhr abholte. Ich konnte meinen Koffer in einem Büro neben der Rezeption unterstellen. Dabei fiel mein Blick auf den Geschenkeshop, wo die am Vorabend aufgenommenen Fotos vom »Mister Mirabello« Wettbewerb auslagen. Es war eins dabei, auf dem nur Agostino zu sehen war, während seiner verlegenen Schritte beim Sirtakitanzen. Die Beleuchtung der Aufnahme war sonderbar: Agostinos kastanienbraune Haare schienen von weißen Strähnen durchsetzt, sein bordeauxfarbenes Polohemd leuchtete. Aber trotzdem gefiel mir das Foto und ich kaufte es. Hoffentlich war es nicht eine der letzten Erinnerungen an ihn.
Ich wollte nicht mehr an den Strand gehen, um nicht von Sand und Salz verklebt die Rückreise anzutreten. So gingen Agostino und ich die Treppen des Hotelgartens hoch und wir setzten uns unter das Weinlaub in den Schatten. Agostino trug ein weißes T-Shirt mit langem Arm, auf dem ein Minotaurus abgebildet war. Ich musste an unseren ersten gemeinsamen Abend in der Taverne vor meinem Besuch im Knossos-Palast denken. Und an die Legende vom Minotaurus, dem Ungeheuer im Labyrinth von Knossos. Der Königssohn Theseus hatte mit Hilfe des roten Fadens seiner Geliebten Ariadne den Weg herausgefunden und den Minotaurus besiegen können. Vielleicht hatte auch ich den roten Faden gefunden.
Von den Stufen des Gartens aus sah man das rückwärtige Stück Strand und das blaue Meer. Ich hätte diese Farbe gerne in meine Augen eingebrannt. Niemals mehr würde ich dieses Blau des Meeres und das Pink der Bougainvillea, die ich am ersten Morgen meines Urlaubs vom Balkon aus gesehen hatte, vergessen. Überhaupt durfte ich diesen Urlaub niemals vergessen. Mir lief eine Träne die Wangen entlang. Agostino drückte mich fester an sich und schluchzte. Ich sah, dass auch er versuchte, das Weinen zu beherrschen.

»Nicht weinen«, sagte ich, als ich ihm die Tränen wegwischte, »wir sollten dankbar sein für diese schönen Tage, die wir zusammen verbracht haben.«

»This is not end – das ist kein Ende«, sagte er und erklärte mir dann auf Italienisch, dass er mich im September in Deutschland besuchen käme.

»Morgen ist schon September«, antwortete ich.

»September I come KOLN – Im September komme ich nach Koln«, wiederholte Agostino. Ich musste über diese merkwürdige Aussprache des Namens meiner Stadt, den er versucht hatte auf Deutsch auszusprechen, lachen.

»E studio anche il tedesco – Ich lerne auch deutsch«, fügte er hinzu. Ich war nicht vollends überzeugt, beschloss aber, daran glauben zu wollen.

Wir erinnerten uns gemeinsam an die vielen Sachen, die wir erlebt hatten. An seinen Freund Giorgio, den als Frau verkleideten Tänzer, mit dem eigentlich alles angefangen hatte, denn er hatte meine Aufmerksamkeit auf diese lustige Truppe gelenkt. Und dann die Sache mit dem Strohhut. Agostino erzählte mir, dass die Italienerin, die neben ihm gesessen hatte, ihn auf mich aufmerksam gemacht hatte.

»Guck mal da drüben, das Mädchen an dem Tisch dort sieht die ganze Zeit zu dir hinüber«, hatte sie gesagt. Und Agostino hatte sich den durchlöcherten Strohhut aufgesetzt. Als Agostino dann nach einer Weile den Hut abnahm, war ich nicht mehr da gewesen, und es hatte ihm leidgetan, nicht die Initiative ergriffen zu haben. Ich erklärte ihm, wie peinlich mir das Ganze gewesen war, denn es war sicher nicht meine Absicht gewesen, eine Bekanntschaft in diesem Urlaub zu machen.

»Und warum nicht?«, war Agostinos unschuldige Frage.

Ja, warum eigentlich nicht?

»Troppo complicato – zu kompliziert«, antwortete ich schnell, eine Antwort, die er interpretieren konnte, wie er wollte. Nicht nur die Erklärung meiner Unlust, neue Bekanntschaften zu machen, wäre zu kompliziert gewesen auf Italienisch auszudrücken, sondern auch mein Leben wäre durch eine neue Bekanntschaft immer komplizierter geworden, zumindest waren das am Urlaubsanfang meine Befürchtungen gewesen.

Heute, tatsächlich nur wenige Tage später, Tage, die aber doch so viel in meinem Inneren verändert hatten, hatte die Angst vor Bekanntschaften der Hoffnung, dass diese erhalten blieben, Raum gemacht. Neben dem beendeten Verhältnis zu Robert und dem halb beendeten Verhältnis zu André, das ich zu Hause gelassen hatte, gab es jetzt eine neue Beziehung, die sich der Zukunft öffnete. Die Hoffnung war in diesem Moment eines der dominantesten im Cocktail meiner Gefühle, neben der Traurigkeit über die bevorstehende Trennung und neben der Angst, Agostino nicht wieder zu sehen. Wie schon so oft in meinem Leben, wenn ich mich in einer schwierigen Situation befand, reagierte ich impulsiv, um den starken Emotionen zu entgehen. Auch diesmal entschied ich mich für den Sprung ins kalte Wasser: Es war fünf vor halb vier.

Ich stand ruckartig auf und sagte zu Agostino: »I have to go now.« Ein paar Minuten hätte ich noch bleiben können, aber die hätten nichts mehr geändert. Sie konnten mir den Schmerz nicht nehmen. Besser ein Ende mit Schrecken, als ein Schrecken ohne Ende, hatte meine Mutter früher immer gesagt.

Wir gingen langsam und schweigend zur Rezeption. Der Bus stand schon bereit. Ich ließ meinen Koffer einladen, umarmte Agostino ein letztes Mal und stieg die erste Stufe hoch. Agostino drückte mir ein kleines gelbes Büchlein in die Hand. Ich warf einen Blick darauf und lächelte, als ich erkannte, dass es ein verknittertes deutsch-italienisches Wörterbuch war. Das hatten wir in den letzten Tagen manchmal benutzt, wenn uns ein Wort fehlte. Der Bus fuhr nicht gleich ab, denn eine Familie fehlte noch und diese Minuten, in denen Agostino eine Hand erhoben und gegen meine Fensterscheibe gedrückt hielt, waren unendlich. Seine Handfläche zeichnete sich weiß auf der Scheibe ab. Er versuchte auch jetzt noch zu lächeln, ich konnte seinen leicht schief stehenden Eckzahn sehen, der mir schon so vertraut war. Aber in seinen Augen sah ich, dass auch er keineswegs fröhlicher Stimmung war. Fast war ich froh, als der Bus sich in Bewegung setzte und er die Hand zurückzog. Es war eine Art Erlösung, denn dieser spannungsreiche Moment musste enden. Ich las auf Agostinos Lippen: »I come to Koln.«

Jetzt konnte ich endlich losweinen. Ein paar der Miturlauber sahen mich merkwürdig an, aber das war mir ganz egal. Was dachten sie wohl? Ein Urlaubsflirt. ›Nun guck dir mal an, wie die sich anstellt. Na, das haben wir doch alle schon mal erlebt. Im Urlaub lernst du jemanden kennen, aber dann geht's wieder nach Hause und dann ist es eben vorbei! Was macht das schon.‹ – Die hatten überhaupt keine Ahnung. Bei mir war nichts vorbei! Es durfte einfach nicht vorbei sein!

Ich erinnere mich kaum noch an die Fahrt zum Flughafen, die im Gegensatz zu meiner Anreise wie im Flug verging. Es wäre besser gewesen, wenn sie länger gedauert hätte, wenn die Entfernung zwischen mir und Agostino langsamer angewachsen wäre. Mit jeder Minute waren wir weiter voneinander entfernt. Und in ein paar Tagen hätten fast 1 600 km zwischen uns gelegen. Köln im Mittelpunkt Nordeuropas und Neapel, so tief im Süden Italiens, das, unglaublich, aber wahr, näher an Afrika als an Paris lag. Und das nicht nur in geografischem Sinn.

Das kleine gelbe Büchlein, das Agostino mir bei meiner Abfahrt geschenkt hatte, war tatsächlich ein deutsch-italienisches Wörterbuch, und zwar ein stark gebrauchtes. Ich war nicht sicher, ob ich diese Geste richtig verstanden hatte. Für mich bedeutete es einfach: Nimm etwas von mir mit, damit etwas von mir immer bei dir ist. Für mich hatte es einen unbeschreiblichen Wert. Nicht nur wegen dem Stempel auf der Innenseite »Libreria Guida, Napoli«, wahrscheinlich eine Buchhandlung in Neapel, sondern vor allem wegen dem Text, den Agostino hineingeschrieben hatte: 31.08.1989, For Jessica, Don't forget me, Agostino, gefolgt von seinem Namen, Adresse und Telefonnummer. Er war auf Nummer sicher gegangen für den Fall, dass ich den Zettel mit seiner Adresse, den er mir am Tag unseres ersten Treffens gegeben hatte, verloren hätte.

Der Flug hatte etwas Verspätung und landete in Düsseldorf, als es schon dunkel war. Schon beim Aussteigen spürte ich die feuchte Kälte als Vorbote des Herbstes. Das deprimierte mich noch mehr. Nach der Kofferausgabe und dem Zoll stand meine treue Freundin Greta schon am Ausgang. Sie, die immer Zuverlässige. Tatsächlich hatten wir vor dem Urlaub vereinbart, dass sie mich abholen würde. Das hatte ich fast vergessen. Es kam mir vor, als ob diese Vereinbarung vor Jahren getroffen worden wäre. Sie umarmte mich und gratulierte mir.

»Das sind ja tolle Neuigkeiten. Ich wünsche dir alles Gute. Du siehst ja toll aus. Geht es dir denn trotzdem gut, oder hast du Probleme mit Übelkeit ... «, sie redete immer weiter.

»Was redest du denn da?«

Ich verstand überhaupt nicht, was sie meinte und fühlte mich sowieso schon benommen wegen all meiner Gedanken und dem krassen Klimawechsel gemeinsam mit der unangenehmen Aussicht, in das graue Alltagsleben zurück zu kommen und meinen Italiener vielleicht niemals mehr zu sehen. Sie zog mich weg aus der Menschenmasse der Zurückgekehrten und wir gingen zum Auto, luden meinen Koffer in ihr schönes Golf Cabriolet, stiegen ein und sahen uns erst mal in die Augen.

»Ja«, sagte sie, »ich weiß natürlich schon, dass du mit André wieder zusammen bist. Er hat es mir direkt erzählt, nachdem er dich zum Flughafen gebracht hatte. Aber als er dann deine Karte bekommen hat, war er ganz außer sich. Ich meine im positiven Sinne. Du brauchst dir keine Sorgen zu machen. Er hat gesagt, dass er die Verantwortung für das Kind übernehmen will. Und sogar noch mehr. Er meint, dass ihr wirklich eine Familie werdet.«

Sie hielt einen Moment inne und blickte in meine weit aufgerissenen Augen, die sie offensichtlich als überraschte Haltung zu Andrés veränderter Position in Fragen der Familienpolitik interpretierte. So langsam begriff ich, welches Missverständnis entstanden war und es wurde mir trotz der kühlen Außentemperatur abwechselnd heiß und kalt. Mir kam kein Wort über die Lippen und sie fuhr unbeirrt fort: »Man sieht, dass wirklich jeder sich ändern kann. Wer hätte das gedacht, dass unser guter André doch wirklich noch etwas Ernstes mit dir beginnen wollte.« Gut, dass Greta eine Pause zum Luftholen brauchte. Ich legte meine Hand auf ihre, die den Gang wechselte.

»Greta, ihr habt mich falsch verstanden!«

Jetzt schien es fast, als ob ich mich entschuldigen müsste. Zuerst hielt mich André, obwohl er von Anfang gewusst hatte, dass ich eine feste Beziehung und nicht nur ein flüchtiges Abenteuer suchte, praktisch am langen Arm, um sich dann aus dem Staub zu machen, weil ich es gewagt hatte, Zukunftspläne im Kopf zu haben, die auch ihn einbezogen, und nun wurde ich vielleicht zum Bösewicht der Situation. Und was würde geschehen, wenn ich von meiner italienischen Liebe nie mehr etwas hören oder sehen würde? Dann hätte mir Andrés neues Interesse an mir doch sicher gefallen. Auf jeden Fall musste ich Klarheit schaffen.

»Es ist wahr, dass André vor meinem Abflug so nett wie noch nie zu mir war, und es ist auch so, dass ich vor zwei Wochen ernsthaft gedacht habe, dass wir wieder zusammenkommen. Aber jetzt ist alles anders: Ich habe jemanden kennengelernt«, versuchte ich zu erklären.

»Ja gut, aber das mit dem Baby?«, wandte Greta mit einem kurzen Seitenblick ein, während sie den Blinker setzte.

»Was denn für ein Baby?«, fragte ich.

»Na die Postkarte!«

»Ach so«, langsam wurde mir alles klarer, »das war ein Witz, reine Ironie. Ich wollte André ein bisschen sticheln.«

Aber wie war es möglich, dass die Karte schon angekommen war? Auf Kreta hatten mir andere Urlauber gesagt, dass die Post von Griechenland im Durchschnitt drei Monate benötigte.

»Tja, also so ist das«, lächelte Greta, »es wäre wohl besser gewesen, du hättest ihm erst deine Logik erklärt. André ist auf jeden Fall überzeugt, Vater zu werden. Und ich habe die Karte auch so interpretiert, als er sie mir gezeigt hat.«

Ich war bass erstaunt. Das war wirklich nicht meine Absicht gewesen.

»Greta, das war kein Versuch, André mit irgendwelchen Tricks an mich zu binden. Ich habe jemanden kennengelernt und habe nicht mehr als fünf Minuten in den gesamten zwei Wochen an André gedacht. Und offen gestanden ist es mir auch fast egal, was er denkt. Ich habe jetzt andere Sorgen.«

Inzwischen waren wir bei mir zu Hause angekommen. Greta parkte und half mir, das Gepäck nach oben, in den dritten Stock, zu bringen. Sie blieb noch ein Weilchen und ich erzählte ihr von meinem Agostino, vom ersten Abend, an dem wir uns durch das Loch in einem Strohhut gesehen hatten, vom Frühstück am nächsten Tag, vom Pfeiler, gegen den er gerannt war. Ich versuchte objektiv zu bleiben. Er war kein perfekter Traummann, sondern ein ganz normaler Junge. Wir hatten keine Orgien zusammen gefeiert, sondern nur gelacht, ein paar

Umarmungen ausgetauscht und viel, viel geredet. Greta verstand mich jetzt, als sie das Leuchten in meinen Augen sah und weinte mit mir zusammen, ein wenig aus Rührung, ein wenig aus Angst, dass alles vorbei sein könnte.

»Und wie geht es jetzt weiter?«, fragte sie. Tatsächlich hatte auch sie Erfahrung mit einer Beziehung auf Distanz, wenn auch nur innerhalb Deutschlands und kilometermäßig nur einem Bruchteil von der Strecke Köln-Neapel. Aber auch diese Erfahrung war keineswegs positiv gewesen.

»Erst einmal werden wir uns schreiben«, versicherte ich ihr, »und im September will Agostino mich besuchen.«

Sie war, wie Erika, eine wirkliche Freundin und verstand, dass ich nicht geneigt war, mich mit André bezüglich des »kleinen Missverständnisses« auseinanderzusetzen. Sie versprach mir, dass sie es übernehmen würde als alte Freundin von André, die ihn mir auch bei jenem folgenreichen Segeltörn, der recht bald zum Ende meiner Beziehung mit Robert geführt hatte, vorgestellt hatte, die Angelegenheit zu klären. Wir verabschiedeten uns bald, denn ich war nun doch müde von der Reise und all den Erfahrungen der letzten zwei Wochen, die mir im Kopf kreisten. Bevor ich schlafen ging, legte ich das Wörterbuch von Agostino zusammen mit dem Zettel, auf den er seine Adresse geschrieben hatte, unter mein Kopfkissen, denn so würde ich sicher von ihm träumen. Vielleicht könnte ich ihm so, wenn auch nur im Traum, begegnen. Aber, wie es oft vorkommt, wenn man außergewöhnlich müde ist, schlief ich traumlos, oder zumindest erinnerte ich mich an keinen Traum. Beim Aufwachen an einem dieser letzten Tage, bevor ich wieder zur Arbeit musste, ging mein erster Gedanke in Richtung Süden. Und wenn er mich schon vergessen hatte? Bei meinen vielen Urlauben in Italien – auch wenn es nur die Gegend um Venedig war, was nach Agostinos Ansicht ein anderes, also kein »richtiges« Italien war, hatte ich die Erfahrung gemacht, dass die Italiener in irgendeiner Weise viel oberflächlicher waren als wir Deutschen. Sie waren extrem freundlich und offen, luden dich als fast Fremden nach Hause ein, was einem Deutschen niemals eingefallen wäre. Aber schon nach kürzester Zeit hatten sie jegliche Erinnerung an dich aus dem Hirn gestrichen. Den großen

Beteuerungen von Freundschaft folgten nur selten konkrete Tatsachen. Aber ich wollte mir diesen Moment nicht mit düsteren Gedanken vergrämen. Ich wollte jetzt einfach glücklich und auf Wolke Sieben sein. Alles andere würde sich schon von selbst ergeben!

Diesen Tag verbrachte ich bei meinen Eltern. Ich hatte eine Menge schmutzige Wäsche abzuladen. Es war eine der Errungenschaften nach der gescheiterten Erfahrung mit Robert: Meine Mutter hatte mir als Teil unserer Wiederversöhnung vorgeschlagen, keine Waschmaschine anzuschaffen, sondern ihr die schmutzige Wäsche zu bringen, die ich dann zum Aufhängen fertig wieder mit nach Hause nahm. So erhielt ich auch einmal in der Woche ein warmes Mittagessen, während die Waschmaschine in Betrieb war. Denn schon oft war es vorgekommen, dass ich mir etwas Leckeres gekocht hatte, aber wenn ich dann alleine vor dem fertigen Gericht saß, war der Hunger vergangen. Essen war einfach etwas, was man in Gesellschaft tun sollte. Es war schon merkwürdig mit dem Alleinsein. Einerseits war es mir eine Notwendigkeit, einen Teil meiner Zeit mit mir selbst zu verbringen, wo ich doch während meiner Arbeitszeit konstant von Kunden und Kollegen umgeben war. Aber eine zu hohe Dosis des Alleinseins konnte sich auch in Einsamkeit umwandeln. ›Vielleicht ist der Mensch nie zufrieden und wünscht sich immer das, was er im Moment nicht hat‹, dachte ich.

Meine Mutter hatte einen guten Bohneneintopf gekocht. Sie schien die Gelegenheit, als wir drei bei Tisch saßen, geradezu abgepasst zu haben.

. »Na, wie war denn dein Griechenlandurlaub?«, fragte sie lächelnd, aber da ich sie nur zu gut kannte, bemerkte ich, dass es sich nicht um eine rhetorische Frage handelte. Wenn sie die Worte deutlich in die Länge zog, erwartete sie eine aufklärende Antwort von mir.

»Schön, Griechenland ist wirklich ein landschaftlich tolles Land«, erwiderte ich, ohne eine Sekunde zu zögern und im Versuch, alles Konkrete zu umgehen.

»Hm, ach so«, meinte sie und ich wusste sehr gut, dass für meine Eltern Griechenland ein unterentwickeltes Land war, wohin nur Verrückte fuhren. Aber ich spürte, dass sie auf mein Ablenkungsmanöver nicht hereingefallen war.

»Erzähl doch mal, wie es war. Ich sehe doch dieses Lächeln, das du um den Mund hast. Du hast bestimmt jemanden kennengelernt. – Erzähl ruhig, die Griechen sind doch so ein nettes, ruhiges Volk«, ermunterte sie mich. Ich hatte keine Chance, ihr zu entkommen. Deshalb antwortete ich: »Also, ehrlich gesagt, ist es kein Grieche, sondern ein Italiener!«
Sie schlug sich mit der Hand vor die Stirn.
»Was? Ein Italiener? Das kann ja nicht wahr sein! Du hast also überhaupt nichts aus unseren vielen Italienurlauben gelernt! Italiener von woher?«, wies sie mich recht barsch zurecht.
»Aus Neapel«, antwortete ich und war zum hundertsten Mal glücklich, dass ich nicht mehr bei ihnen wohnte und meine Unabhängigkeit besaß.
»Aus Neapel«, fiel mein Vater mit einem ironischen Lachen ein, »na toll, auf was du dich da wieder eingelassen hast.«
Ich ärgerte mich unheimlich, wusste aber nur zu gut, dass es keinen Sinn hatte, sich auf Diskussionen einzulassen. Sie wollten ein Foto von meiner neuen Bekanntschaft sehen, aber meine waren natürlich noch nicht entwickelt. Ich hatte aber das vom Hotelfotografen bei der Wahl des Mister Mirabello aufgenommene Foto in der Tasche. Meine Mutter betrachtete es und reichte es schweigend weiter an meinen Vater. Der fasste seinen Eindruck zu diesem unglücklich aufgenommenen Foto mit wenigen Worten zusammen: »40 Jahre alt und Vater von mindestens vier Kindern!« Dieser Kommentar und ihre Reaktion im Allgemeinen erschütterte mich nicht weiter, denn ich war mir darüber im Klaren, dass alles, was ich machte oder dachte, für meine Eltern purer Unsinn war. So waren sie eben, ich hatte die Hoffnung, in ihren Augen in irgendeinem Bereich des Lebens »fähig« zu sein, seit langem aufgegeben. Trotzdem blieb da in mir ein mikroskopisch kleiner Zweifel, ob ihre längere Lebenserfahrung und ihr tieferer Blick nicht doch etwas wahrgenommen hatten, was mir in meinem verliebten Zustand entgangen war. Denn ich war sicher, dass ich eine weitere Pleite in meinem Liebesleben nicht gebrauchen konnte!
Am frühen Abend kehrte ich mit meinem schweren Wäschekorb nach

Hause zurück. Aus dem Parterrefenster des Hauses schaute Frau Augustin schon heraus.

»Da sind Sie ja wieder«, freute sie sich, »wie war denn Ihr Urlaub?«

»Danke, richtig schön. Ich war in Griechenland«, antwortete ich.

Frau Augustin war eine einsame, alte Dame, die fast den ganzen Tag an ihrem Fenster verbrachte, um mit der einen oder anderen Person, die vorbeiging, ein paar Worte zu wechseln. Sie hatte mir, besonders in meiner Anfangszeit in dieser Hausgemeinschaft, wertvolle Tipps gegeben: wie und wann man die Mülltonne, die wir uns als Alleinstehende miteinander teilten, heraussetzt, wie die Heizkostenabrechnung erstellt wird, und vieles andere. Außerdem passte sie gerne auf mein Fahrrad auf, wenn ich es zwischenzeitlich vor dem Haus abstellte.

»Griechenland, ach so, da kommt doch die Familie aus dem zweiten Stock her, die mit den zwei Kindern, wie heißen die noch ... Kann man ja gar nicht aussprechen, deren Namen«, sagte sie und betonte dabei auf rheinische Art das »ch« wie »sch« und das »g« wie »j«, so dass praktisch »Jriechenland« als Name meines Urlaubsortes dabei herauskam.

»Aber die kommen doch aus Ägypten«, warf ich ein.

»Kindsche, dat iss doch alles dattselbe«, meinte sie mit ihrer fast 80-jährigen Lebenserfahrung, der gegenüber ich natürlich keine Einwände mehr präsentieren konnte.

Gegenüber von meiner kleinen Dachgeschosswohnung lag der Wäschespeicher, der fast immer frei war, da die anderen Hausbewohner selten hier hochstiegen. Meine einzige Gesellschaft auf diesem Stockwerk waren unzählige Tauben, die das Dach bevölkerten und noch mehr Spinnen, die zu meinem Entsetzen jede Gelegenheit benutzten, in den Wäschespeicher oder meine Wohnung einzudringen.

Ich beendete meinen ersten Tag, an dem ich wieder mit den Füßen auf dem Planeten Erde gelandet war, mit einem langen Telefonat mit meiner Erika, um sie über das Vorgefallene zu unterrichten. Sie war begeistert von diesen Neuigkeiten, einschließlich der Reaktion von André und seiner Interpretation der Postkarte.

»Schadenfreude ist die schönste Freude«, meinte sie, »zumindest hast du eine Genugtuung für das, was er dir angetan hat. Genau in dem Moment, als du ihn am meisten brauchtest, hat er dich hängen gelassen!«

Da hatte sie schon recht, aber als ich sie fragte, wie sie die Chancen sähe, dass eine Liebe auf Entfernung, vor allem auf eine so große Entfernung, Zukunft hätte, wurde es einen Moment still in der Leitung.

»Ich streite ja nicht ab, dass das schwierig ist. Meistens gehen solche Urlaubsflirts nicht gut, aber das muss doch nicht immer so sein. Guck mal zum Beispiel ..., also zum Beispiel bei ..., also jetzt im Moment fällt mir keiner ein, der nach einem Urlaubsflirt zusammen geblieben ist. Aber das heißt doch nichts! Nichts ist unmöglich.«

Sie legte sich mächtig ins Zeug, um mich aufzubauen, aber ich fühlte mich, als ob ich nach einem langen und enorm realistisch erscheinenden Traum wieder im Aufwachen begriffen wäre. Es kam mir vor, als ob der gestrige Tag, an dem ich mich von Agostino verabschiedet hatte, Jahre zurückläge und meine Hoffnung auf ein Wiedersehen schwand.

»Sieh es mal von der positiven Seite«, ermunterte Erika mich, »auch wenn du nie mehr etwas von ihm hören solltest, was ich aber nicht glaube. Ich spüre das richtig, dass das mit euch weitergeht. Auf jeden Fall war das jetzt genau das, was du brauchtest. Jemand hat sich für dich interessiert und du weißt jetzt, dass du es wert bist. Auch wenn du bisher nicht immer Glück mit den Männern gehabt hast. Aber guck mich mal an. Mir geht es doch genauso. Ich bin sicher, dass du eines Tages den Richtigen findest und heiratest. Das Gleiche glaube ich auch für mich. Eines Tages ... «

›Eines Tages‹, ging es mir durch den Kopf, als ich nach dem Wochenende wieder an meinem Kassenschalter stand. Erst als meine Kollegen mir Komplimente über meine braune Haut und mein erholtes Aussehen machten, bemerkte ich selbst meine Veränderung. Es war tatsächlich so, wie Erika gesagt hatte. Im schlimmsten Fall hatte ich zwei unvergessliche Wochen verbracht, genau das, was ich in diesem Moment gebraucht hatte. Aber trotzdem konnte es ja sein, dass ich noch mal etwas von Agostino hören würde.

10. Kapitel

ES GEHT WEITER

Die Tage vergingen. Einerseits schnell, denn das Leben lief seinen Lauf: Arbeit, Freunde, unser Mädelsabend und alles Übrige. Andererseits verliefen die Tage gleichzeitig in einer Art Zeitlupe, die Herr meiner Existenz geworden war. Große Männer haben sich schon vor Jahrzehnten Gedanken über die trügerische Erfahrung der Zeit gemacht, die als individuelle Erfahrung schnell oder langsam gefühlt wird, und doch lässt sich der Sekundenzeiger von unseren Wahrnehmungen in keiner Weise beeinflussen.

Also nach gefühlten unzähligen Wochen, aber nach objektiven 12 Tagen nach meiner Rückkehr fand ich bei der nachmittäglichen Kontrolle meines Briefkastens eine Postkarte. Auf der Vorderseite war eine Meeresbucht mit einem hohen Berg ohne Kuppel am Horizont sichtbar. Den Vordergrund bildete eine riesige Pinie, durch deren Zweige der Blick aufs Meer aus einer gewissen Höhe frei wurde. Landeinwärts erstreckte sich an der Küste entlang eine Stadt, die aus einer ameisenhaufengleichen Ansammlung von Häusern bestand. Auf der Rückseite der Ansichtskarte standen mein Name und meine Adresse, geschrieben mit der gleichen schnörkeligen Handschrift des Zettels, der immer noch unter meinem Kopfkissen lag. Der Text bestand nur aus wenigen Zeilen:

Tanti saluti da Napoli
I love you
Agostino
P. S. Mi manchi

Das Wesentliche der Botschaft beinhaltete die zweite Zeile, die ich augenblicklich verstanden hatte. Für den Rest half mir das gelbe Wörterbuch, Agostinos Abschiedsgeschenk: »saluto« = Gruß, »tanto« = viel. Viele Grüße aus Neapel. Bisher war alles klar, aber ungemein wichtig erschien mir das Postskriptum, »manchi, manci,

manche« fand ich im Wörterbuch nicht. Es musste wohl ein konjugiertes Verb sein, das nur im Infinitiv im Wörterbuch enthalten war. Aber ich fand nichts Entsprechendes. Also blätterte ich mit Engelsgeduld alle Seiten mit Wörtern durch, die auf »manc« begannen, bis ich auf »mancare« = fehlen, übrig sein, stieß. Das konnte es sein, etwas wie: du fehlst mir.
Am selben Abend schellte mein Telefon kurz nach 22.00 Uhr. Das geschah nicht oft, und es konnte nur eine meiner Freundinnen sein. Ich nahm den Hörer ab und meldete mich. Zuerst einmal hörte ich nur ein Rauschen in der Leitung, gefolgt von einer vertrauten Stimme: »Hallo, parla Demmler?« Es war Agostino, lachend und etwas unsicher, auch per Telefon war sein Strahlen wahrnehmbar. Ich wusste weder, was ich sagen sollte, noch welche Sprache ich benutzen sollte. Ich versuchte es mit Englisch. Aber unsere Verständigung war stockend, in jeder Redepause kam wieder der Satz von der Postkarte: Mi manchi. Trotzdem verstand ich, dass Agostino Ende September mit dem Zug nach Köln kommen wollte, um fünf oder sechs Tage zu bleiben. Er erklärte mir auch etwas von einem Deutschkurs, auch wenn ich nicht verstand, ob er ihn schon angefangen hatte oder ob er ihn anzufangen beabsichtigte. Ich wusste ihm nicht viel zu erzählen außer, dass ich wieder arbeitete, aber es war wundervoll, seine Stimme zu hören. Mein Herz schlug wie wild, so wie es auch auf Kreta in seiner Gegenwart gewesen war. Nach den wenigen Minuten des Telefongesprächs war ich wie benommen. Ich wusste nicht, ob ich lachen oder weinen sollte. Auf der einen Seite war ich unendlich glücklich und verliebt und konnte es gar nicht glauben, dass dieser Italiener mich nicht als Urlaubsflirt abgehakt hatte, sondern offensichtlich ernsthaft an mir interessiert war. Auf der anderen Seite hatte auch ich eine schreckliche Sehnsucht nach ihm und fühlte mich zum ersten Mal richtig einsam in meiner hübschen kleinen Wohnung, die seit über einem Jahr und nach der schwierigen Erfahrung der Trennung von Robert mein Heim war.
Meine Freundinnen waren sprachlos, als ich ihnen von diesem Telefonat und dem bevorstehenden Besuch von Agostino erzählte. Ihr Erstaunen bewies, dass ihr zuvor bezeugter Optimismus doch eher

meiner Ermunterung hatte dienen sollen, als ihrer tatsächlichen Überzeugung entsprach. Agostinos Anrufe kamen nun mehrmals wöchentlich und auch ich drehte häufiger die ellenlange Nummer, immer kurz nach 22 Uhr, denn um diese Zeit begann der Nachttarif und die internationalen Telefonate wurden etwas billiger. Mit der Zeit funktionierte die Verständigung etwas besser, wir arbeiteten mit Einfühlungsvermögen und versuchten, den anderen zu verstehen, in einer Mischung aus Italienisch, Englisch und Deutsch. Mittlerweile hatte ich Erkundigungen zu den Italienischkursen im Volkshochschulprogramm eingeholt und wollte im November einen Grammatikkurs in Zollberg besuchen.

Nun verging die Zeit wieder schnell bis zu Agostinos Ankunft. Sie war in der Tat so kurz, dass man mir für die Tage seines Aufenthaltes keinen Urlaub genehmigte, außer dem Mittwoch, an dem er ankam. Da konnte man nichts machen, Agostino konnte sich während meiner Arbeitszeiten die Stadt ein wenig allein ansehen.

Es kam also jener Mittwoch am Ende des Monats September und ich fuhr gegen 9 Uhr mit meinem Auto zum Hauptbahnhof. Ein Blick auf den Fahrplan und ich entdeckte den Zug aus Mailand, über Basel: planmäßige Ankunft 9.32 Uhr, Gleis 5. Ich fühlte mich jetzt, als ich auf dem zugigen Bahnsteig stand, wie ein Teil eines kitschigen Liebesfilms. Und wenn jetzt alles nicht mehr so wäre wie im Urlaub, denn Urlaub ist ja schließlich Urlaub? Und wenn wir uns völlig fremd wären? Auf was hatte ich mich schon wieder eingelassen? Vielleicht hatte meine Mutter doch Recht. Italiener waren eben Italiener. Unzuverlässige Gigolos. Aber ich musste fast lachen, als ich in meinen Gedanken die windigen Typen, die ich in Venedig und Umgebung getroffen hatte, die die Jagd auf Touristinnen vornehmlich deutscher Herkunft zu ihrem hauptsächlichen Lebenszweck gemacht hatten, mit meinem unsicheren und schüchternen Agostino verglich, der bei jeder Gelegenheit vor Aufregung schwitzige Hände bekam. Trotzdem war ich sehr nervös und hatte Magenkrämpfe.

Der Zug hatte nur wenige Minuten Verspätung. Bei seinem Einlaufen ging mir wieder ein absurder Gedanke durch den Kopf: Und wenn wir uns nicht mehr erkennen würden? Braungebrannt und im Urlaubsoutfit wirkt eine Person doch ganz anders! Mein Herz schlug bis zum

Hals und ich wurde von meinen ständigen Wegbegleitern, den Zweifeln, wieder mal aufgefressen. Eine Menge Leute stieg aus und ich wusste nicht, ob Agostino am Zuganfang oder -ende ausstieg. Aber auf einmal stand er vor mir: strahlend und mit ausgebreiteten Armen. Neben sich hatte er eine seit 100 Jahren aus der Mode geratene karierte Reisetasche fallen gelassen und drückte mich fest an sich. Diese Umarmung war wunderbar. Eine Weile standen wir da und hielten uns, bevor wir zum Auto gingen. Während wir zu mir fuhren, erzählte Agostino von seiner Reise. Er hatte einen Zug von Neapel nach Rom genommen, einen zweiten von Rom nach Mailand und einen dritten von Mailand Richtung Dortmund, aus dem er eben erst ausgestiegen war. Die Reise hatte fast 24 Stunden in Anspruch genommen und er wirkte ein wenig müde, aber er bereute die Anstrengung keineswegs. Er war mir ein wenig fremd, nun nicht mehr so tief gebräunt wie im letzten Monat, nicht mehr im T-Shirt mit dem Minotaurus, sondern in einem dunkelblauen Regenparka. Als wir bei mir ankamen, stiegen wir zum dritten Stock hoch. Schon auf dem letzten Treppenabschnitt, hob Agostino den Kopf und begann zu lachen, denn ich hatte mir eine italienische Flagge in Originalgröße von meiner Freundin Ilona, die auch eine Italien-Liebhaberin war, geliehen. Ich hatte die Flagge quer über das Geländer des letzten Stockwerkes gespannt in der Hoffnung, dass keiner meiner Mitbewohner ausgerechnet heute zum Wäschespeicher hochstieg. Sie hätten mich durchaus für verrückt gehalten. In der Wohnung packte Agostino mit einem verschmitzten Lächeln ein kleines, in verschiedenen Blautönen gestreiftes Päckchen mit einer goldenen Schleife aus. Er sagte: »Ti ho portato un pensierino«, was ich nicht richtig verstand. Er verbesserte sich und sagte: »... un piccolo regalo, ma piccolo piccolo.« Er hatte mir also ein Geschenk mitgebracht. Verlegen machte ich die runde Schachtel auf, aus der ein zarter, goldener Ring mit drei kleinen Zirkoniasteinen kam. Er war aus echtem Gold, denn ich hatte Agostino von meiner Allergie gegen Modeschmuck erzählt. Er war schmal, klein und wie für meine Hand gemacht. Ich zog ihn an und er passte sofort. Ich umarmte Agostino und war wirklich glücklich über dieses Geschenk. Noch nie hatte ich einen Ring von einem Freund geschenkt bekommen.

Später aßen wir eine Kleinigkeit. Lange hatte ich darüber nachgedacht, was ich einem Italiener als erste Mahlzeit in Deutschland servieren konnte. Etwas, was für ihn nicht zu fremd und merkwürdig war. Ich hatte mich für Würstchen und Nudelsalat entschieden: die Würstchen waren etwas typisch deutsches, während der Nudelsalat vielleicht etwas nach Heimat schmeckte, schließlich waren es ja Nudeln. Wir aßen auf der Couch mit etwas gekrümmtem Rücken, denn der Tisch war zu niedrig, einen richtigen Esstisch mit Stühlen besaß ich nicht. Es schien ihm auf jeden Fall zu schmecken. An diesem Abend blieben wir zu Hause, redeten viel mit Hilfe unserer Wörterbücher, meines gelben und seines neuen, das er mitgebracht hatte. Zeitweise unterstützten wir unser Gespräch mit Zeichnungen oder Gesten. Er überraschte mich auch mit einigen deutschen Wörtern, die er aus einem Deutschbuch, das er sich gekauft hatte, gelernt hatte. Im Oktober begann sein Deutschkurs am Goethe-Institut, zu dem er sich angemeldet hatte. Das beeindruckte mich schon, wo ich doch bisher nur Ideen hatte, wie ich es anstellen konnte, um seine Sprache besser zu lernen.

Agostino erzählte mir, dass er letztes Jahr auch schon in Griechenland Urlaub gemacht hatte, auf Rhodos, und auch dort hatte er eine Deutsche kennengelernt. Sie war aus München und auch sie hatte er dort besucht. Da aber keiner von beiden sich bemüht hatte, die Sprache des anderen zu lernen, war ihr Verhältnis nach sechs Monaten geendet. Einen Augenblick wurde ich misstrauisch: ob dieser Junge vielleicht eine Sammlung von deutschen Freundinnen anstrebte? Als er mich aber in den Arm nahm, verflogen sofort solche Gedanken.

Am nächsten Morgen musste ich leider zur Arbeit, und Agostino machte mir klar, dass es kein Problem für ihn war, den Tag allein zu verbringen. Da ich aber einige Überstunden geltend machen konnte, wäre ich schon um halb drei nach Hause gekommen. Ich gab ihm einen Reserveschlüssel und erklärte ihm, wie er sich hier in Lindenberg orientieren könne, in welcher Richtung der Rhein lag, um einen Spaziergang zu machen. Bei der Arbeit war ich natürlich nicht ausgesprochen konzentriert, aber ich durfte keine Schuldgefühle gegen meinen Arbeitgeber aufkommen lassen. Man hätte mir wirklich einen Urlaubstag oder zwei genehmigen können, als Dank für den

Einsatz, den ich immer gezeigt hatte. Aber wie oft im beruflichen Bereich gab es auch in meiner Bank viel Undank.

Als ich zur vereinbarten Zeit nach Hause kam, erwartete mich mein Schatz zu meiner Überraschung mit einem fertigen Mittagessen: »Spaghetti alla poveriello«. Es handelte sich um Spaghetti mit einer Soße aus Ei und kleinen Schinkenwürfeln. Sie waren köstlich. Es war mir noch nie passiert, dass ein Freund für mich kochte, und es machte mich sehr glücklich. Den Nachmittag benutzten wir für eine kleine touristische Rundfahrt durch die Innenstadt Kölns und die Einkaufsstraßen.

Aber die schönsten Momente waren, wenn wir wieder bei mir zu Hause, miteinander sprachen. Auch wenn die Verständigung keineswegs reibungslos lief, erfuhren wir sehr viel voneinander. Seine Familie schien für Agostino wirklich wichtig zu sein. Sein Vater war in Frührente, anscheinend nicht aus gesundheitlichen Gründen, sondern einfach, weil sich ihm die Möglichkeit geboten hatte. Wahrscheinlich ähnlich wie hier in Deutschland, wo man ältere Arbeitnehmer vorzeitig in Rente schickte, um Arbeitsplätze für die Jüngeren, die nachrückten, sicherzustellen. Seine Mutter war Hausfrau. Ich stellte sie mir imposant, also recht groß und dick, vor, eben wie eine italienische Mama. Agostino hatte einen Bruder, Filippo, der 34 Jahre alt und Arzt war. Seine Schwester Lella war 30 und arbeitete als Sekretärin. Dann war da noch die Schwester, die eigentlich nicht seine Schwester war. Diesmal wollte ich die Sache etwas besser verstehen und fragte nach, was er damit meinte. Also erzählte er mir die Lebensgeschichte Tizianas, die eigentlich eine Tochter seiner Kusine war. Sie hatte einen Bruder, der nur ein Jahr älter war, und zwei Zwillingsbrüder, die etwas mehr als ein Jahr jünger waren. Vier Kinder in drei Jahren zu bekommen hatte die Familie, die wohl noch andere Probleme hatte, drunter und drüber gebracht und Agostinos Mutter, als Tante also, hatte die einjährige Tiziana nach einem Sturz der Mutter, der einen längeren Krankenhausaufenthalt mit sich brachte, zu sich genommen. Und da von Agostinos Haus aus der Kindergarten und später die Schule besser zu erreichen waren, war die kleine Tiziana einfach dort geblieben und betrachtete die Tante nun als ihre Zweitmutter. Eine merkwürdige

Geschichte, die ich mir so in Deutschland nicht vorstellen konnte, da eben jede rechtliche Grundlage einer Adoption fehlte. Nun war Tiziana 13 Jahre alt und lebte immer noch bei Agostinos Familie und er betrachtete sie praktisch als Schwester.

Ich legte eine Schallplatte von Eros Ramazotti auf, die ich mir kurz nach meiner Rückkehr aus Griechenland gekauft hatte. Die italienischen Lieder brachten meine Gedanken natürlich immer zu Agostino und außerdem versuchte ich den Text zu verstehen, um mein Italienisch zu verbessern. Aber mein liebstes Lied verstand ich einfach überhaupt nicht und ich hätte doch so gerne gewusst, worum es darin ging. Also legten wir die Schallplatte auf und Agostino schrieb gleichzeitig Stück für Stück den Text auf. Wir hörten das Lied wieder und wieder und auf unsere eigentümliche Art mit allen zur Verfügung stehenden Hilfsmitteln erklärte mir Agostino das Lied »Una Storia Importante« – eine ernste Liebesgeschichte, vielleicht eine wie unsere. Hier unsere Übersetzung:

Wie viele Entschuldigungen habe ich erfunden,
um immer alles auf meine Art zu machen
und so eine ernste
Geschichte zu vermeiden,
ich wollte mich nicht
schon erwachsen sehen,
wie viele Leute habe ich getroffen,
wie viele Geschichten, wie viele Leute,
aber nun will ich mehr,
eine ernste Geschichte,
die vielleicht du bist,
halt einen Moment ein,
sprich klar,
wie du es noch nie getan hast,
sag mir doch, wer du bist,
es gelingt mir nicht, mich zu befreien,
dies Leben stört mich, weißt du,
wie ich dich begehre,
wie sehr ich dich begehre,

ich öffne meine Hände, um dich zu empfangen,
ein Gedanke trägt mich fort,
während du deine schließt, um dich zu verteidigen,
deine Angst ist auch ein wenig meine,
vielleicht müssen wir noch reifen,
vielleicht ist es ein Alibi, eine Lüge,
wenn ich dich suche, versteckst du dich,
dann kommst du zurück, halte einen Moment inne,
sprich klar,
lege deine Augen in meine,
wie ich dich begehre,
es gelingt mir nicht, mich zu befreien,
dies Leben stört mich, weißt du,
wie ich dich begehre,
wie sehr ich dich begehre.

Mich berührte nicht nur die herrliche Melodie, sondern auch der Text. Diese dramatische Liebe zweier, die sich innig begehren, aber trotzdem nicht richtig zusammenfinden, war mir nicht neu. Hoffentlich hatte die ernste Geschichte, die zwischen uns begonnen hatte, eine harmonischere Zukunft ohne solche Komplikationen. Diesen Text las ich in den Wochen und Monaten, die folgten, noch viele hundert Male. Irgendwo war in diesem verworrenen Text, der in eine wunderbare Musik eingebettet war, und in der Stimme Eros Ramazottis, die italienischer nicht hätte sein können, gefühlvoll und überzeugend vorgetragen, eine Parallele zu unserer ungewöhnlichen Liebesgeschichte enthalten. Auch unser Verhältnis ging gegen jede Vernunft. Wie konnte man eine Beziehung auf 1600 km Entfernung aufrechterhalten? Welche Zukunft hatten wir? Ja, auch wir begehrten uns, auch wir wollten uns mit der in dem Lied beschriebenen Kraft. Vielleicht merkte ich erst jetzt, dass auch in meinem Leben mich so einiges störte. Wenn ich aus dem Fenster sah, war da fast nur Beton und Stein zu sehen. Sicher musste ich nur ein paar Schritte tun und ich war auf den grünen Rheinwiesen. In der Entfernung von fünf Minuten mit dem Auto gab es den Forstbotanischen Garten. Aber all dies erschien mir auf einmal langweilig, mein Leben spießbürgerlich. Aus was bestand es denn eigentlich? Aus Arbeit, Treffen mit Arbeitskollegen oder Freunden. Nun erschien mir alles unsagbar spießig. Das konnte doch nicht alles gewesen sein, was mir das Leben zu bieten hatte.

Im Gegensatz dazu kam mir all das, was Agostino mir von Neapel erzählte, lebendiger, interessanter und spannender vor. Ich hatte den Eindruck, dass sich das wirkliche Leben dort abspielte, und alles, was mit meinem Leben hier in Deutschland zu tun hatte, nur grau, langweilig und zweitrangig war.

Agostino sprach von seiner Arbeit als Zahntechniker. Er hatte im Hause seiner Eltern ein Zimmer als Labor eingerichtet und arbeitete für zwei Zahnärzte. Manchmal hatte er zu tun und manchmal nicht. Am Wochenende traf er sich oft mit Luigi, Riccardo, Emilio, also mit den Freunden, die ich auf Kreta kennengelernt hatte. Riccardos Eltern hatten ein Haus am Meer, wo die Freunde manchmal das Wochenende verbrachten. Ich stellte es mir herrlich vor, in der Nähe des Meeres zu leben. Wenn du Lust auf ein Bad hast, fährst du einfach mal dorthin, ohne einen Urlaub zu buchen. Sicher waren auch die Menschen, die an einem so herrlichen Ort lebten, anders: heiterer und besser gelaunt. Natürlich waren sie nicht so ernst wie die Deutschen. Manchmal war ich hier alles leid.

Am folgenden Samstag hatte ich frei. Wir fuhren wieder mit der Straßenbahn in die Kölner Innenstadt und besuchten den Dom und die Altstadt. Es fiel mir auf, wie wenig ich tatsächlich über meine Heimat wusste. Sicher konnte ich ihm erzählen, dass im Dom der Schrein der Heiligen Drei Könige verwahrt ist, dass der Bau gotisch ist und im Jahre 1248 begonnen wurde, aber viel mehr konnte ich ihm nicht sagen. Agostino war an einer Stadtführung wenig interessiert, bemerkte aber trotzdem die großen Unterschiede zu seiner Heimat. Köln war die zweite deutsche Stadt, die er besuchte, nach München. Und es fielen ihm wieder die Ruhe und Ordnung der deutschen Großstadt auf. Neapel, erzählte er, sei eine enorm chaotische Stadt mit einem großen Verkehrsaufkommen und Autofahrern ohne Regeln. So wie die Italiener von deutscher Organisation und Korrektheit angezogen waren, war die Anziehungskraft der italienischen Unordnung auf uns Deutsche. Gegensätze ziehen sich tatsächlich an.

Am Abend trafen wir uns mit Greta in einem italienischen Lokal in Lindenberg. Sie brannte darauf, Agostino kennenzulernen, von dem sie schon so viel gehört hatte. Ich hatte den Eindruck, dass zwischen meinem Freund und meiner Freundin sofort Sympathie entstand, auch wenn die Verständigung zwischen ihnen vollständig von mir abhing. Agostino gehörte wohl zu jenen Menschen, die spontan Sympathie und Vertrauen weckten. Mir war es ebenso gegangen. Sofort hatte ich verstanden, dass er ein lieber Mensch war, dem man vertrauen kann. Als der Kellner an unseren Tisch trat, merkte er sofort, dass Agostino ein Landsmann war und sie sprachen natürlich Italienisch miteinander. Als dieser hörte, dass Agostino aus Napoli sei, rief er den Küchenjungen, der aus Sapri, was wohl nicht weit, oder zumindest für die Begriffe zweier Italiener in Deutschland, nicht weit von Agostinos Stadt lag. Der junge Mann kam an unseren Tisch und begrüßte uns fast wie Verwandte. Greta und ich waren sprachlos, als wir die Verbrüderung wildfremder Menschen nur aufgrund ihrer gemeinsamen Herkunft sahen. Unglaublich. Bei Deutschen wäre das so nicht passiert, da waren wir uns einig. Wir Deutschen waren viel reservierter und blieben oft auf Distanz. Es war ein schöner Abend, wir aßen gut italienisch und es kam mir fast so vor, in Italien zu sein. Wir plauderten fröhlich und ich war glücklich, dass Greta meinen neuen Freund nett fand.

Am Sonntag hatten wir eine wichtige Verabredung. Nachdem meine Eltern eine so negative Reaktion auf meine italienische Urlaubsbekanntschaft und auf Agostinos unglückliches Foto gezeigt hatten, hatte ich nur sehr vorsichtig angefragt, ob sie ihn kennenlernen wollten. Natürlich wollten sie das nicht, denn ihre Meinung stand ja fest: 40 Jahre alt und vier Kinder! Aber meine Schwester Rebekka sah das nicht so. Auch ihr hatte ich von Agostino erzählt und sie freute sich, ihn kennenzulernen und hatte uns zu sich nach Hause in Dortmund eingeladen. Das war irgendwie schon verwunderlich, da meine acht Jahre ältere Schwester fast immer so etwas wie meine zweite Mutter gewesen war. Manchmal war es vorgekommen, dass ich von meinen Eltern eine seltene Erlaubnis erhalten hatte, auf eine Party zu gehen, aber meine Schwester hatte etwas dagegen und überzeugte sie davon, mich doch nicht dorthin gehen zu lassen. Aber je älter wir wurden, umso besser wurde unser Verhältnis, denn der Altersunterschied wog nicht mehr in so großem Maß. Wir fuhren also ungefähr eine Stunde mit dem Auto bis Dortmund, wo uns Rebekka, ihr Mann Wilfried und der kleine Sohn Stefan erwarteten. Auch sie waren von Agostino begeistert und mir schien unsere Liebesgeschichte gar nicht mehr so unrealisierbar und verrückt wie vorher.

Wilfried kochte eine Fischsuppe und bei Tisch blinzelte ich meiner Schwester dankbar zu, dass sie ein Gericht ausgesucht hatte, das ihn nicht in Verlegenheit brachte. Ich konnte mir denken, dass Grünkohl mit Mettwurst sich für einen italienischen Gaumen als unverträglich herausgestellt hätte. Der 20 Monate alte Stefan war ein kleiner Wilder und wollte mit Agostino toben, der nicht viel Erfahrung mit Kindern zu haben schien, aber alles mit Geduld und seinem strahlenden Lächeln ertrug. Strahlend rannte der Kleine durchs Wohnzimmer und schrie immer wieder: »Gutto – Gutto«, womit er Agostino meinte.

Mit Rebekka konnte Agostino sich richtig gut verständigen, denn sie sprach sehr gut Spanisch. Natürlich ähneln sich Spanisch und Italienisch, aber ich war überrascht, dass die Kommunikation so einfach war. Rebekka sprach ein langsames Spanisch und Agostino antwortete ihr in langsamem Italienisch oder sogar in neapolitanischem Dialekt. Agostino erklärte uns, dass Neapel lange unter französischer und spanischer Besetzung gewesen war, wodurch auch die Sprache, und insbesondere der neapolitanische Dialekt, beeinflusst worden war. Wir verbrachten einen schönen Tag zusammen und glücklich fuhren wir am Abend wieder nach Köln.

Am Montag musste ich wieder arbeiten und auch an diesem Tag kehrte ich von der Arbeit zurück und fand ein gekochtes Essen vor. Es war fast eine Familienatmosphäre, die ich schon lange nicht mehr erlebt hatte. In meinem Singlehaushalt gab es doch selten warme Mahlzeiten. Diesmal war Agostino auch alleine einkaufen gewesen. Er schien sich schon fast zu Hause zu fühlen. Er erzählte mir von einem kleinen Erlebnis im Supermarkt. Vor der langen Kühltheke mit deutsch etikettierten Produkten hatte er Schwierigkeiten gehabt, Kochsahne zu finden. Also hatte er, in das Lesen der Schilder vertieft,

»panna, dov'é la panna« – »Sahne, wo ist denn nur die Sahne« vor sich hingemurmelt. Daraufhin hatte ein junger neben ihm stehender Mann in fließendem Italienisch geantwortet: »Ecco, questa qui è la panna tedesca« – »das hier ist deutsche Sahne«. Es handelte sich um einen der vielen in Deutschland lebenden Italiener. Erst jetzt wurde Agostino bewusst, wie viele Menschen seines Landes bei uns lebten. Ich erzählte ihm vom Leben in einem multikulturellen Land, von den Integrationsproblemen vieler Völker und davon, dass die Italiener zwischen den so genannten Ausländern eine Sonderrolle spielten, aufgrund der großen Sympathie und der gegenseitigen Begeisterung zwischen Deutschen und Italienern.

Am späten Nachmittag blieb nur noch ein Treffen im Eiscafé mit Erika, die wie Greta darauf brannte, Agostino kennenzulernen, denn sie war ja mitverantwortlich, dass wir uns kennengelernt hatten. Ohne Erikas Beispiel und ihre Ermunterung wäre ich nie alleine in Urlaub gefahren und wir hätten uns nie getroffen. Unser wichtigstes Thema war mein Besuch in Neapel, denn nachdem Agostino nach Köln gekommen war, stand jetzt meine Reise nach Italien an. Erika schlug mir vor, für November eine Woche Urlaub zu beantragen, denn in dieser Zeit waren die meisten Kollegen präsent. Agostino war einverstanden und rechnete schon aus, in wie vielen Tagen wir uns wiedersehen würden. Er erklärte, dass ich bei seiner Familie wohnen könnte, denn sie hätten genug Platz. So könnte ich die Ausgabe für ein Hotel sparen. Ich versprach, gleich den Urlaub zu beantragen und mich um ein Zugticket zu kümmern, damit wir wieder etwas hatten, auf das wir uns freuen konnten, denn die Aussicht seiner für den Abend vorgesehenen Abreise machte uns Angst.

Auch Erika war begeistert von diesem einfachen, fröhlichen Jungen, der mit seinen Augen an mir zu kleben schien. Für mich war die Bestätigung der Menschen, die ich gern hatte, wichtig, denn ich war mir bewusst, dass es nicht einfach sein würde, unsere wichtige Geschichte, unsere storia importante, wie es in Eros' Lied hieß, weiter zu leben. Da gab es so viele Risiken, so viele unvorhersehbare Faktoren, die unsere Liebe zu einem schnellen Ende führen könnten. Am wenigsten von diesen fürchtete ich den Einfluss meiner Eltern, denn es wunderte mich nicht weiter, dass sie meinen Partner auch diesmal nicht akzeptierten. Das, was gefährlicher war, war die Tatsache, dass man den anderen hätte vergessen können oder das Bild, was man von ihm oder ihr hatte, mit der Zeit verblasste. Und auf diese Entfernung: wie oft konnten wir uns sehen?

Der Moment des Abschieds kam immer näher. Wir verabschiedeten uns von Erika, holten kurz die schon gepackte karierte Reisetasche bei mir zu Hause ab, stiegen ins Auto und auf ging es zum Bahnhof. Wir schwiegen während der Fahrt und versuchten, die Tränen zu beherrschen. Auf dem Bahnsteig war es dann aus mit der Beherrschung, und wir weinten beide. Gleichzeitig versuchten wir uns aber gegenseitig mit dem baldigen Wiedersehen in Neapel zu trösten. Ich wusste nicht, ob mich mehr meine Tränen oder seine schmerzten. Es war ein tragischer Moment, da wir uns unerwarteterweise jeden Tag seines Aufenthalts in Köln mehr gefunden hatten. Nach dem Zauber des Urlaubsflirts war wirklich eine ernste Liebe geboren: una storia importante. Und diese weiterleben zu lassen, würde unsere Aufgabe für die nächste Zeit sein. Dessen waren wir uns bewusst. Der Zug lief ein und als Agostino einstieg und die Handfläche gegen die Fensterscheibe drückte, erinnerte ich mich an dieselbe Hand, die vor dem Hotel Wyndham Mirabello auf die Scheibe des Busses gedrückt hatte. Jener Bus, der mich weg von Agostino, zum Flughafen von Kreta gefahren hatte. Es hatte ein Wiedersehen gegeben nach jenem ersten Abschied, und ich wollte glauben, dass es noch eins geben würde. Der Zug setzte sich in Bewegung und ich las auf Agostinos Lippen die Worte: Ti amo.

11. Kapitel

BELLA NAPOLI

Agostinos Heimfahrt wurde weitaus beschwerlicher, als es vorauszusehen gewesen war. Sein Zug kam mit einer beachtlichen Verspätung in Mailand an, so dass der Anschlusszug nach Rom schon abgefahren war. Dadurch war er gezwungen gewesen, die halbe Nacht auf dem Bahnhof zu verbringen, und war erst am Mittwoch, wahrscheinlich total übermüdet, zu Hause angekommen. Er rief tief in der Nacht aus Mailand an, um mir von seinem Abenteuer zu berichten, war aber viel zu glücklich über die schönen Tage, die wir miteinander verbracht hatten, um sich über den nächtlichen Aufenthalt in Mailand zu ärgern.

Diesmal fiel es mir noch schwerer, in meinen gewohnten Alltag zurückzukehren, vor allem die Rückkehr nach Hause nach der Arbeit befremdete mich. Noch nie war mir meine kleine Wohnung so leer erschienen. Selbst mein lieber Wusel schien traurig zu sein. Er hatte so gerne auf Agostinos Schuhen geschlafen und dabei die Lederschnürsenkel angeknabbert. So hatte Agostino in wenigen Tagen fast mein ganzes Lebensumfeld, einschließlich Kater, erobert. Fast das ganze, weil meine Eltern die einzigen waren, die ihn nicht getroffen hatten. Das tat ihnen nun fast ein wenig leid, denn meine Schwester hatte ihnen begeistert von unserem Besuch in Dortmund erzählt. Sie hatte ihnen gesagt, dass mein neuer Freund wirklich ein netter Junge war, ein Junge, und kein vierzigjähriger Vater von mehreren Kindern, was meine Mutter dazu veranlasste, die offizielle Vorstellung bei seinem nächsten Besuch in Deutschland vorzubestellen.

»Das nächste Mal wollen wir den jungen Mann aber auch kennenlernen!«, war der Wortlaut und es hörte sich fast so an, als ob wir meine Eltern aus Zeitmangel nicht besucht hätten und nicht, weil sie die theoretische Möglichkeit, dass ich mich mit akzeptablen Menschen umgeben könnte, von vorneherein ausgeschlossen hatten. Nun, so sollte es also sein.

»Sicher, beim nächsten Mal lernt ihr Agostino kennen!«

Die Routine hatte mich wieder. Auf einmal missfielen mir immer mehr Aspekte meines Lebens, das mir bis vor kurzem so frei und angenehm erschienen war. Es war tatsächlich ein Vorteil, sein eigener Herr zu sein, eine eigene Wohnung zu haben, in die man sich zurückziehen konnte, um einfach mal seine Ruhe zu haben. Aber vielleicht kam es auf die richtige Dosis an. Es gab Tage, an denen ich etwas mit Greta oder Erika unternahm und wir hatten immer Spaß zusammen, aber manchmal gab es Momente, in denen ich jemanden gebraucht hätte, aber niemand da war. Es war ja klar, dass auch meine Freundinnen ihre Arbeit, ihre Wohnungen und ihr Leben hatten. Und es wurde mir klar, dass das Leben eben so ist: Wenn du jemanden brauchst, ist meistens keiner da. Nicht weil die anderen egozentrisch sind, sondern weil sie eben ihr eigenes Leben haben, das sich mit deinem nur an manchen Punkten kreuzt. In diesen Momenten ohne einen gemeinsamen Schnittpunkt mit anderen war es gut, dass mein Kätzchen auf mich und einige Streicheleinheiten wartete. Der kleine Schnurrer tröstete mich in diesen einsamen Augenblicken.

In meiner Bankfiliale gab es neuerlich Spannungen. Der Posten der Girokontenverwaltung würde bald frei werden, denn die Kollegin hatte sich entschlossen zu kündigen, um in der Gastwirtschaft ihrer Familie künftig mitzuarbeiten. Es war klar, dass dieser Posten intern, also von einem der anderen Mitarbeiter unserer Filiale besetzt werden sollte. Hier ging es um einen Job mit Verantwortung, bei dem es sehr vorteilhaft war, die Kunden bereits zu kennen. Es war zwar eine etwas eintönige Arbeit ohne viel Publikumsverkehr, bot aber dafür eine gewisse Stabilität an. Für mich war dieser Arbeitsplatz die optimale Gelegenheit, von meiner Stellung als »Mädchen für alles« weg zu kommen. Da ich fast alle Arbeitsvorgänge der Filiale kannte, wurde ich als Ersatz für die anderen Kollegen verwendet, wenn diese wegen Urlaub oder Krankheit abwesend waren. Manchmal war es aber nervenaufreibend, immer über alles informiert zu sein und sich ständig in neue Vorgänge einzuarbeiten, ohne jemals einen persönlichen Arbeitsplatz und -bereich zu haben. Ich hatte gute Chancen, diese interne Versetzung genehmigt zu bekommen, denn ich hatte immer ausgezeichnete Beurteilungen erhalten und kannte die Kunden so gut wie kein anderer, denn schließlich war ich die einzige Angestellte, die aus diesem Stadtteil stammte und seit Jahren hier wohnte. Noch gab es keine offizielle Ausschreibung, aber ich entschloss mich, die Sache im Auge zu behalten. Erika, die natürlich sofort in meine Pläne eingeweiht wurde, war optimistisch: »Der Job ist jetzt schon deiner! Wer könnte die Arbeit besser machen als du. Schließlich hast du immer die Vertretung auf diesem Platz gemacht.« Und die ausscheidende Kollegin hätte sicher auch ein gutes Wort für mich eingelegt.

In der Zwischenzeit hatte ich die Urlaubsgenehmigung für eine Woche Ende November bis Anfang Dezember. Nach Absprache mit Agostino, mit dem ich jeden Tag um 22.00 Uhr zum Nachttarif telefonierte, ging ich ins Reisebüro, kaufte ein Zugticket und reservierte einen Platz im Liegewagen. Ich konnte mir nicht viel unter einem Liegewagen vorstellen, es mochte ein Abteil mit Betten anstatt Sitzen sein, aber Agostino hatte mir dazu geraten, da die Reise ungefähr 22 Stunden dauerte. Unsere täglichen Telefongespräche waren für mich der Mittelpunkt des Tages geworden, so wie auch der wöchentliche Italienischkurs am Dienstagabend, den ich seit Oktober besuchte. Dieser Volkshochschulkurs fand in Zollberg nur ein paar hundert Meter von Erikas Wohnung entfernt statt. Mein Lehrer war ein Journalist aus Apulien, der mit Witz und italienischem Charme den Unterricht gestaltete. Wir lasen Texte, lernten die Grundbegriffe der Grammatik und ich stellte fest, dass ich bereits mehr wusste, als ich gedacht hatte. Die Stunden halfen mir sehr, mein Italienisch zu verbessern und ich machte schnell Fortschritte, aber es entstanden auch nette Freundschaften im Kurs und manchmal gingen wir nach der Stunde noch ein Bier zusammen trinken. Sante, der Journalist und Lehrer, wollte unsere Beweggründe kennenlernen, die uns veranlasst hatten, Italienisch zu lernen. Wie verschieden die Motivationen doch waren: Karin war seit Jahren mit einem Italiener verheiratet und wollte bei den häufigen Besuchen in Italien endlich die Gespräche mit den italienischen Verwandten verstehen. Die phantastisch aussehende Verena, deren Schönheit auch dem lieben Sante nicht verborgen geblieben war – wie hätte das einem Italiener entgehen können – lernte Italienisch, weil sie oft Urlaub mit ihrem Mann und ihren Kindern in Italien machte. Die temperamentvolle, blutjunge Renee bereitete sich auf ihr Universitätsstudium vor und vervollständigte ihre Sprachkenntnisse. Tja, und ich hatte den Motor Liebe, der mich zu diesem Entschluss gebracht hatte. Sante wollte alles über Agostino erfahren, er kannte Neapel recht gut und erzählte mir viel über den Unterschied zwischen dem Italien, das ich aus meinen Urlauben in Venedigs Umgebung kannte, und Süditalien, aber seine Ansicht schien mir etwas radikal. Es war schließlich das gleiche Land. Natürlich war München auch nicht wie Hamburg, aber trotzdem lagen beide Städte in Deutschland. So dachte ich.

Als der Monat November mit Regen und Sturm anfing, war ich schon im Reisefieber. Ich legte eine Liste an, auf der ich alles verzeichnete, was ich mitnehmen wollte. Wichtig war, ein Geschenk für Agostinos Eltern zu finden, die mich in ihrem Haus beherbergen würden. Ich fragte mich, wie diese Familie wohl war und ob ich mich mit ihnen hätte verständigen können. Ich übte jede freie Minute italienische Vokabeln und sang lauthals italienische Lieder mit, die ich auf Kassette oder Schallplatte hörte.

Ich entschloss mich, Kölnisch Wasser für die Mutter und für Agostino verschiedene typische Kleinigkeiten zu kaufen. Ich erstand ein Lebkuchenherz mit der Aufschrift: Ich liebe dich, einen kleinen weißen Stoffhund mit besonders kuschligem Fell, einen Schlüsselanhänger mit dem Kölner Dom, ein Feuerzeug mit Agostinos Sternzeichen und anderes.

Ich konnte mir beim besten Willen nicht vorstellen, dass es in einem so südlichen Land im November kalt sein könnte. Wahrscheinlich war dort der Herbst eine Art verlängerter Sommer. So packte ich meinen Koffer mit Jeans, Langarm-T-Shirts und zwei Strickjacken, einem Kleid für den Fall, dass wir etwas Besonderes unternahmen, einem leichten Baumwollnachthemd und Ähnlichem. Vor der Abfahrt erstand ich in einer Buchhandlung die Ausgabe eines Reisemagazins, das genau in diesem Monat ausschließlich über Neapel berichtete. Es war sehr interessant, denn es war anders als die üblichen Reiseführer konzipiert. Hier ging es gar nicht um Museen und Kirchen, die zu besichtigen empfohlen wurde, sondern um die neapolitanische Kultur und Lebensart, die mich besonders interessierten. Zudem war die Zeitschrift reichlich mit Fotos bebildert. Ich las über Kinderarbeit, sah Fotos mit 8-jährigen Kellnern, die Tabletts mit Kaffee über die Straße trugen, sah enge Gässchen mit geschminkten, kleinen Mädchen, die barfuß Zigaretten verkauften. Mir wurde ein wenig mulmig zumute und ich nahm mir vor, Agostino hierauf anzusprechen. Sicher war der Bericht übertrieben, aber trotzdem mussten die Einwohner der engen Gässchen des Zentrums irgendwie mit dem organisierten Verbrechen koexistieren, wenn man dem Artikel glauben konnte. Ich konnte mir nicht vorstellen, wie so etwas möglich sein konnte. Es gab herrliche Fotos von einer langgezogenen Straße mit Pinien, durch deren Zweige man aufs Meer blickte, dem Kreuzgang einer Kirche, der mit bunten Keramikfliesen bedeckt war und von vielen Gässchen mit Ständen, an denen Waren aller Art verkauft wurden. Das mussten wohl Märkte sein, die meine Familie immer in unseren Italienurlauben so geliebt hatte. Ich erinnerte mich gerne an die Geschichte, die bei Familientreffen regelmäßig zum Besten gegeben wurde. Bei einem unserer ersten Italienurlaube, als meine Schwester noch klein und ich gerade mal ein Baby war, besuchten wir einen dieser tollen Märkte und mein Vater bewunderte die schweren, bunten handwerklich hergestellten Glasaschenbecher im Stil der sechziger Jahre. Dabei sah ich meinen Vater mit langen Koteletten und meine Mutter im bunten, ärmellosen Kleid vor mir. Natürlich waren sie als Deutsche ungeübt in den in Italien fast nach orientalischem Brauch üblichen Preisverhandlungen. Nach mehreren Preisvorschlägen des Verkäufers und den entsprechenden Gegenvorschlägen von Seiten meines Vaters hatte man sich auf einen Lirepreis zuzüglich eines Kusses meiner blonden Mutter geeinigt, der den Nachlass auf den ursprünglichen Preis für das vermeintliche Kunstobjekt begründete.

Am Freitag, dem 24. November 1989 war es so weit. Während in Prag die Studenten mit ihren Schlüsselbunden die friedliche Revolution einklingelten und der Eiserne Vorhang keine Zukunft mehr hatte, ging ich eine Stunde früher von der Arbeit nach Hause, duschte, nahm meinen Koffer und fuhr von der nur wenige Schritte von meiner Wohnung gelegenen Haltestelle mit der Straßenbahn zum Bahnhof.

Dort kaufte ich mir ein belegtes Brötchen, ein Getränk und ging auf den Bahnsteig. Mir zitterten leicht die Knie. Nun war ich doch aufgeregt, und das hing wieder einmal mit den Kommentaren meiner übervorsichtigen Eltern zusammen.

»Das ist ja wieder typisch! Wie kannst du nur zu einer wildfremden Familie in ein anderes Land fahren! Du weißt doch gar nicht, wie diese Leute sind.«

Mir war klar, dass ich ein Risiko eingegangen war. Ich wusste wirklich nicht, ob diese Leute freundlich waren oder ob ihnen mein Besuch überhaupt so recht war. Aber meine Eltern kannten eben Agostino nicht. Für ihn wäre ich bis ans Ende der Welt gereist und hätte auch sonst alle Schwierigkeiten auf mich genommen. Er hatte mir versichert, dass für seine Familie kein Problem bestand, mich aufzunehmen. Er hatte ja sicher ein eigenes Zimmer. ›Wenn ich mit den Leuten nicht zurechtkomme, kann ich mich immer noch dahin zurückziehen‹, dachte ich. Und überhaupt, wir würden viel unterwegs sein. Ich war sehr neugierig auf alles, auf seine Arbeit, seine Freunde. Vielleicht gab es eine Gelegenheit, manche der Freunde, die ich aus Griechenland kannte, wiederzusehen.

»Nicht vielleicht, sondern ganz bestimmt wirst du das«, hatte mir Agostino versichert, »Luigi wohnt nur ein paar Meter von mir entfernt.« Da fiel mir wieder Luigis lakonische Bemerkung ein, als Erika ihm nach der Kollision der Luftmatratzen im griechischen Meer erzählt hatte, dass ich eine »gute Freundin« von Agostino sei.

»Vielleicht kenne ich ihn, ja kann sein – maybe«, hatte er damals schmunzelnd gesagt, der doch nur ein paar Meter entfernt von Agostino wohnte.

Mein Abteil war voll besetzt. Ein Herr mittleren Alters, ein jüngerer Mann, eine italienische Familie, bestehend aus Oma, einer jungen Mutter und einem um die 14 Monate alten Kind, sowie eine auffallend und schlampig gekleidete Frau waren meine Reisegenossen. Anfangs blätterte ich zerstreut in meiner Zeitung, um in Wirklichkeit die Leute im Abteil ein bisschen zu beobachten. Es war früher Abend und die italienische Mutter schickte sich an, dem kleinen Jungen das Abendessen zu verabreichen. Was gab man einem Kind während einer

Zugreise? Für ein belegtes Brötchen war es doch noch zu klein und warmes Essen herzuzaubern war schwierig. Ich dachte, dass die Mutter vielleicht ins Zugrestaurant ginge, um etwas zu holen. Ich unterschätzte aber den praktischen Sinn einer italienischen Mutter. Nachdem das Lätzchen platziert war und der Kleine auf dem Schoß der Mutter saß, holte diese frische Milch aus der Kühltasche, goss sie in einen Plastikschale, gab eine halbe Packung Babykekse dazu und rührte mit einem großen Esslöffel um, bis sich ein dicker Brei formte. >Genial<, ging es mir durch den Sinn. Riesenlöffel für Riesenlöffel schluckte der Süße brav seinen Brei und schlief bald befriedigt ein. Im Abteil war nichts Interessantes mehr zu sehen und ich vertiefte mich in meine Lektüre, die ich mit meinem Brötchen begleitete. Mein Neapel-Magazin faszinierte mich, besonders wenn es um die kulturelle Einzigartigkeit der Menschen ging. So etwas wusste man hierzulande gar nicht. Neapel war nur mit negativen Schlagzeilen verbunden. Ansonsten hörte Italien in Rom auf, um vielleicht ansatzweise in Sizilien weiterzugehen, einer Region, in der in unserer Vorstellung sich die Leute noch auf Eselsrücken anstatt im Auto fortbewegten. Es war spät geworden, meine Augen wurden schwer und ich hätte gerne ein wenig geschlafen. Es war warm im Abteil mit sechs Erwachsenen und einem Kind. Die Luft war verbraucht. Mit Zugreisen hatte ich, abgesehen von den Klassenfahrten vergangener Zeiten, keine Erfahrung. Ich war neugierig, wie der Liegewagen wohl aussah. Der Schaffner würde uns wohl bald dorthin begleiten. Mit dieser Annahme hatte ich mich gründlich geirrt, denn schon bald erschien der Schaffner und drückte jedem von uns einen Schlafsack aus einer extrem unangenehmen Synthetikqualität, die an billiges Küchenpapier erinnerte, in die Hand. Er bat uns aufzustehen und uns auf den Flur zu begeben und klappte mittels eines Schlüssels aus der Wand rechts und links jeweils zwei Liegen aus. Der Liegewagen war also das Abteil. Aber es war unmöglich, mit sieben Personen in einem so beengten Raum zu schlafen. Während es sich die schlampige Frau und der Herr mittleren Alters auf den unteren Liegen, also den ausgezogenen Sitzen, »bequem« machten, verzogen sich die Mutter mit Kind und die Oma auf die mittleren Betten. Mir und dem jungen Mann blieben also nur die oberen, praktisch unter der Decke des Abteils gelegenen, Schlafgelegenheiten. Ich ging erst einmal auf Toilette, denn es war klar, dass ich in der Nacht von da oben nicht so einfach heruntersteigen konnte, ohne die anderen zu stören. Als ich wiederkam, waren einige meiner Reisegenossen mit der Nachttoilette beschäftigt. Zuerst auf die untere Liege, dann auf die mittlere gestützt, kletterte ich in die Höhe. Von hier aus konnte ich belustigt beobachten, wie sich die vernachlässigte Frau tatsächlich ein Nachthemd anzog, ihre fettigen Haare wieder und wieder kämmte und sie dann zu einem Zopf flocht. Vielleicht hatte sie den Zug mit einem Hotel verwechselt. Mir kam in den Sinn, wie fassungslos wohl meine Eltern in dieser Situation gewesen wären.

Ich machte es mir gemütlich, so gut es ging. Ein wenig ärgerte ich mich, dass ich hierauf nicht vorbereitet gewesen war und mir den Liegewagen, naiv, wie ich manchmal sein konnte, komfortabler vorgestellt hatte. Zum Glück hatte ich keine zu enge Hose an, knöpfte diese nur auf und zog mein T-Shirt darüber. Ein Jogginganzug wäre sehr von Vorteil gewesen. Neben mir hatte ich meine Tasche mit etwas zu trinken und Taschentüchern sowie den Wertsachen, und mehr würde ich heute Nacht wohl nicht brauchen. Tatsächlich war ich sehr müde, aber außer dem kleinen italienischen Bambino schlief hier niemand. Alle waren noch mit den Vorbereitungen auf die Nacht beschäftigt: wer die letzte Zigarette vor der Abteiltüre rauchte, wer in einer Tasche kramte, wer noch etwas aß. Das Licht blieb noch lange an und auch, als es endlich ausgeschaltet wurde, war es doch nicht richtig dunkel im Abteil, da in der Mitte des Abteils unter der Decke, also knapp einen Meter von mir entfernt, eine Notlampe anblieb. Ich drehte mich hin und her und fand nicht die richtige Schlafposition. Draußen auf dem Flur hörte man Stimmen und ein ständiges Auf und Ab. So muss wohl noch eine Weile vergangen sein, ehe ich dann doch eingedöst war. Aber mein Schlaf dauerte nicht lange. Ich erwachte von lauten Stimmen mit Schweizer Aussprache. Die Schweizer Grenzbeamten kontrollierten nur hier und da ein paar Ausweise, öffneten aber lautstark unsere Abteiltüre. Bald spürte ich, wie sich der Zug wieder in Bewegung setzte, aber es gelang mir nicht, wieder einzuschlafen. Das Rattern und die Bewegungen des Zuges störten mich. Im Auto konnte ich herrlich schlafen, aber der Zug

– zudem diese unbequeme Liege unter dem Dach eines Zuges – bereitete mir Schwierigkeiten. Trotzdem überfiel mich der Halbschlaf, und als ich das nächste Mal aufwachte, fiel ein klein wenig Licht ins Abteil. Es war sehr früh am Morgen und im Abteil schliefen noch alle. Ich fühlte mich trotz allem recht erholt und ein bisschen aufgeregt, denn heute würde ich in Neapel ankommen. Vorsichtig und angestrengt, die anderen Reisenden nicht zu stören, stieg ich von meinem Hochbett herunter und ging auf den Flur. Es war noch fast dunkel. Am Himmel sah man nur einen schmalen Lichtstreifen: der Sonnenaufgang. Ich war neugierig und hätte gerne gewusst, wo wir waren. Tief in der Nacht hatten wir die deutsch-schweizerische Grenze passiert, also mussten wir schon in Italien sein. Recht schnell verbreitete sich der Lichtstreifen am Horizont und gab mir einen Blick auf die Landschaft frei. Ich sah, wie der Zug eine Landschaft aus weiten Wiesen mit leichten Hügeln durchquerte. Es war wunderschön. Der Himmel färbte sich langsam rötlich und dann mehr gelblich, um azurblaue Schattierungen durchblicken zu lassen. Plötzlich wurde mir klar, dass dies die Toskana sein musste. Welch einzigartige Landschaft. Ich konnte meinen Blick nicht vom Fenster losreißen, auch wenn es auf dem Korridor etwas zugig war. Bald kam auf dem Korridor ein Wagen vorbei, der italienischen Espresso verkaufte. Zum ersten Mal zog ich die italienischen Lire, die ich in meiner Bank gewechselt hatte, aus dem Portemonnaie und bezahlte den heißen Kaffee, der mir in einem kleinen braunen Plastikbecher ausgehändigt wurde. Welch eine merkwürdige Verpackung, dachte ich, während ich mir die Finger verbrannte, denn Plastik isoliert bekanntlich nicht. Der Kaffee war köstlich und mir wurde klar, dass es nicht mehr allzu lange bis Rom dauern würde, wo Agostino auf mich wartete. Und wieder überkam mich diese herrliche Erregung und die Freude auf das, was mich in den nächsten Tagen erwartete. Mein Freund kam mir praktisch die letzten 200 km entgegen, um dieses letzte Stück der Reise zusammen mit mir zurückzulegen. Das bedeutete, dass wir uns schon zwei Stunden früher sahen. Als ich ins Abteil zurückkehrte, waren auch die anderen aufgestanden und die Liegen waren wieder eingeklappt, um die Sitzplätze vom Vorabend wieder herzustellen.

Ich machte mich ein wenig frisch, um in Rom nicht allzu zerzaust und übernächtigt anzukommen. Auch wenn es schwierig war, sich in einem solch schmutzigen Toilettenraum »frisch« zu machen. Schon lange vor dem Einlaufen in den Bahnhof nahm ich meinen Koffer und positionierte mich auf dem Flur. Ich wusste nicht, wie lange der Zug halten würde und wie viel Zeit mir zum Aussteigen bliebe. Zudem wollte ich meine, wenn auch verbesserten, Italienischkenntnisse nicht so stark auf die Probe stellen, sollte es nötig sein, meinen Willen zum Aussteigen laut äußern zu müssen. Links und rechts, so weit ich das sehen konnte, waren große, hohe Wohnhäuser, fast alle in der gleichen Form und Farbe. Auf den Dächern war geradezu ein Wald von Fernsehantennen errichtet. Merkwürdig, dachte ich, da schien jede Familie eine eigene Antenne aufzustellen, anstatt eine zentralisierte für alle Bewohner des Hauses zu teilen. Als der Zug in den Bahnhof einlief, wurde mir klar, dass es beim Aussteigen keine Eile geben würde, denn fast alle Mitfahrer hatten sich zum Aussteigen bereit gemacht. Ich versuchte Agostino auf dem Bahnsteig zu sehen, aber die Sicht war von den vielen Menschen fast vollständig verdeckt. Ich zerrte meinen für eine Woche Aufenthalt recht großen Koffer die Stufen hinunter. Kaum hatten meine Füße den Bahnsteig erreicht, kamen mir die eifrigen Hände eines livrierten, faltigen, alten Mannes, den ich nicht gleich als Gepäckträger erkannte, entgegen. Misstrauisch schüttelte ich den Kopf und zog den Koffer weg, um ihn selbst zu tragen und mich vom Ausstieg fort zu bewegen. Zu meinem Erstaunen kam mir der Alte hinterher und redete unverständlich auf mich ein. In diesem Moment tauchte Agostino vor mir auf und machte eine Handbewegung, die dem Gepäckträger den Abflug andeuten sollte, während er mich so fest drückte, dass ich kaum mehr Luft bekam. Er nahm mir den Koffer ab und wir wechselten sofort das Gleis, um den Zug nach Neapel nicht zu verpassen. Unterwegs erzählte er mir, dass er schon seit Stunden in Rom war und dort einen Spaziergang gemacht hatte. Er schien ebenso aufgeregt wie ich.

Während wir auf den Zug warteten, machten wir Pläne, was wir alles in dieser Woche machen wollten: die Stadt kennen lernen, Freunde besuchen, einen Ausflug. Mir war alles recht. Ich war glücklich und wollte nur mit Agostino zusammen sein, alles andere war gleichgültig. Die Zugfahrt von Rom nach Neapel erwies sich als noch anstrengender, als die vorangegangenen 19 Stunden. Der Zug war total überfüllt und wir mussten zwei Stunden mit meinem Gepäck zwischen den Füßen stehen. Überhaupt gab es keine Abteile, es war ein Großraumwagen mit wenigen Sitzplätzen. Der war alt und die Wände waren vollgeschmiert mit Sprüchen und Zeichnungen, überhaupt ähnelte es mehr einem Viehtransport. Agostino erklärte, dass es ein Pendelzug war, da viele Leute aus Neapel in Rom arbeiteten, die nun auf dem Heimweg waren. Es erschien mir seltsam, wie man schon um die Mittagszeit auf dem Heimweg von der Arbeit sein konnte. Arbeiteten so viele Leute Teilzeit? Die Einfahrt in den Bahnhof der heißersehnten Stadt Neapel erinnerte mich an die in den Bahnhof Rom. Wieder waren da hohe Häuser rechts und links, wieder der Antennenwald. Im Bahnhof fiel mir als erstes der außergewöhnlich hohe Geräuschpegel auf. Es waren überall schwätzende, lärmende, lachende Menschen auf dem Bahnsteig, in der Halle, an den wenigen Geschäften oder besser gesagt Kiosken. Die Leute liefen geschäftig von rechts nach links zickzack und es war nicht leicht, die Ansammlungen zu durchqueren, um auf den Bahnhofsplatz zu gelangen, wo Luigi auf uns wartete. Er war mit seinem Auto gekommen, um uns abzuholen. Ich freute mich, ihn wiederzusehen. Luigi, den ich ja als ersten der Italienertruppe auf Kreta kennengelernt hatte und der uns zumindest anfangs bei der Verständigung geholfen hatte. So betrachtet hatte ich eigentlich erst ihn und seinen hässlichen Freund Enzo und erst dann Agostino kennengelernt. Er führte uns zu einem knallroten, alten Ford Fiesta, der an den Seiten und an der Stoßstange die Zeugen einiger kleiner Unfälle im Lack hatte. Offensichtlich nahm er sein Auto nicht so ernst, wie es Deutsche zu tun pflegen.

Wir stiegen ein, ich setzte mich nach hinten und Agostino nahm auf dem Beifahrersitz Platz. Das Auto setzte sich in Bewegung und überquerte die erste Kreuzung, deren Ampel aber rot war. Ich zuckte einen Moment zusammen, sagte aber nichts. Luigi redete angeregt mit Agostino und hatte die rote Ampel wohl übersehen. Als uns dann aber ein kleiner Fiat 500 mit einer Mordsgeschwindigkeit rechts überholte, dabei wild hupte und Luigi kräftig bremsen musste, da er uns den Weg abschnitt, merkte ich, dass etwas nicht stimmte. Luigi unterbrach das Gespräch mit Agostino nur eine kleine Sekunde, um die rechte Hand zu einer drohenden Geste in Richtung des Fahrers des Fiats 500 zu heben, und sprach dann ruhig weiter, als sei nichts geschehen. In dem Moment, als ich mich nach vorne in Richtung Fahrersitz lehnte, um zu fragen, ob das alles normal sei, fuhr Luigis Wagen durch ein Schlagloch und ich hüpfte auf dem Sitz des Autos ohne funktionierende Stoßdämpfer bis unter die Decke, da ich nicht angeschnallt war. Das wollte ich nun nachholen, fand aber auf dem Rücksitz gar keine Anschnallgurte und bemerkte, dass auch Agostino und Luigi gar nicht angeschnallt waren. Die drehten sich gleichzeitig zu mir um und fingen an zu lachen: »Das bist du nicht gewohnt! Hier sind die Straßen so. Das ist alles ganz normal.« Mein anfänglicher Schreck war vorüber und die Situation schien mir so komisch, dass ich nicht mehr aufhören konnte zu lachen. Die ganze Strecke über begingen Luigi und alle anderen Fahrer eine Verkehrswidrigkeit nach der anderen, ein Schlagloch wechselte sich mit dem nächsten ab, ein wildes Überholmanöver nach dem anderen. Und das Beste war, dass die Autos der Polizei und Carabinieri sich nach den gleichen absurden Regeln bewegten. Motorroller kreuzten unsere Fahrbahn und es fehlten nur Millimeter, dass ein Auto nicht ins andere fuhr. Ich fand es unheimlich komisch. Bei uns in Deutschland ging man auf die Achterbahn, und hier in Neapel erzeugte eine einfache Autofahrt mehr Magenkribbeln, als die besten Attraktionen der Kirmes. Mir lief ein leiser Schauer über den Rücken, aber ich empfand mehr Spannung als Angst. Nicht einen Augenblick hatte ich den Eindruck, dass unser Fahrer die Situation nicht unter Kontrolle gehabt hätte. Zudem war es unglaublich, mit welcher Nonchalance diese Neapolitaner sich in diesem Chaos aus unzähligen Autos, Motorrollern und unvorsichtigen Fußgängern bewegten, während sie miteinander plauderten, gestikulierten und lachten, als ob es die normalste Sache der Welt sei, nicht eine oder zwei, sondern ALLE existierenden Verkehrs- und Vernunftregeln außer Kraft zu setzen. Die Strecke hatte ich nicht verfolgen können, aber nach etwa einer halben Stunde bog Luigi in eine kleine ungeteerte Straße, natürlich mit Schlaglöchern, ein und hielt vor einer Art Bungalow. Das Haus war gelb gestrichen, hatte dunkelgrüne hölzerne Fensterläden und lag hinter einem Vorgarten, der an der linken Seite von einer lila Bougainvillea umgeben war. Das erinnerte mich an die Bougainvillea, die auf Kreta unterhalb meines Balkons wuchs und ich nahm dies als ein gutes Zeichen. Wir verabschiedeten uns von Luigi, und nun war der Moment der offiziellen Präsentation gekommen. Ich fühlte mich ein wenig mulmig, tröstete mich aber damit, dass ich die besten Vorsätze hatte, einen guten Eindruck auf Agostinos Familie zu machen, aber wenn sie etwas gegen mich hätten, so müsste ich eben damit leben. Schließlich hatten auch meine Eltern eine Abwehrreaktion gezeigt, obwohl der Lagebericht meiner Schwester dann doch ihr Interesse geweckt hatte, meinen Freund bei seinem nächsten Besuch kennenzulernen.

Wie so oft hatte ich mir zu viele Gedanken gemacht, und die Dinge ergaben sich nun einfacher als erhofft. Ich trat ins Haus ein und Agostino führte mich schnurstracks den langen, dunklen Flur entlang in die Küche. Seine Mutter, Giovanna, war eine typisch italienische Matrone: recht groß, übergewichtig und hatte eine Küchenschürze umgebunden. Genauso hatte ich sie mir vorgestellt. Sie begrüßte mich freundlich mit Küsschen auf beide Wangen und bedeutete mir, mich zu setzen. Sogleich waren die Spaghetti fertig und eine Riesenportion mit einer köstlichen knallroten Tomatensoße wurde mir auf einem gelben Glasteller serviert. Ich aß mit Appetit, denn ich hatte schon seit einigen Tagen keine warme Mahlzeit mehr zu mir genommen, war aber überrascht, als mir danach noch frischer Büffelmozzarella mit gebratenen Paprikastreifen serviert wurde. Eigentlich hätten mir die Nudeln gereicht, aber mein Lehrer Santino hatte mich darauf vorbereitet, dass italienische Mütter beleidigt waren, wenn man nicht oder nicht genügend aß. Im Haus waren auch Agostinos ältere Schwester Raffaella, genannt Lella, die mir auf Anhieb sympathisch war, und sein Vater Giuseppe, der mir aber unnahbar und streng vorkam. Tatsächlich war der Dialog mit ihm schwierig. Ich wusste nicht wieso, aber ich konnte Agostinos Mutter und den Vater überhaupt nicht verstehen, während Lella ein sehr klares Italienisch sprach. Nach dem Essen bereitete Agostinos Mutter noch italienischen Espresso aus einer silbernen Kanne, die aus verschiedenen Teilen mittels eines Drehgewindes zusammengeschraubt wurde. Sie servierte den Kaffee auf einem Tablett in kleinen Tässchen verschiedener Farben. Als sie mir das Tablett entgegen hielt, streckte ich die Hand nach der kleinen schwarzen Tasse aus. Ich war verwundert, als sie das Tablett wegzog und mir bedeutete, eines der andersfarbigen Tässchen zu nehmen. Mit Mühe erklärten mir Agostino und Lella, dass die schwarze Tasse nach neapolitanischem Brauch für den »ungebetenen Gast« sei, und da ich kein ungebetener Gast war, diese von einem der Hausbewohner getrunken würde. Die Sache schien mir merkwürdig und ich fragte mich, ob in Anbetracht der Tatsache, dass das Mittelalter schon seit einer Weile vorbei war, Menschen tatsächlich in solchen Kategorien denken konnten. Agostino erklärte mir mit einem typisch neapolitanischen Satz ein durchgreifendes Konzept, dem man kaum mehr widersprechen konnte: »Non è vero ma ci credo! – Es ist nicht wahr, aber ich glaube daran!« Ich ahnte noch nicht, wie tief dieses paradoxe Denken in Neapel verwurzelt war.

Nach dem Essen wurde mir das Haus gezeigt, das doch nicht so übermäßig groß war, wie es von außen gewirkt hatte. Das Wohnzimmer war riesig, die Küche geräumig, das Zimmer, das Lella mit der jüngeren Schwester, also der Adoptivschwester Tiziana, bewohnte, zwei Badezimmer, das Elternschlafzimmer und Agostinos Zimmer, das zur Hälfte als zahntechnisches Labor umfunktioniert war. Sein Bruder Filippo war verheiratet und wohnte nicht mehr bei der Familie. Alle Zimmer hatten einen aufwändig bemalten Boden aus handgemalten Majolika-Keramikfliesen, die mich an den Kreuzgang der Kirche in meinem Reiseführer erinnerten. Ich begann mich zu fragen, wo Agostino und ich wohl schlafen würden, denn niemand hatte mir bisher ein Zimmer zugewiesen. Sicher schien nur, dass es kein Gästezimmer gab. Oder vielleicht hatte ich doch noch nicht alle Zimmer gesehen.

Am Abend besuchten wir Agostinos Bruder Filippo, der mit seiner Frau Assunta, die aus einem mir unerklärlichen Grund von allen »Susy« genannt wurde, in einem sehr gepflegten Wohnviertel nicht weit von seinen Eltern wohnte. Es schien eine recht teure Gegend zu sein, auch wenn für meinen Geschmack die hohen Wohnhäuser dort zu dicht aneinander gebaut standen. Der Arzt und seine Frau, die ebenfalls Ärztin war, waren sehr freundlich und aufgeschlossen und im Gespräch erfuhr ich, dass ich nicht die erste Deutsche in ihrem Haus war. Agostino hatte die im Urlaub des Vorjahres kennengelernte Münchnerin auch seinem Bruder vorgestellt, als diese ihn in Neapel besucht hatte. Ich hatte zwar gewusst, dass Agostino sie in München besucht hatte, aber dass sie in Neapel gewesen ist, erfuhr ich erst jetzt. Die Idee befremdete mich und ich hoffte wieder, dass ich nicht nur ein Stück in der Sammlung deutscher Freundinnen sei. Ich beschloss, das Thema im Moment beiseite zu lassen um darauf zurückzukommen, wenn ich mit Agostino alleine war. Man erzählte ganz beiläufig, dass besagte Anne während ihres Neapel-Aufenthaltes bei Filippo und Susy übernachtet hatte, als Kompromiss, da sie eigentlich ins Hotel hatte gehen wollen, um nicht, wie ich, bei der Familie zu schlafen. Mit einem ironischen Lächeln kommentierte Filippo, dass die junge Dame mit dieser Geste einige Punkte bei seiner und Agostinos Mutter verloren hatte. Es schien leicht zu sein, Punkte zu verlieren. Ich sollte besser auf der Hut sein, schloss ich daraus.

Die Atmosphäre war nett, aber ich war nicht mehr so guter Stimmung wie bei meiner Ankunft. Vielleicht war auch Müdigkeit dazu gekommen, oder die Geschichte mit der Münchner Freundin hatte mich doch unangenehm berührt. Nach dem Essen sahen wir uns eine Videokassette mit einem neapolitanischen Film an. Er hieß »Così parlò Bellavista – So sprach Bellavista«, vielleicht in Anspielung auf Zarathustra. Er war nicht leicht zu verstehen, aber die anderen amüsierten sich. Ich begriff, dass der Film einige neapolitanische Eigenheiten aufs Korn nahm, wie die, immer wieder anderen Personen die gleiche Geschichte zu erzählen, aber die Pointen kamen bei mir nicht an. Meine Sprachkenntnisse reichten nicht aus, um die Feinheiten zu verstehen, zumal einiges in Dialekt war. Mir kam die Idee, das Buch zum Film auf Deutsch zu kaufen.

Als wir wieder nach Hause kamen, fand ich meinen Koffer in Lellas Zimmer vor und sie hatte mir neben ihrem ein Klappbett bereitet. Ich war überrascht, nicht mit Agostino zusammen zu schlafen, schämte mich aber fast ein wenig, nicht früher darauf gekommen zu sein:

andere Länder – andere Sitten! Nun begann ich zu verstehen, warum die geheimnisvolle Anne aus München nicht bei Agostinos Familie hatte übernachten wollen, sondern im Hotel. Und nur nach einigen Diskussionen hatte Agostino sie überzeugen können, für die Zeit ihres Aufenthaltes bei seinem Bruder zu wohnen, wie sich herausgestellt hatte, als ich Agostino auf dem Rückweg um Erklärung gebeten hatte.
Er hatte sie auf Rhodos kennengelernt, wie er mir bereits erzählt hatte, genau ein Jahr vor dem Urlaub auf Kreta. Agostino sprach nicht gerne darüber, er schien sich ein wenig zu schämen, aber er sah ein, dass der Moment gekommen war, um mir etwas mehr von seinem Leben zu erzählen. Er hatte sich wohl Hals über Kopf in Anne verliebt und hatte sie auch in Deutschland besucht. Ihr Aufenthalt in Neapel war nicht so gut gelaufen und kurz danach hatte sie das Verhältnis beendet. Aber Agostino hatte nicht so leicht locker gelassen und war aufgebrochen nach München, um vielleicht auch dort zu bleiben, aber nach einem langen, schwierigen Gespräch hatte sie sich unerweichlich und absolut entschlossen gezeigt, nicht weiterzumachen. Agostino beschrieb so gut wie möglich seinen Gemütszustand in jener Zeit, und ich begriff, dass er sehr gelitten hatte. Er hatte auch versucht, eine Arbeit in Deutschland zu finden, was ihm aber nicht gelungen war. So war er nach zwei Wochen wieder nach Neapel zurückgekehrt.
»Und woran hat es deiner Meinung nach gelegen, dass es zwischen euch nicht geklappt hat?«, wollte ich aus leicht erklärbaren Gründen wissen.
»Wir haben einen großen Fehler gemacht: Keiner von uns hat die Sprache des anderen lernen wollen. Anne sprach gut Englisch, aber du weißt ja, mein Englisch ... «
»Ja, wosch yu nehm?«, lachte ich und erinnerte mich an unser erstes Zusammentreffen beim Frühstück.
»Deshalb mache ich den Deutschkurs beim Goethe-Institut«, erklärte er und ich musste wieder lachen, denn er hatte »Gete-Instituto« gesagt. Fast hatte sich meine Sorge wieder gelegt. Es konnte auch ein Vorteil sein, dass er auf eine gescheiterte Erfahrung zurückschauen konnte. Man konnte immer etwas lernen aus solchen Situationen. Und überhaupt: Warum sollte es mit uns nicht klappen?

Nun lag ich also da, neben Agostinos Schwester Lella, und hatte Probleme mit dem Einschlafen. Ich war es schon lange nicht mehr gewohnt, mit anderen in einem Zimmer zu schlafen.

»Non hai sonno?« – Bist du nicht müde?«, fragte Lella mit ihrer sanften Stimme. Sie hatte sicher gehört, dass ich mich ständig hin- und herdrehte.

»Sì, sono stanca, ma è tutto nuovo – Ich bin schon müde, aber es ist alles so neu«, versuchte ich ihr zu erklären, dachte aber gleichzeitig, dass ich nicht genug Italienisch konnte, um das auszudrücken, was ich hätte sagen wollen.

»Capisco – verstehe«, antwortete sie und ihr Ton gab mir die Sicherheit, dass sie wirklich mehr verstanden hatte, als ich gesagt hatte. Lella sollte sich während den Tagen meines Aufenthaltes in Neapel wirklich als eine ganz besondere Person herausstellen. Sie war ein ganzes Stück älter, als sie aussah. Sie war 31, also genauso alt wie meine Schwester Rebekka. Sie arbeitete in einem Büro nicht weit von zu Hause entfernt, schien aber eine ausgesprochen elastische Dienstzeit zu haben. Selten ging sie vor halb zehn aus dem Haus. Sie hatte seit vielen Jahren einen festen Freund, der aber zu Hause nicht gern gesehen wurde. Die Gründe hierfür waren mit der deutschen Mentalität nur schwer zu verstehen. Der junge oder eben nicht mehr ganz junge Mann versuchte nun schon seit zehn Jahren ein Architekturstudium unter Dach und Fach zu bringen, was ihm aber wohl noch nicht gelungen war.

»Warum sucht er sich dann nicht eine Arbeit und sie mieten sich eine Wohnung zusammen?«, war meine logische Schlussfolgerung, als Agostino mir die Lage erklärte. Er antwortete, dass es in Neapel nicht so einfach sei, eine Arbeit zu finden und zudem seien die Mieten hoch und die meisten Wohnungen sehr groß, also blieben die Jugendlichen zu Hause, bis sie heirateten. Ich hatte diese Erklärung nicht richtig verstanden, denn was änderte es schon, ob man verheiratet war oder nicht. Entweder man schaffte es, eine Miete zu finanzieren oder nicht. Wie die süditalienische Kultur in das Leben der jungen Menschen eingriff, verstand ich erst viel später.

Schließlich überwältigte mich der Schlaf doch, und ich wachte von einem schrillen Weckerkreischen auf. Dieses galt allerdings nicht mir, sondern Lella, die an diesem Morgen zur Arbeit musste. Viel machte sie sich aber nicht aus dem Lärm, der nach zwei Minuten verstummte, um nach weiteren fünf Minuten wieder anzufangen. Nach dem achten Klingeln machte sie noch keine Anstalten aufzustehen. Erst als die Mutter ihr und mir einen frisch gebrühten Espresso in kleinen Tässchen unter die Nase hielt, kam Leben in sie. Sie stand auf und machte sich fertig. Da von den übrigen Bewohnern noch keine Spur zu sehen war, blieb ich noch ein wenig im Bett. Ich fühlte mich sehr unsicher in der fremden Umgebung und wusste nicht, wie ich mich verhalten sollte. Nachdem das Badezimmer frei wurde, beschloss ich zu duschen und mich anzuziehen. Von Agostino ebenfalls noch keine Spur. Ob er tatsächlich noch schlief?

Lella rief mich in die Küche zum Frühstück, das heißt, zu einer Scheibe Zwieback mit Marmelade und Tee. Merkwürdigerweise war der Tisch gar nicht richtig gedeckt, wir aßen auf der rohen Tischplatte. Und alles war unordentlich hingestellt. Von Agostino immer noch keine Spur.

»Dorme ancora«, sagte Lella, »er schläft noch«, und setzte sogleich an, ihn in ermahnendem Ton zu rufen: »Agostino, ma ti vuoi alzare«, – »nun steh endlich auf!«

Er kam auch nach einigen weiteren Aufforderungen Lellas im Schlafanzug und sich die Augen reibend in die Küche. Als er nach einer ganzen Weile zu sich gekommen war, machten wir Pläne für den Tag. Heute wollten wir zum Vulkan Vesuv fahren und Pompeji besuchen, um die Ausgrabungen der 79 nach Christus vom Vulkanausbruch verschütteten Stadt zu besichtigen. Nach dem Frühstück brachen wir recht bald mit Luigis Auto auf, das dieser uns freundlicherweise geliehen hatte. Die Autofahrt war länger, als ich erwartet hatte, fast eine Stunde, während der wir aber mehrmals im hohen Verkehrsaufkommen steckengeblieben waren. Wir sahen den Vesuv schon auf der linken Seite der Autobahn, die stadtauswärts Richtung Süden führte. Mit dem Auto gelangte man bis zu einem Parkplatz, der auf circa halber Höhe des Berges lag. Eine Seite des Vulkans war von fruchtbaren Gärten gesäumt, während die andere, an der die Lava entlang geflossen war, mit schwarzem Gestein bedeckt war. Wir stellten das Auto ab und kamen an den unvermeidlichen Verkaufsständen vorbei,

die »Lacrima Cristi« – die Tränen Christi, den typischen Wein von den Hängen des Vesuvs, teuer verkauften. Zudem gab es kitschige, glitzernde Tierchen aus Lavasteinen, rotes Feuer spuckende Vulkanfiguren und anderen Kitsch. An den Ständen vorbeigekommen, begann der Aufstieg zum Krater. Dieser war auch für sportlich veranlagte Personen gar nicht so einfach. Nicht nur die erhebliche Steigung, sondern auch der unregelmäßige, mit Geröll bedeckte Untergrund zwang uns, langsam fortzuschreiten. Schon nach knapp zehn Minuten ging uns fast die Luft aus und wir legten die erste Pause ein. Noch hatte man nur einen seitlichen Ausblick auf Torre del Greco, der aber schon recht reizvoll war. Verschämt blickten wir uns an, als eine Gruppe Touristen reiferen Alters uns zügig überholte. Ohne Eile nahmen wir den Aufstieg über den schwarzen Untergrund wieder auf, bis wir an die Absperrung gelangten, hinter der man einen Rundgang um den Krater machen konnte, um dem Ungeheuer in den Rachen zu starren. Es sah auf den ersten Blick gar nicht nach einem gefährlichen Vulkan aus. Der Krater, der nun schon seit dem Ende der Vierzigerjahre schwieg, war mit Steinen verschüttet und schien in tiefem Schlaf zu liegen. Ein Schlaf, der aber trügerisch war, wie Agostino erklärte. Der Vesuv war einer der aktivsten Vulkane der Welt. Er war keineswegs erloschen, sondern hatte eine ständige vulkanische Tätigkeit, die aber kontinuierlich überwacht wurde. Er war keineswegs das einzige vulkanische Phänomen der Gegend. Er berichtete von den Phlegräischen Feldern, der Sulfatara, von brodelndem Boden und Schwefelquellen, von sich hebendem und absenkendem Grund. Von hier oben hatte man einen herrlichen Ausblick auf die Ausgrabungen des antiken Pompeji genau unter uns. Die armen Bewohner hatten nicht die geringste Ahnung gehabt, dass der wunderschöne Berg unter der Bergkuppe einen Vulkan verbarg. Erst an jenem Tag im Jahr 79 vor unserer Zeitrechnung wurde es ihnen schlagartig klar, sofern sie das Feuerspektakel nicht für eine Höllenmacht hielten.
Nachdem wir wieder zu Luigis Auto hinabgestiegen waren, fuhren wir weiter zum archäologischen Park von Pompeji. Wir besichtigten einige Häuser dieser Stadt mit ihren herrlichen Fresken, die römischen Straßen mit Agora und den in Gips gegossenen Abdrücken der

Bewohner, die die Menschen in den letzten Sekunden ihres Lebens darstellten. Ich war erstaunt zu erfahren, wie diese Abdrücke erstellt worden waren. Einer der Archäologen hatte festgestellt, dass es unter der Erde leere Luftkammern gab und war interessiert, deren Form kennenzulernen, um auf den Ursprung dieser Luftblasen zu schließen. Also goss er flüssigen Gips in die unter der Erdoberfläche befindlichen Löcher und zu seinem Erstaunen fand er menschliche Formen in Verteidigungsposition in den letzten Sekunden des Lebens, eben bevor sie von der flüssigen Lava überdeckt wurden. Nach der Verwesung ihrer Körper war der Freiraum übrig geblieben, der präzise die Form des Körpers in seiner letzten Position wiedergab, wie das Negativ einer Fotografie. Es gab wirklich viel zu sehen, aber die Zeit reichte lediglich aus, einen kleinen Eindruck dieses Wunderwerkes römischen Lebens zu gewinnen. Am späten Nachmittag bekamen wir Hunger und hielten in einer kleinen Pizzeria an, um etwas zu essen.

Zurück in Neapel stand ein Besuch bei Agostinos Tante Lea, der Schwester seiner Mutter, an. Zuerst war ich nicht begeistert von der Idee, ließ mir aber nichts anmerken. Ich musste schon in Kauf nehmen, dass Agostinos Mentalität anders war als meine deutsche. Mir wäre es nicht im Traum eingefallen, Agostino meiner Tante oder meinem Onkel vorzustellen. Nun stellte sich die Sache auch bei weitem nicht so langweilig dar, wie erwartet. Ich lernte nicht nur die zwar unverständlich sprechende, aber auch überaus lustige Tante Lea, sondern auch die Kusinen Paola und Rossanna kennen. Man erklärte mir jetzt auch, warum ich manche Personen mehr oder weniger verstehen konnte und andere überhaupt nicht. Dic Tante, wie auch Agostinos Eltern, sprachen hauptsächlich in neapolitanischem Dialekt, der praktisch eine eigenständige, andere Sprache war. Ähnlich wie in Bayern stellte in Neapel der Dialekt eine praktisch anerkannte Kunstsprache dar, nicht eine verpönte Art des Ausdruckes, wie im Rheinland. Auch große Teile der Musik und des Theaters bedienten sich des neapolitanischen Dialekts. Rossanna war einige Jahre älter als ich, verheiratet und hatte ein Kind, und war in Erwartung des zweiten. Sie war ein fröhlicher Typ und fragte mich aus nach meinen Eindrücken von Neapel, die sich aber bisher auf Pompeji und die Fahrt vom Bahnhof nach Hause beschränkten. Paola war ein paar Jahre jünger als ich und lebte noch bei der Mutter, die Witwe war. Sie bemühten sich redlich, mich in ein Gespräch zu verwickeln, aber ich merkte, dass meine Italienischkenntnisse zu wünschen übrig ließen. Vor allem die Grammatik. Manchmal erkannte ich die Vokabeln wieder, aber die Endungen waren mir unbekannt und ich erkannte die Konjugation bzw. Deklination nicht, und somit begriff ich zwar den groben Zusammenhang, aber die Feinheiten entgingen mir. Agostino versuchte, die Worte langsam zu wiederholen und sie mit seiner süditalienischen Gestik zu unterstreichen, aber die Verständigung war ermüdend. Also begnügte ich mich damit, die für mich als Deutsche so ungewohnt lebhafte Atmosphäre zu genießen. Die Ausdruckskraft in den Dialogen war beeindruckend, auch wenn deren Gegenstand mehr als alltäglich war. Jeder brachte seine Meinung zum Thema Neapel mit untermalender Gestik und variierendem Sprechtempo hervor, als ob es sich um Diskurse von universeller Wichtigkeit handle.

Ich war verwundert über die doch sehr kritische Einstellung aller Beteiligten gegenüber der eigenen Stadt. Dabei halten wir Deutschen die Italiener für ausgesprochene Patrioten. Sie sind es auch, aber auf ihre eigene Art. Damals wusste ich noch nicht, dass jeder Neapolitaner – und unter diese Bezeichnung fällt, wer auch immer in Neapel oder in einem Umkreis von 100 km geboren ist, selbst wenn er seit Jahrzehnten anderswo lebt – wenn er sich in der Heimat befindet – diese Stadt schwarz malt. Es reicht aber ein Kurztrip von wenigen Tagen in die Ferne oder relative Ferne (Mailand ist da schon ausreichend), um jeden Neapolitaner zum Schwärmen zu bringen. Nein, über die partenopeische Hauptstadt geht doch nichts. Im Ausland schwinden alle Defekte. Das funktioniert ähnlich wie bei älteren Menschen, die über ihre Jugenderinnerungen reden. Früher war eben alles besser. So behauptet mein Vater ohne jeden Zweifel, dass in seiner Jugend das Freibad immer am Ostermontag geöffnet wurde, weil da das richtig schöne Sommerwetter begann. Es sei angemerkt zum besseren Verständnis, dass mein Vater nicht in Marbella, sondern in Düren, also in der Voreifel aufgewachsen ist. Unser Erinnerungsvermögen malt eben gerne mit rosa Farbe.

Nach diesen ersten Tagen in Neapel ging der Rest des Urlaubs wieder mal wie im Flug vorbei. Wir erkundeten gründlich die Stadt, und zwar ganz untouristisch. Ich sah nur wenige der herrlichen Aussichtsplätze der Via Petrarca, aber viele der Gässchen in der Altstadt und die Problemviertel Sanità und Quartieri Spagnoli. Agostino meinte, er wolle mir ein realistisches Bild der Stadt vermitteln, keine Postkartenansicht.

Sehr gut gefiel mir der Tag in der Innenstadt. Wir fingen an mit dem übel heruntergekommenen Bahnhofsviertel. Aber in welcher Stadt der Welt ist die Gegend um den Hauptbahnhof schön? Agostino ging mit mir zu Atanasio, einer der ältesten Konditoreien der Stadt. Wir aßen die Sfogliatelle, das Kleingebäck, das es in zwei Ausführungen gab: frolla oder riccia. Also mit Mürbeteig oder Blätterteig. Ich wählte ersteres und es schmeckte phantastisch. Die Füllung schmeckte sahnig und fruchtig. Ich war erstaunt, dass sie mit italienischem Quark, also Ricotta, und kandierten Früchten gemacht war. Hätte er mir das vorher gesagt, hätte ich es nie probiert, denn kandierte Früchte verabscheute ich, zumindest in Deutschland. Aber hier war eben alles anders: selbst das schmutzige Bahnhofsviertel mit den vielen Ramschläden hatte etwas an sich. Es war eben italienischer Ramsch und italienischer Müll, der neben den Containern lag. Toll waren die vielen Geschäfte am Corso Umberto, vor allem die Schuhgeschäfte. Die Modelle waren völlig anders als bei uns, eben italienische Mode. Und zudem kosteten sie weniger als ein Drittel als in Deutschland. Ein weiterer Vorteil war, dass die italienischen Frauen kleinere Füße hatten. Meine Schuhgröße fand ich in Deutschland nur in der Kinderabteilung. So kaufte ich mir gleich zwei Paar flache Schnürschuhe, die zu Hause mit Sicherheit als italienischen Ursprungs auffallen würden. Ich sah Gässchen, in denen die Häuser so eng standen, dass auf den höheren Stockwerken die Wäscheleinen von einem Fenster zum anderen gespannt waren. Ich konnte mir nicht vorstellen, so meine Wäsche zu trocknen. Ich beobachtete besonders die Menschen, die so lebhaft und kommunikativ waren. An jeder Ecke standen Gruppen schwätzender und gestikulierender Menschen. Das Leben hier schien mir viel weniger unpersönlich, spannender und voller Elan.

An unserem letzten Tag fuhren wir mit der Fähre nach Capri. Ein bisschen Mondänität sollte ich doch erleben, meinte Agostino. Die Insel war landschaftlich wunderschön, farbintensiv und im Gegensatz zu Neapel ausgesprochen sauber. Trotzdem konnte ich mich nicht so in die Insel verlieben, wie in die Stadt. Da waren zwei Geschwister: eines wurde von allen bewundert, von natürlicher Schönheit, gepflegt und kalkweiß, das andere war das hässliche Entlein. Und ich fühlte mich als diejenige, die in der Lage war, das heimliche Potential dieser verkannten Schwester zu entdecken. Neapel hatte meine Zuneigung geweckt. Capri war elegant, teuer und arrogant. Auch die Menschen waren nicht herzlich und einfach wie die Neapolitaner, sondern distanziert und im Grunde nur am wirtschaftlichen Vorteil interessiert. Sicher war es sehr schön hier, aber ich spürte sofort: Das ist nichts für mich.

12. Kapitel

TRÜBER HERBST UND KALTER WINTER

Es war unausweichlich. Der letzte Tag näherte sich. Mich überfiel ein unangenehmes Gefühl. Ich dachte an unseren letzten Abschied auf dem Kölner Bahnhof und wie übel ich mich an den darauffolgenden Tagen gefühlt hatte. Ich hatte keine Lust, das wieder zu erleben. Andererseits musste es doch möglich sein, sich an die Situation zu gewöhnen! Schließlich war es jetzt das dritte Mal. Aber unsere Lage erschwerte sich diesmal, weil wir wirklich keine Ahnung hatten, wann wir uns wiedersehen würden. Agostino war in Köln gewesen und ich in Neapel. Die Zugfahrt hatte uns beide eine Menge Geld gekostet und viel Urlaub hatte ich nicht mehr übrig. Jetzt ging es auf das Jahresende zu, Weihnachten und Jahresanfang. Wenn wir uns nun so lange nicht sähen, konnte es natürlich auch passieren, dass einer von uns eine andere Person träfe. Eine Aussicht auf eine einfachere Beziehung könnte natürlich alles zerstören. Und dann? Ich war mir bewusst, dass es realistisch war, so zu denken, sträubte mich aber innerlich dagegen. Nein, ich konnte mir nicht vorstellen, dass mir ein Anderer hätte gefallen können. Und wenn Agostinos Augenlachen mich erhellte, war ich sicher, dass er so keine Andere angucken konnte, ohne an mich zu denken.

Dann kam wirklich der Moment, in dem ich Neapel verlassen musste. Ich war zwar darauf vorbereitet gewesen, dass der Abschied von Agostino schmerzhaft werden würde, auf die Reaktion seiner Familie aber war ich völlig unvorbereitet gewesen. Sicher, sie hatten mich freundlich aufgenommen in ihrem Haus, hatten aber tatsächlich keine Gelegenheit gehabt, mich besser kennenzulernen, denn mein Italienisch war bei weitem nicht so gut, wie ich gedacht hatte. Die größte Überraschung war Lella, der, als ich mit dem Koffer in der Hand fertig da stand, um von Agostino begleitet nach Rom zu fahren, mein Schmerz nicht verborgen geblieben war. Sie lud mich ein, ein paar Abschiedsfotos im Garten zu machen, zu denen auch der Vater und die Mutter

kamen. Umsonst versuchte ich meine Tränen zu verbergen, auch Lella brach in Tränen aus. Sie nahm mich bei den Schultern und sagte mir: »Promettimi di tornare, ti aspettiamo – Versprich mir wiederzukommen, wir erwarten dich.«
Das hatte ich nicht erwartet! Nun hatte ich nicht nur meinen Freund in Neapel, sondern auch seine Schwester als Freundin. Das spürte ich deutlich.
Der Zug nach Rom war wieder mal überfüllt. Wir standen die ganze Zeit eng umschlungen. Beim Gedanken, dass ich diese Umarmung jetzt lange Zeit nicht mehr spüren würde, bekam ich einen Kloß im Hals. Agostino versprach mir, wir sähen uns bald, sehr bald wieder. Aber ich hatte Zweifel daran. Weihnachten und Silvester konnte keiner von uns die Familie einfach sitzen lassen.
Der Zug von Rom nach Köln war leider pünktlich und es kam der gefürchtete Moment des endgültigen Abschieds von Agostino. Ich blieb auf dem Korridor vor meinem Abteil stehen. Der Zug fuhr an, ich winkte, Agostino winkte und irgendwann sah ich ihn nicht mehr. Und kurz danach sah sicher auch er den Zug nicht mehr. Ich ging ins Abteil, und als ich mich auf meinen Fensterplatz setzte, fühlte ich mich komplett leer. Meine Gefühle schienen ausgebrannt und ich konnte keinen richtigen Gedanken fassen. Zum Glück schlief ich für eine Weile ein. Aber als ich aufwachte, fühlte ich mich nicht besser. Dieser Zustand der Betäubung hielt nicht nur während der Reise, sondern noch viele Tage an.
Wieder zu Hause angekommen, fiel es mir schwer, mich auf mein normales Leben zu konzentrieren. Meine Arbeit langweilte mich. Ich war ziemlich ungesellig, auch wenn meine Freundinnen versuchten, mich von meinem Fernweh abzulenken. Ich lebte praktisch für die halbe Stunde zwischen 22.00 Uhr und 22.30, die wir jeden Tag zusammen am Telefon verbrachten. Ich versuchte, alle Aktivitäten und den Sport so einzurichten, dass ich um 22.00 Uhr zu Hause war. Nur wenn ich Agostinos sanfte Stimme hörte, ging es mir für einen Augenblick besser. Wir schrieben uns auch weiterhin Briefe, die ich wie Reliquien aufbewahrte. Ich beschloss, an meinem Italienisch zu arbeiten und nahm mein Grammatikbuch jeden Tag mit zur Arbeit, um Regeln zu

büffeln. Ich kaufte mir Lesestoff über Italien, hörte italienische Musik und war nur dann einen Moment lang glücklich, wenn es irgendetwas Italienisches in meinem Leben gab.

Herrlich war der Mittwochabend, wenn Santes Italienischkurs sich traf. Hier waren alles Gleichgesinnte. Jeder hatte auf seine Art eine Verbindung zu Italien und wollte deshalb die Sprache lernen. Karin erzählte mir oft von ihrem apulischen Ehemann und dessen Familie. Je länger ich darüber nachdachte, umso sicherer war ich, dass ich nach Italien ziehen wollte. Das Leben dort war intensiver, aufregender, fröhlicher, emotionaler. Einfach anders. Auf einmal begann mich das regnerische Kölner Klima zu stören. Dieser nasse Herbst zog sich dahin. Es war früh dunkel, und das machte mich noch schwermütiger. Anfang des Monats rief mich mein Chef ins Besprechungszimmer. Es war ungewöhnlich, einen Mitarbeiter zu einem privaten Gespräch zu rufen. Es war üblich, dass die Personalbesprechungen immer in der Gruppe durchgeführt wurden. Aber ich hatte nichts zu befürchten, denn ich wusste gut, dass ich Herrn Schneider als Angestellte und auch als Person sympathisch war. Oft hatte er mir bei der Kassenaufnahme geholfen, Fehler zu entdecken und mir Tipps gegeben, um meine Arbeit zu verbessern. Seine Miene war ernster als sonst. Er fing das Gespräch an, indem er mich fragte, wann ich denn nach Italien ziehen wolle. Ich wurde rot und fragte ihn, wer ihm das gesagt habe. Ich war wütend darüber, dass einer der Kollegen, die natürlich alle von meiner neuen Liebe wussten, gegenüber der Leitung meine Privatangelegenheiten ausgeplaudert hatte.

»Es ist richtig, dass ich einen italienischen Freund habe, aber ob ich dahin ziehe, das weiß ich noch nicht. Ich würde schon gerne, aber das muss gut überlegt werden.«

»Das freut mich zu hören, denn eine Mitarbeiterin wie Sie verliere ich nicht gerne«, erwiderte er mit einem Lächeln, das eindeutig über berufliche Freundlichkeit hinausging.

»Also, ich will Sie nicht lange auf die Folter spannen. Ich habe Sie zu einem Gespräch gebeten, um Ihnen den Ausgang Ihrer Bewerbung auf die Privatgirokontenstelle mitzuteilen.«

Erst jetzt fiel mir die Sache wieder ein. ›Super‹, ging es mir durch den

Sinn, ›ich hab's also geschafft!‹ Das war der richtige Moment für eine Veränderung. Wenn ich den Job bekäme, wäre es wahrscheinlich leichter, öfter mal eine Woche Urlaub zu beantragen, weil ich keinen direkten Kontakt mit den Kunden hätte, und ich würde auch mehr verdienen, was ich jetzt gut gebrauchen konnte.

»Wir haben uns für die Kollegin Andrea entschieden. Verstehen Sie mich nicht falsch. Ich weiß sehr gut, dass Sie qualifizierter sind. Sie haben die Ausbildung bei uns im Haus gemacht, die Kollegin hingegen kommt von einer anderen Bank. Das für uns entscheidende Argument ist die Stabilität. Wenn Sie in einem Jahr oder zwei ins Ausland ziehen, müssen wir wieder ein neues Auswahlverfahren starten. Für die Kontenverwaltung brauchen wir aber eine Person, die fest dabei ist.« Ich hatte das Gefühl, vor Wut zu explodieren. Jetzt war mir alles klar. Kurz vor meiner Italienreise hatte ich einmal die Pause mit meiner Kollegin Andrea verbracht, die sich ebenfalls auf die Stelle beworben hatte. Bei dieser Gelegenheit hatte sie mir viele Fragen zu Agostino gestellt. Das war also ihr Interesse für mich! Sie hatte mir wiederum erzählt, dass ihr Lebensgefährte sich in Frankfurt um einen Job beworben hatte, weil er wieder nach Hessen zurück wollte, wo beide herkamen. Nur hatte das wohl keiner der Geschäftsleitung weitererzählt. Ich war für ein paar Sekunden versucht, Herrn Schneider davon zu erzählen. Vielleicht würde er seine Entscheidung noch mal revidieren. Aber es war wahrscheinlicher, dass er es als eine Art Trotzreaktion meinerseits interpretieren würde. Und außerdem war ein so unkollegiales Verhalten einfach nicht meine Art. Obwohl ich sicher war, dass Andrea selbst unserem Betriebsleiter die Info über Agostino und meine Beziehung zu Italien gesteckt hatte, beschloss ich zu schweigen und zu nicken. Aber ein Kloß saß mir im Hals, was meinem Vorgesetzten nicht verborgen blieb. Er versicherte mir, dass er meine Fähigkeiten voll anerkenne und dass ich angesichts der Vielseitigkeit meiner jetzigen Tätigkeit mich besser einbringen könnte und ich ausgesprochen wertvoll für die Filiale sei. Außerdem sei doch der Umgang mit den Kunden meine Stärke, von denen Andrea jetzt voll entbunden würde. Kurzum: Es waren viele Worte, aber ich hatte verloren und sie hatte gewonnen, und das setzte meinem Stolz stark zu.

›Vielleicht liegt meine Zukunft gar nicht hier in der Bank. Das könnte doch eine Art Zeichen sein, dass ich mich anderswohin wenden sollte‹, ging mir durch den Sinn.

Die nächsten Tage auf der Arbeit waren nicht wirklich angenehm. Natürlich hatte es sich unter den Kollegen herumgesprochen, dass Andrea die Stelle bekommen hatte, auf der alle bereits mich gesehen hatten. Aber schon nach wenigen Wochen kam auch für mich ganz unerwartet eine berufliche Wende. Diese kam durch einen Anruf von Dr. Krimmer, dem Direktor des Filialbereichs. Der Name und die Person waren mir keineswegs neu. Er war der direkte Ansprechpartner meiner Eltern in Bankgeschäften, die doch ihre Konten bei unserem Institut unterhielten. Seit ich hier beschäftigt war, hatte ich niemals direkten Kontakt mit dem Direktor gehabt, da dieser es vermied, mit der Tochter seiner Kunden zu sprechen, um unangenehme Verdachtsmomente zu vermeiden. Am Apparat war weder seine Sekretärin, noch einer von seinem großen Mitarbeiterstab, sondern Doktor Krimmer in Person! Er erwähnte mit keinem Wort die Stelle, die ich nicht bekommen hatte, wenn er auch zweifelsohne darüber informiert sein musste, sondern schlug mir die Mitarbeit in einer Spezialgruppe vor, die im gesamten Filialbereich eingesetzt wurde. Diese Leute, vorzugsweise jüngere, sollten in schwierigen Situationen eingesetzt werden. So zum Beispiel, wenn in einer Bankfiliale Umbauarbeiten waren, denn dann gab es ein Sicherheitsrisiko, oder im seltenen und unangenehmen Fall eines Überfalles. Die betroffenen Mitarbeiter hatten dann das Recht auf einige Tage Sonderurlaub, und dann waren die Mitarbeiter der Spezialgruppe dran, auf den betroffenen Plätzen einzuspringen. Er sagte mir, dass ich alle Sicherheitsregelungen von 12 Filialen lernen müsse und mich auf ständig neue Situationen und Kollegen einstellen müsse. Zum Ausgleich bot er mir eine deutliche Gehaltserhöhung an, die auch über der von Andreas neuem Posten lag. Er gab mir ein paar Tage Zeit zum Nachdenken, aber für mich war der Fall klar. Es war Zeit, die Segel zu setzen. Sollte sich wirklich die Idee eines Umzuges nach Neapel konkretisieren, so war es leichter, kurzfristig von solch einer Gruppe abzuspringen, als innerhalb der Filiale. Da hieß es dann: »Nun warte doch noch ein paar Monate, bis ein Vertreter eingearbeitet ist.« Ja, so sollte es dann eben sein. Ich konnte die Handschrift dessen, was ich damals »Schicksal« nannte, klar erkennen.

So kam es, dass ich von meiner geliebten Filiale Lindenberg Abschied nahm und alle paar Tage einen neuen Einsatz hatte. Ich musste für jede einzelne der Geschäftsstellen die Signale lernen, die für die morgens eintretenden Mitarbeiter bedeuten: »Alles ok, du kannst reinkommen.« In jeder musste ich die Ordnung in Regalen und Schränken lernen. Oft war ich unangenehmen oder gefährlichen Situationen ausgesetzt. Zum Ausgleich traf ich zufriedene Kollegen, die froh waren, dass ich kam, um bei einem Engpass auszuhelfen, glückliche Betriebsleiter, die vier oder fünf kranke Angestellte zu kompensieren hatten. Ich wurde in allen Bereichen eingesetzt. Manchmal blieb ich ein paar Tage, manchmal mehrere Wochen. In der Mittagspause blieb ich häufig alleine und hatte die Gelegenheit, mit der italienischen Grammatik weiterzukommen. Natürlich hielt ich auch Kontakt mit meinen alten Kollegen, vor allem mit Christine und Erika. Es dauerte nicht lange und auch meine alte Geschäftsstelle befand sich in einem Engpass und forderte, wie ich aus verlässlicher Quelle erfuhr, ausdrücklich mich an.

Agostino verstand diese beruflichen Veränderungen in meinem Leben nur ansatzweise, denn um ihm diese zu erklären, bedurfte es vieler Fachausdrücke, deren Übersetzung ich nicht kannte. Im Allgemeinen vereinfachte sich die Verständigung zwischen uns aber zusehends. Agostino ging nun zweimal wöchentlich ins Goethe-Institut, um Deutsch zu lernen und konnte nun schon einfache Sätze bilden. Ich begann endlich, den Unterschied zwischen den verschiedenen Vergangenheitsformen Passato Remoto, Imperfetto und Passato Prossimo zu begreifen. Außer dem angenehmen Mittwochskurs hatte ich einen für mich extrem schwierigen italienischen Konversationskurs begonnen, der mich stark herausforderte, da die anderen Kursteilnehmer sehr viel besser Italienisch sprachen, als ich. Wir lasen ein Buch von Umberto Eco: Im Namen der Rose. Diesen komplizierten Text konnte ich nur verstehen, indem ich die deutsche Version parallel las und so viele neue Vokabeln lernte.

Anfang Dezember hörte ich beim täglichen Telefonat an seiner

Stimme, dass Agostino aufgeregter war als sonst. Er hatte gute Neuigkeiten: Er hatte ein Zugticket für den 28. Dezember gekauft. Das hieß also, dass wir die Tage zwischen Weihnachten und Neujahr zusammen verbringen würden. Das hatte ich nicht erwartet, ich war überglücklich.

Diese Herbstwochen schienen nie zu enden. Das Wetter war kölnmäßig, regnerisch und die Tage waren unendlich dunkel. Ich verließ morgens das Haus im Dunkeln und kam abends im Dunkeln heim. Aber mit jeder Weihnachtsdekoration in den Geschäften, der Adventsbeleuchtung auf der Straße, mit den Kindern, die Nikolaus feierten, kam Weihnachten ein Stückchen näher. Heilig Abend und den ersten Weihnachtstag verbrachte ich mit meinen Eltern, Rebekka, Wilfried und Stefan. Sie wussten natürlich von dem bevorstehenden Besuch Agostinos. Da meine Eltern inzwischen dank meiner Schwester auch davon überzeugt waren, dass Agostino nicht 40 Jahre alt und Vater mehrerer Kinder war, hatten sie uns an Silvester in ein totschickes Restaurant eingeladen, um Agostino kennenzulernen. Das war typisch für sie; sie wollten ihm sicher »auf den Zahn fühlen«, um zu sehen, ob er sich in so einem Ambiente zu benehmen wusste. Für sie dokumentierte sich Kultur eben am Esstisch.

An jenem Donnerstagabend nach Weihnachten fuhr ich zum Hauptbahnhof, um Agostino abzuholen. Es waren nur wenige Menschen hier. Die meisten Leute waren damit beschäftigt, sich auf Silvester vorzubereiten. Als erstes entnahm ich der Anzeigetafel, dass der Zug eine Stunde Verspätung hatte. Tja, da konnte man eben nichts machen. Ich bummelte durch den zugigen Bahnhof, aber die Zeit wollte nicht vergehen.

Da fiel mir ein, dass der Bahnhof sich gleich neben der Domplatte befand. Ich war seit Agostinos Besuch im September nicht mehr in seinem Inneren gewesen, und überhaupt war ich schon einige Zeit in keiner Kirche mehr gewesen. Also ging ich in die gewaltige, dunkle, immense gotische Kirche und setzte mich an einem Seitenaltar still auf eine Bank. Es schien mir angemessen, zu danken dafür, dass ich Agostino kennengelernt hatte, was mir so gut getan hatte nach den beiden enttäuschenden Beziehungen mit Robert und André. Und noch mehr dafür, dass es mit Agostino und mir nach dem Urlaubsflirt weitergegangen war. Und es war notwendig zu beten, dass diese Liebe weiterging, ohne Ende. Vielleicht war es ja das, was ich mein ganzes Leben gesucht hatte: eine Liebe, die nicht zu Ende ging. Liebe, die alle Probleme überwindet, die verzeiht, auch wenn Fehler begangen worden sind, die die Augen zumacht vor der Unzulänglichkeit des Anderen. Nachdem ich so eine Weile sinnend oder vielleicht auf meine Art betend da gesessen hatte, stand ich auf und näherte mich dem Altar, vor dem eine Art Ständer mit einem aufgeschlagenen Buch lag. Es war die Bibel – natürlich die Bibel, immerhin befand ich mich in einer Kirche – und auf der aufgeschlagenen Seite las ich die folgenden Worte: »Die Liebe ist langmütig, die Liebe ist gütig. Sie ereifert sich nicht, sie prahlt nicht, sie bläht sich nicht auf. Sie handelt nicht ungehörig, sucht nicht ihren Vorteil, lässt sich nicht zum Zorn reizen, trägt das Böse nicht nach. Sie freut sich nicht über das Unrecht, sondern freut sich an der Wahrheit. Sie erträgt alles, glaubt alles, hofft alles, hält allem stand. Die Liebe hört niemals auf.«

Ich war verwundert, denn diese Worte waren genau das Echo meiner Gedanken. Ein merkwürdiger Zufall. Und ich kannte sie. Es waren wieder die Worte aus der Lesung, die ich bei Rebekkas Hochzeit gehört hatte. Diese Worte aus der Bibel sollten mir lange Jahre im Gedächtnis bleiben und mich unauffällig begleiten.

Diesmal war das erste Zusammentreffen mit Agostino auf dem Bahnsteig anders. Die anfängliche Fremde bei den vorhergehenden Begrüßungen war diesmal nicht da. Ich merkte von der ersten Sekunde an gar nichts davon, dass wir uns so lange nicht gesehen hatten. ›Wie ein trautes Paar‹, dachte ich und war glücklich und auch erleichtert darüber. Es war nicht einfach, jemanden zu lieben, wenn dir dieser völlig fremd erschien. Diesmal waren es nur wenige Tage, die wir zusammen verbringen konnten, aber dafür intensive.

Zum ersten Mal sah Agostino Köln im Winter. Bei der Kälte unternahmen wir nicht allzu viel. Wichtiger war für uns zusammen zu reden, denn die Verständigung klappte aus der Nähe viel besser als am Telefon, und wir hatten uns so viel zu sagen. Die Wintertage zwischen den Festen verbrachten wir so viel wie möglich alleine. Nun hatten wir endlich die sprachliche Möglichkeit, uns über wichtige Themen auszutauschen: über unsere Zukunftsvorstellungen, über Werte, Kultur.

Für den Silvesterabend hatte Agostino Jackett und Krawatte mitgebracht. Er war ein wenig nervös, denn er wollte gern einen guten Eindruck auf meine Eltern machen. Viel nervöser war ich, denn ich wusste, wie schwierig es war, einen guten Eindruck auf meine Eltern zu machen. Noch nie hatten sie einen Freund oder eine Freundin von mir akzeptabel gefunden.

»Mit solchen Leuten gibst du dich ab?«, war meist der ironische Kommentar auf meine Bekanntschaften. Vielleicht steckte hinter dieser für mich so unangenehmen Realität eine elterliche Sorge. Vielleicht war niemand wirklich gut genug, um mit der geliebten Tochter zu verkehren. Es war besser, die Dinge von dieser Seite zu betrachten. Wir trafen uns bei meinen Eltern zu Hause, um gemeinsam mit dem Auto meines Vaters ins Restaurant nach Rosenrath, einer kleinen Ortschaft im Umland, zu fahren. Agostino war recht beeindruckt, als wir vor dem großen Haus ankamen. Ich ging ein wenig darüber hinweg, denn mich mit dem Wohlstand meiner Eltern zu brüsten, lag mir fern. Glücklicherweise war er nicht ortskundig, sonst hätte er verstanden, in welcher exklusiven Wohngegend das Haus meiner Eltern lag. Ich war froh darüber, mich nie völlig an Luxus gewöhnt zu haben. Es war der Wohlstand meiner Eltern, nicht meiner. An ihm hatte ich teilgenommen, solange ich zu Hause gewohnt hatte, immer im Bewusstsein, dass er eines Tages enden würde und ich erst einmal meinen eigenen Lebensstandard verdienen müsste.

Die Vorstellung war kurz und förmlich, wie üblich bei meinen Eltern. Agostino war schüchtern und mehr als »freut mich« bekam er nicht über die Lippen, was ich vollkommen verstand, denn das hatte ich ja in Neapel auch erlebt.

Bei Tisch löste sich die Atmosphäre dann. Agostino entwickelte eine überraschende Sicherheit im Umgang mit der Reihe von Bestecken und dem Wald an Weingläsern. Meine Lektionen zu Hause waren nützlich gewesen. Und er fand auch ein Gesprächsthema, vor allem mit meinem Vater: Fußball. Ich übersetzte alle Ereignisse dieses Sports in den letzten 12 Jahren, die Namen der großen Spieler, ihre Tore, Siege und Niederlagen. Währenddessen wurde ein Gericht nach dem anderen aufgetragen. Ich erklärte Agostino Namen und Zutaten der einzelnen Gänge. Fisch, Fleisch, Soßen, Gemüse, alles rigoros französisch. Und mein Liebster unterhielt sich nicht nur bestens mit meinem Vater, wenn auch mittels meiner Übersetzung, er aß auch brav alles und zusätzlich noch das, was meine Mutter nicht zu essen schaffte. Ihre Sympathie erwarb er sich sozusagen über den Teller. Und auch über das Weinglas. Er probierte die vielen verschiedenen Sorten Wein, die die einzelnen Gänge idealerweise begleiteten. Glücklicherweise hatte er eine gewisse Resistenz dem Alkohol gegenüber. Kurzum, der Abend war wirklich gelungen. Ich spürte, wie die Vorurteile meiner Eltern in sich zusammenbrachen. Von wegen verheiratet mit vier Kindern. Sie sahen, dass er ein recht schüchterner Junge war, der sich die allergrößte Mühe gab, den Schwiegereltern zu gefallen.

Nach dieser überwundenen Hürde begrüßten wir das Feuerwerk des Jahresübergangs. Agostino und ich überlegten, was dieses Jahr für uns beide bringen würde, als wir um Mitternacht mit echtem Champagner anstießen.

»Das wird unser Jahr«, prophezeite er als Trinkspruch. Und auch spät in der Nacht, als wir bei mir zu Hause im Bett lagen, fantasierten wir davon, zusammenzuleben, von unserem Haus, unserem Garten und unseren Kindern. Es war wunderschön, gemeinsam zu träumen und Pläne zu schmieden.

In den ersten Tagen des Jahres trafen wir uns mit meinen Freundinnen, die Agostino sehr mochten. Ihr einheitliches Urteil war, dass er ein richtig lieber Kerl sei, der aufrichtig verliebt in mich war. Wir sprachen zusammen davon, wo wir unsere herrlichen Pläne denn verwirklichen wollten. Agostino meinte, wo auch immer. Das galt auch für mich, aber dennoch mussten wir eine konkrete Entscheidung fassen. Früher oder später, aber jetzt noch nicht. Wir spazierten durch das nasskalte Köln, Agostino lernte die herrliche Kölner Altstadt mit ihren vielen, bunten Kneipen kennen. Jede hatte eine andere Bierspezialität. In einer konnte man an der Theke stehen, Bier trinken und Mettbrötchen dazu essen. In einer anderen gab es Knoblauchbrot zu tschechischem Bier oder Würstchen zu Kölsch. Er hatte keine Probleme damit, die für ihn so neuen Geschmacksrichtungen zu probieren. Am frühen Morgen des 6. Januar, seinem letzten Tag in Köln, fand ich beim Aufstehen eine Überraschung neben meinem Bett. Da lag ein lilafarbener, alter Strumpf, der auf den ersten Blick im trüben Licht des Schlafzimmers wie eine Schlange aussah. Aus seinem Inneren ragten Schokoriegel, Kaugummis, Bonbons und allerlei Süßes heraus. Als ich Agostino fragend ansah, erklärte er mir, dass die Befana heute Nacht gekommen sei. Am Dreikönigstag (Epiphanias auf Italienisch) ist in Italien eine alte, hässliche Hexe auf ihrem fliegenden Besen unterwegs, um den Kindern den Strumpf mit Süßigkeiten zu füllen. Die Hexe hatte ich aber nicht gesehen.

13. Kapitel

LIEBE IM SCHNEE

Der Abschied war auch diesmal schlimm. Das lag sicher daran, dass unsere Beziehung immer enger wurde, aber noch mehr daran, dass wir wieder einmal nicht wussten, wann wir uns wiedersehen würden. Es war so teuer zu verreisen. Die vielen Kilometer im Zug kosteten nicht nur viel Zeit, sondern auch viel Geld. Auch meine Telefonrechnung hatte sich inzwischen fast verdoppelt, obwohl wir immer nach 22 Uhr telefonierten, wenn der Tarif günstiger war. Es war eben ein internationales Gespräch und manchmal war auch die Leitung gestört. Andere Male, besonders am Sonntag, wenn der Tarif den ganzen Tag über niedriger war, musste man oft probieren, ehe man eine freie Leitung bekam. Alles wäre einfacher gewesen, hätten wir sagen können: »Bis März oder bis April.« Aber wir wussten, dass wir uns unserer Arbeit widmen mussten, um das notwendige Geld zu verdienen, um reisen zu können. Agostino hatte mir erklärt, dass er gar kein festes Einkommen hatte. Er machte die Zahnprothesen für ein paar Zahnärzte und wurde für seine Arbeiten bezahlt. Aber das System war nicht wie in Deutschland, wo man einfach zum Zahnarzt ging und die Krankenkasse die Kosten übernahm. In Italien musste jeder Patient den Zahnarzt und den Zahnersatz aus eigener Tasche bezahlen. Und es gab viele Leute, die sich das gar nicht leisten konnten. Also wenn ein Gebiss zu machen war, wurde er bezahlt und andernfalls nicht. Zum Glück hatte ich mein Gehalt, was für mein junges Alter gar nicht schlecht war. Aber ich konnte mir nicht ständig Urlaub nehmen. Und dann war da noch der Skiurlaub, den ich schon vor längerer Zeit für Februar gebucht und auch schon angezahlt hatte. Zusammen mit Rebekka und ihrer Familie sowie einigen ihrer Freunde wollten Greta und ich für eine Woche nach Österreich fahren. Wenn ich die Ferien abgesagt hätte, wären hohe Rücktrittskosten entstanden. Auf der anderen Seite hatte ich keine Lust, Urlaubstage und Geld mit einem Skiurlaub zu vergeuden, wo es doch mein einziges Ziel war, Zeit mit Agostino zu verbringen.

Ich erklärte ihm das auf diese Weise, um seine Meinung dazu zu erfahren, aber er kommentierte es gar nicht. Vielleicht war er ja eifersüchtig. Es stellte sich aber bald heraus, dass sein Schweigen keineswegs von diesem Gefühl diktiert war. Mitte Januar rief er mich lachend an und erzählte mir, dass er einen Zug nach Jenbach gebucht hatte. Jenbach war der Mayerhofen am nächsten gelegene Bahnhof. Er würde für ein Wochenende kommen und bat mich, ihm im gleichen Gasthof ein Zimmer zu buchen. Ich war fassungslos und überglücklich. Also hatten wir wieder etwas, auf das wir uns freuen konnten.

Von nun an flog der Rest meines Lebens irgendwie an mir vorbei. In meinem Tagesablauf zählten die Arbeit und auch das Zusammensein mit meinen Freundinnen kaum noch. Ich begann, mich immer mehr zurückzuziehen. Ich musste abends um 22 Uhr zu Hause sein, wenn das Telefon schellte, denn das war der wichtigste Moment des Tages. Welch ein Herzklopfen ich hatte, wenn der Anruf ein paar Minuten verspätet kam oder wenn Agostino manchmal nicht anrufen konnte. Zum Beispiel am Sonntag, wenn er, um etwas dazu zu verdienen, als Volleyballschiedsrichter arbeitete. Dann war er manchmal den ganzen Tag auswärts und kam erst spät wieder. Ich wartete dann den ganzen Tag. Das Wochenende wurde unerträglich für mich.

Ich sah in den meisten Tätigkeiten keinen Sinn mehr. Das, was mir wirklich Spaß machte, war Italienisch zu lernen. Es wurde mir immer klarer, dass meine Zukunft sehr wahrscheinlich nicht in Köln lag. Was könnte Agostino beruflich machen, im Fall seines Umzuges nach Köln? Die Welt des Zahntechnikers in Deutschland war mir völlig unbekannt. Würde er hier in seinem Beruf arbeiten können? Ich hatte keine Ahnung, welche Anforderungen hier gestellt wurden. Welchen Studienabschluss brauchte man dafür? Würde er sich hier überhaupt einleben können? Bei diesem Klima? Die ganz andere, viel weniger fröhliche Lebensweise. Er würde auf vieles verzichten müssen, auf all seine Freunde und das heitere Hallo auf der Straße, die Leichtigkeit der südlichen Mentalität. Hier war eben alles schwerer, komplizierter, geregelter.

Karin, meine Mitschülerin aus dem Italienischkurs, lud eines Mittwochabends den ganzen Kurs zu sich nach Hause ein. Bei dieser Gelegenheit sprachen wir über meine Situation und über unsere Zukunft. Fast alle meine Kollegen, so wie auch Santino, der italienische Lehrer, legten mir ans Herz, Agostino nach Deutschland kommen zu lassen. »Hier lebt es sich gut. Süditalien ist rückständig«, erklärte er. Auch die anderen waren der Meinung, dass die vielen italienischen so genannten Gastarbeiter das beste Beispiel dafür abgaben, dass man in Deutschland ein besseres Auskommen hatte, als in Italien.

»Ja, natürlich, vom wirtschaftlichen Standpunkt aus schon. Aber das hat für mich nicht so große Bedeutung«, gab ich zu bedenken, »was für mich wirklich zählt, ist, wo das Leben schöner ist, mal abgesehen von einer Geldfrage.« Es war unmöglich, die anderen davon zu überzeugen, dass es im Leben auch noch anderes gab, als Geld. Die Einzige, der meine Argumente einleuchteten, war Karin.

»Ich kann dich verstehen. In Italien ist alles problemloser. Da lebt es sich leichter. Hier machen wir aus allem ein Problem.« Karin schien wirklich ein Sonderfall. Sie und ihr Mann hatten sich zwar für Deutschland entschieden, aber sie verstand meine Liebe zu Italien. Auch sie freute sich, wenn sie jedes Jahr die kompletten Sommerferien in Apulien in der Heimat ihres Mannes verbrachte, aber gestand mir, dass das Verhältnis zu seiner Familie, die wohl ziemlich altmodisch war, keineswegs einfach war. Diese war nämlich der Ansicht, dass Karins dreizehnjährige Tochter im Haushalt helfen solle, »um etwas zu lernen«, anstatt auszugehen, und oft gab es Streit über dieses Thema. Karins Wohnung glich haargenau den Wohnungen, die ich in Neapel gesehen hatte. Der ganze Wohnzimmerschrank und alle Regale und Ablagen waren voll mit kleinen Kristallfiguren, Silberschälchen, Prozellantieren, winzigen Löffelchen, Heiligenbildchen, Holzpüppchen und vielem mehr. Es war gar nicht einfach, solche Regale abzustauben. Mir schien, dass es eine italienische Vorliebe war, die Wohnung mit all so einem Kleinkram zu füllen, den wir in Köln »Nippes« nannten.

Die Atmosphäre in unserem Italienischkurs wurde immer herzlicher und wir Teilnehmer und Lehrer wurden immer engere Freunde. Fast nach jeder Wochenstunde gingen wir zusammen etwas trinken, wenn wir nicht zu Karin nach Hause gingen. Wir waren ein sympathisches

Trüppchen von 8, manchmal 10 Leuten. Der harte Kern bestand aus Karin, dem Lehrer Santino, der jungen Reneé und der interessanten Verena, die so wie Santino ein paar Jahre älter war, als ich. Immer öfter fielen mir die Blicke zwischen Santino und ihr auf. Zuerst dachte ich mir nichts dabei, Santino war ein sehr herzlicher Typ, der jeden von uns schon mal drückte. Total italienisch, eben. Aber mit der Zeit wurde mir klar, dass Santino im Lokal immer neben Verena saß und dass er ihr immer die Türe aufhielt und in den Mantel half. Sie war verheiratet und erzählte oft von ihren zwei süßen Kindern. Wir waren auch einmal bei ihr zu Hause gewesen, und da hatte ich ein Foto von ihrem gutaussehenden Mann gesehen. Aber ich musste zugeben, dass sie und Santino wirklich ein tolles Paar abgaben. Nun, es war ihre Sache.

Für mich waren die Abende mit dem Kurs ein regelrechtes Eintauchen in die italienische Welt oder das, was ich zu diesem Zeitpunkt dafür hielt. Tatsächlich war ich sicher, dass ich über Italien recht gut Bescheid wusste. Ich hatte ja auch schon einiges von Neapel gesehen und nicht nur als Touristin, sondern praktisch zu Hause bei Einheimischen, was mir doch eine ganz andere Perspektive verliehen hatte, als zum Beispiel die eines Pauschalreisenden.

Die Zeit verging auch dieses Mal und es kam der Moment, den Koffer für den Skiurlaub zu packen. Ich war mir nicht sicher, ob Greta sich tatsächlich gefreut hatte, als ich ihr erzählt hatte, dass Agostino uns in Mayerhofen besuchen würde. Sie hatte gelächelt und »toll« gesagt, aber ihre Augen hatten nicht im Einklang mit ihrem Mund gelacht. Ich hatte Verständnis dafür, denn in letzter Zeit sahen wir uns nicht mehr so oft, da ich meine Abende entweder bei den Italienischkursen oder neben dem Telefon verbrachte. Ich hatte mir fest vorgenommen, sie in diesem Skiurlaub nicht zu vernachlässigen. Ich hatte ein Einzelzimmer für Agostino in der gleichen Pension gefunden, während Rebekka, Wilfried und ein befreundetes Paar von ihnen eine Ferienwohnung in der gleichen Straße gemietet hatten. Denn da war ja auch Stefan, mein zweijähriger, kleiner Neffe dabei.

Wir fuhren an einem Dienstag ab, die Fahrt war beschwerlich, denn Regen und Schnee wechselten sich ab. Mein alter Kadett hatte zwar

Winterreifen, aber wir waren es nicht gewohnt, unter solchen Bedingungen Auto zu fahren. Der Kadett war die einzige Alternative, denn es war sofort klar gewesen, dass wir keinesfalls mit Gretas Cabriolet fahren konnten. Mit Rebekka hatten wir vereinbart, uns gleich vor Ort zu treffen, denn mit dem kleinen Stefan mussten sie häufiger Pausen einlegen. Also erreichten wir als erste das herrlich verschneite Örtchen Mayerhofen. Am Ortseingang fragten wir einen Passanten nach unserer Frühstückspension. Der Weg wurde uns sogleich in angenehm österreichischem Akzent erklärt. Wir packten unsere Koffer aus und machten es uns erst mal gemütlich, bevor wir uns am Nachmittag mit unseren Reisegenossen trafen. Die ersten Tage waren herrlich. Wir brachen frühmorgens zu den Pisten auf, wo wir den ganzen Tag verbrachten. Wir aßen auf einer der Berghütten kleine, lokale Spezialitäten, am liebsten süße Germknödel mit geschmolzener Butter und Mohn. Beim Skifahren teilten wir uns in Gruppen auf, denn abwechselnd blieben Rebekka oder Wilfried beim kleinen Stefan, der fleißig Schneemänner baute und mit dem Skibob die Gegend unsicher machte. Anfangs hatte Greta etwas Schwierigkeiten auf den Brettern, denn eigentlich liebte sie keine Sportart wirklich, versuchte sich aber doch in vielen. Auch ich war der Überzeugung, dass es beim Sport hauptsächlich um Spaß und Gesundheit und gar nicht um Leistung ging. Da kamen mir die Kindheitserinnerungen an meinen ehrgeizigen Sportlehrer im fünften Schuljahr wieder in den Sinn, der mich beim Schwimmunterricht um ein Haar hatte ertrinken lassen. Nein, eine Sportskanone war ich sicher nicht, da lag mir aber auch nichts daran.

Es kam der Freitag, an dem Agostinos ankam, und ich war nicht mehr sicher, ob ich mich wirklich freute. Er lief nicht Ski und sprach auch nicht so viel Deutsch. Und ich war schließlich mit einer Gruppe hier. Wie sollte ich mich um ihn kümmern, ohne die anderen zu vernachlässigen? Natürlich hatten wir schon ein paar Tage nicht mehr miteinander am Telefon gesprochen, seit ich hier in Österreich war. Und wenn er nicht kam? Vielleicht war etwas dazwischen gekommen? Während ich mich alleine mit dem Auto nach Jenbach zum Bahnhof aufmachte, gingen mir solche Gedanken durch den Kopf. Greta hatte mir gesagt, dass sie mich nicht begleiten wollte, um den Tag auf der Piste nicht zu verlieren, was mir nicht recht glaubwürdig vorkam. Wahrscheinlich hatte sie bei einer möglichen stürmischen Begrüßungsszene nicht dabei sein wollen, um sich nicht fehl am Platze zu fühlen, was sie wirklich hasste.

Der Zug hatte eine halbe Stunde Verspätung, was aber nicht viel war, wenn man bedachte, in welch winzigem Städtchen mitten in den Bergen wir uns befanden. Nur zwei Personen stiegen hier aus. Und eine davon war Agostino. Er rannte mir auf dem Gleis entgegen, so gut es mit der sperrigen Reisetasche ging. Er trug seinen dicken Anorak, der bis unter die Nasenspitze zugeknöpft war. Sein Atem bildete kleine Dunstwolken, als er mich begrüßte. Wir hielten uns lange in den Armen, ehe wir zum Auto gingen. Als ich ihm erzählte, dass ich daran gezweifelt hatte, dass er wirklich käme, schüttelte er den Kopf. »Ti devi fidare di me – Du musst mir vertrauen«, kommentierte er. Agostino war begeistert von der verschneiten Umgebung. So ein Panorama hatte er noch nie gesehen. Auch die Atmosphäre im verschneiten Skiort war neu für ihn. In Neapel hatten die Menschen nicht viel Gelegenheit, sich mit Schnee anzufreunden. Er erzählte mir, dass man manchmal von weitem die Spitze des Vesuvs mit feinem, weißem Pulver bedeckt sehen konnte. Außer ein paar Flocken, die selten liegenblieben, hatte ein Neapolitaner kaum Erfahrung mit Schnee.

Nachdem Agostino Greta herzlich begrüßt und sein wunderschönes Zimmer mit einem Dachfenster genau über dem Bett bezogen hatte, machten wir einen kleinen Spaziergang. Der dauerte aber nicht lange, denn Agostino hatte keine Schneestiefel mitgebracht und holte sich schnell nasse Füße. Also gingen wir zuerst in den Ort, um ein Paar dieser unbedingt notwendigen Moon-Boots zu erstehen.

Am Abend gingen wir zusammen mit meiner Schwester und ihrer Familie in einem typisch österreichischen Gasthof essen. Die Atmosphäre war sehr fröhlich und wir Deutschen mussten herzhaft lachen, als Agostino fassungslos auf die Dekoration seines Wiener Schnitzels starrte. Da lag auf dem Teller gleich neben dem Stück Fleisch eine Zitronenscheibe mit einer rötlichen Substanz, die er für Ketchup gehalten hatte. Erst als er sie bereits im Mund hatte, hatte er die Süße der Preiselbeeren geschmeckt, die ihm den Magen fast umdrehte. Für einen Italiener war es eben undenkbar, einen herzhaften Geschmack mit einem extrem süßen zu kombinieren. Dieter, der langjährige Freund meiner Schwester, der mit seiner neuen Freundin gekommen war und mit Rebekka und Wilfried die Ferienwohnung teilte, sorgte wie üblich für Unterhaltung. Es war gar nicht einfach, seine typisch rheinischen Anekdoten zu übersetzen. Trotzdem verbrachten wir einen heiteren Abend in Gesellschaft.

Am nächsten Morgen ging es los auf die Pisten. Da Agostino ohne Skier unterwegs war, konnte er uns nur bis zur mittleren Skihütte begleiten, also dort, wo der Sessellift ankam. Was ich nicht gewusst hatte, war, dass er dabei seine Höhenangst überwinden musste. Er erzählte, dass schon der Ausblick von einem auf dem dritten Stock gelegenen Balkon ihn in Schrecken versetzte. Natürlich wollte er sich keine Blöße geben und war dann auch froh, einen herrlichen Ausblick auf die Berge genießen zu können. Rebekka, Stefan und Agostino blieben dann auf der Mittelstation, während wir anderen mit dem Skilift höher fuhren und die verschiedenen Pisten befuhren. Zum Mittagessen trafen wir uns auf der Hütte. Fast genoss ich die Mittagspause mehr, als das Skifahren. Aber auch Agostino hatte sich nicht gelangweilt. Es war eine gute Sache, dass meine Schwester und er sich besser kennenlernen konnten. Auch wenn es da schon von Anfang an eine Sympathie gegeben hatte, die mir dazu verholfen hatte, dass Agostino dann doch noch den Eingang in meine Familie gefunden hatte. Wenn ich an die herzliche Aufnahme seitens seiner Familie dachte, fühlte ich mich beschämt, denn meine Eltern hatten ihn erst nach mehreren Monaten akzeptiert. Am Abend, gleich nach der Dusche, ließ ich Greta alleine im Zimmer, um ein wenig Zeit mit Agostino alleine zu verbringen. Ich dachte gar nicht darüber nach, dass das meine Freundin verletzen könnte. Ich an ihrer Stelle hätte verstanden, dass wir diese wenigen Tage ausnutzen mussten, denn danach sahen wir uns für unbestimmte Zeit nicht. Außerdem verbrachten wir das Abendessen alle zusammen wie am Vorabend und danach trafen wir uns alle zu Gesellschaftsspielen in Rebekkas Ferienwohnung.

Es wurde beschlossen, Rummikub zu spielen, das nach dem System des Kartenspiels Rommé funktionierte. Es war nicht leicht, Agostino die Spielregeln zu erklären, wo mir doch so viele Worte fehlten. Aber schon nach einer Minute nickte er und sagte, er habe alles verstanden. Das tat er natürlich, weil er bemerkte, wie schwer mir die Erklärungen fielen. Dieter kam mir zur Hilfe, denn er hatte schon oft gespielt: »Also, die Buchstaben kannst du bei dir selber, aber auch bei den anderen Spielern anlegen«, erklärte er.

»Ja, ich weiß«, antwortete Agostino und lud uns mit einer Geste ein, das erste Spiel zu beginnen. Mein Schwager Wilfried hob ein wenig die Augenbrauen, um seine Zweifel auszudrücken. Es war nicht richtig fair, mit jemandem zu spielen, der durch ein Sprachproblem den Spielverlauf und die Regeln nicht verstehen konnte. Ich schlug vor, mit Agostino zusammen zu spielen, aber der lehnte ab. Nun gut, wir fingen also an. Es ging ja schließlich nicht ums Überleben, sondern darum, Spaß zu haben.

Rebekka flüsterte mir zu: »Lass uns ruhig anfangen. Wir helfen ihm während des Spiels.«

Aber zu unserem riesigen Erstaunen war das absolut nicht erforderlich. Agostino gewann Runde um Runde und ich stellte fest, mit einem kleinen »Zocker« liiert zu sein. Ein wenig half ihm das Glück, aber man sah sofort, dass er sich mit Glücksspielen, vor allem mit Kartenspielen, auskannte. So ging der Abend glatt an ihn. Und da war vielleicht der eine oder andere unserer Runde, der enttäuscht war, da er sich auf einen leichten Gewinn eingestellt hatte.

In dieser Nacht blieb ich noch fast bis zu den Morgenstunden in Agostinos Zimmer, denn der nächste Tag war schon wieder ein Abschiedstag. Wir legten uns auf sein Bett und schauten durch das herrliche Dachfenster in den schwarzen Sternenhimmel, um von unserer gemeinsamen Zukunft zu träumen. Nun gab es schon kaum mehr einen Zweifel, dass diese sich in Neapel abspielen würde. Mein Freund schlug mir vor, eine etwas längere Zeit in seiner Stadt zu verbringen, um das Leben dort besser kennenzulernen. Die einzige Gelegenheit, um eine längere Zeit Ferien zu beantragen, war der Sommer. Ich versuchte, ihm mit meinem beschränkten, italienischen Wortschatz noch mal meine erfolgte berufliche Veränderung zu erklären, aber er meinte nur, der Arbeitgeber sei doch der gleiche. Er kannte das Arbeitsleben in einer Bank nicht und konnte sich vielleicht nicht vorstellen, welchen Konkurrenzkampf es da gab. Mit seiner Arbeit ging es langsam bergauf. Drei Nachmittage in der Woche arbeitete er als Assistent bei einem Zahnarzt, den er schon seit Jahren kannte und für dessen Patienten er auch den Zahnersatz fertigte. Er war stolz auf sein kleines Labor, das er sich alleine mit eigenen Kräften geschaffen hatte, auch wenn es im Hause seiner Eltern eingerichtet war, was nicht die ideale Lösung war.

Am nächsten Morgen hieß es für Agostino die Reisetasche zu packen und für mich, ihn zum Bahnhof in Jenbach zu fahren. Dies war der fünfte Abschied, und ich wunderte mich, dass ich keinen Gewöhnungseffekt verspürte. Im Gegenteil, es wurde jedes Mal schlimmer. Ich konnte die Tränen nicht beherrschen, auch wenn ich auf diese Weise Agostino den Abschied noch schwerer machte. Wie machten es andere Paare, eine Beziehung auf Distanz über Jahre hinweg zu leben? Wir kannten uns jetzt seit sechs Monaten. In dieser Zeit hatten wir uns einmal in Griechenland, einmal in Neapel, zweimal in Köln und einmal in Österreich gesehen. Und es war kaum zu glauben, dass ich verliebter als je zuvor war. Nie hätte ich geglaubt, dass ich in einer so komplizierten Beziehung hätte enden können.

Lustlos kam ich vom Bahnhof zurück und lustlos verbrachte ich die letzten Tage im Skiurlaub. Lustlos kam ich nach Köln zurück und arbeitete in meiner Super-Gruppe. Jedes Mal, nachdem wir uns gesehen hatten, schien es mir unmöglich, weiter mein Normalleben zu leben. Ich verspürte den dringenden Wunsch aus Deutschland wegzukommen. Bevor ich Agostino getroffen hatte, hatte mir mein gesunder Menschenverstand, im Gegensatz zu vielen meiner Freunde und Bekannten, immer das Gegenteil suggeriert. Jetzt fühlte ich mich fehl am Platz. Das war nicht mehr der Ort, an dem ich leben sollte oder wollte. Aber so einfach lagen die Dinge nicht.

14. Kapitel

OSTERN IN NEAPEL

Die nächste Möglichkeit, aus meiner selbstgebauten, einsamen italienischen Insel mitten in Köln zu entfliehen, bot sich an Ostern. Durch die Feiertage brauchte ich nur wenige Urlaubstage anzuhängen, um eine knappe Woche nach Neapel zu fahren. Also ging es ans Kofferpacken. Ein Vorgang, der mich Agostino mit jedem T-Shirt und jeder Hose, die ich in den Koffer hineinlegte, näherbrachte. Das Auspacken des Koffers jedoch, nach jeder meiner Rückreisen, war hingegen immer quälend gewesen. Aber nun wuchs die Vorfreude schnell. Ich musste diesmal Frühlingsgarderobe mitnehmen, denn Ostern in Süditalien war bekanntlich klimatisch viel wärmer als in unserer nordeuropäischen Kältezone.

Zuerst legte ich mir eine schicke dunkelblaue, weiß gepunktete Bermuda mit passender Bluse zu. Natürlich aus lockerleichtem Stoff, ideal für den Süden. Dann ging es an die Nachtwäsche. Meine üblichen Langarmschlafanzüge waren sicher viel zu warm. Da musste ein hauchdünnes, rosa Nachthemd her. Ich wollte mich in Italien nicht totschwitzen. Ganz sicher wäre es nicht so kalt wie im November!

Bei meiner neuen Arbeit hatte ich mich inzwischen ganz gut eingewöhnt, obwohl die Enttäuschung, die ausgeschriebene Stelle nicht bekommen zu haben, immer noch an mir nagte. Ich fühlte mich zu Unrecht zurückgewiesen. Tatsächlich hatte sich nicht sehr viel verändert, denn wann immer es möglich war, forderte mich meine alte Filiale zur Vertretung eines Kollegen oder als Zusatzkraft an. Hier hatten inzwischen die Umbauarbeiten zur Modernisierung begonnen, und dieser erhöhte Risikofaktor berechtigte sie zum Aufstocken des Personals, eine Möglichkeit, von der man Gebrauch machte, und zwar ausschließlich durch mich. Gelegentlich wurde ich für ein paar Tage in eine andere Filiale abgezogen, um dort auszuhelfen, wurde aber – sobald der Engpass dort vorüber war – wieder in meine alte Filiale geschickt. Diese neue Tätigkeit hatte aber dennoch den Vorteil, unabhängiger zu sein, zum Beispiel in der Urlaubsplanung. Meine Urlaubsgenehmigungen hingen nun von keiner Filiale mehr ab und wurden vom Koordinator unserer Gruppe genehmigt. Und da man spezielle Notsituationen fast nie vorhersehen konnte, konnte ich frei meinen Urlaub wählen, ohne auf andere Rücksicht nehmen zu müssen. In meiner alten Filiale hätten sicher die Kollegen mit schulpflichtigen Kindern den Vorrang gehabt, wenn es sich darum drehte, Urlaub während der Osterferien zu nehmen.

Auch das erhöhte Gehalt war von Vorteil, da wieder ein teures Zugticket zu erstehen war. Also ging es zum zweiten Mal los: Am frühen Abend mit dem Zug ab Köln. Wieder der merkwürdige Liegewagen, oder besser gesagt die mobile Folterkammer, und wie die funktionierte, wusste ich jetzt ja schon. Deshalb betrachtete ich mich inzwischen als Zugreiseexperte. Diesmal nahm ich reichlich Trinkwasser mit, zog eine gemütliche Jogginghose mit Gummizug im Bund an und los ging es.

Ich war psychologisch vorbereitet, dass mich eine schlaflose Nacht erwartete, aber gerade deshalb ging es wohl diesmal etwas besser. Ich lag zwar bis zur deutschen Grenze auch diesmal wach, hatte aber gar nicht bemerkt, dass ich dann doch eingeschlafen war. Als ich aufwachte, sah ich schon Licht und kletterte schnell von der Liege, denn die Lichter des Sonnenaufgangs in der Toskana wollte ich nicht verpassen. Als ich im Gang aus dem Fenster blickte, sah ich meine große Liebe vorbeirauschen: Italien. Die großartige Weite der sanften Hügel, die graziösen Pastellfarben, mit denen ein himmlischer Maler dieses Bild erschaffen hatte, verbreiteten in mir eine unglaubliche Ruhe und das Gefühl des Friedens. Langsam veränderte sich dieses Bild immer mehr, wurde südlicher. Immer mehr Palmen säumten die Straßen längs der Bahnlinie. Viele farbig blühende Pflanzen säumten die Eisenbahnlinie und die teilweise vom Zug aus sichtbare Autobahn war von Oleanderbüschen in zwei Fahrspuren geteilt. Ich setzte mir die Kopfhörer des Walkmans auf und untermalte diesen phantastischen Anblick mit der passenden Musik. Dieses Italien weitete mir das Herz. Ich hatte das Gefühl der inneren Überzeugung, so, als ob dies der Platz sei, der für mich bestimmt war. Auf dem Gang war es um diese Uhrzeit noch ruhig. Nur zwei oder drei Anbeter standen wie ich an den

Fenstern und saugten den vorbeirauschenden Anblick dieses herrlichen Landes ein. Etwas später trank ich den schon Tradition gewordenen ersten italienischen Espresso, der aus dem auf einem Rollwagen stehenden Thermobehälter kam. Wieder der kleine braune Plastikbecher, der mir beim ersten Mal so gut gefallen hatte.

Nach den Hügeln der Toskana kam schon bald Florenz und der Ausstieg in Rom näherte sich langsam. Wie immer wartete Agostino dort. Es kam mir vor, als ob ich schon viele, viele Male die Szene unserer Begrüßung erlebt hätte. Auch diesmal war der Zug nach Neapel voll und die Luft stickig. Aber auch diesmal machte es mir fast nichts aus. Wir schmiedeten Pläne, wie wir diese Tage verbringen wollten. Aber eigentlich hatte Agostino schon alles organisiert. Da in diese Woche sein Geburtstag fiel, wollte er diesen Tag mit mir auf Ischia verbringen und gleichzeitig wollten wir uns nach einem Hotel umsehen, in dem wir unseren Sommerurlaub verbringen konnten. Nachdem wir nun fast entschlossen waren, dass unsere gemeinsame Zukunft hier in Italien liegen solle, sollte ein möglichst langer Sommerurlaub praktisch die Probe für mich sein, um festzustellen, ob ich hier wirklich leben konnte und wollte. Gleichwohl hatte ich die Antwort hierauf schon jetzt ziemlich klar.

Das Wiedersehen mit seiner Familie war herzlich. Diesmal kannten sie mich schon und es war, als ob ich erst gestern hier unter vielen Tränen abgefahren wäre. Eine kleine unangenehme Überraschung musste ich doch feststellen, nämlich, dass ich, was das Klima betraf, auch diesmal eine zu optimistische Einstellung gehabt hatte. Die Luft war doch noch viel kühler, als ich erwartet hatte und unangenehm feucht. Also hatte ich nicht die richtige Kleidung mitgebracht. Die aufmerksame Lella bemerkte schnell, dass ich vor Kälte zitterte und lieh mir als erstes einen warmen Schlafanzug, wärmer als alle, die ich in Deutschland besaß. Für den Rest gab es kaum Probleme, da wir schon am ersten Tag einen Streifzug durch die herrlich vollen, lauten Märkte machten, wo zu einem Spottpreis die schönsten Pullover und Jacken verkauft wurden. Es war ohnehin Zeit, meine Garderobe etwas italienischer werden zu lassen. Die Mode war hier eben ganz anders. Meine Freundinnen würden begeistert sein von meinen neuen Sachen.

Auch das Wiedersehen mit Luigi, Emilio und Riccardo war toll. Wir verbrachten einen Abend in einem Lokal namens Madegra in Gragnano, das an der Straße in Richtung der Amalfiküste lag, wo wir tolle gefüllte Brötchen aus Pizzateig aßen und chronologisch alle Episoden unseres Urlaubs in Kreta unter Riesengelächter – besonders, als es um den Pfeiler ging, mit dem Agostino beim Frühstück unseres ersten Treffens nähere Bekanntschaft gemacht hatte – noch mal durchgingen. Luigi erzählte, obwohl alle anderen die Episode sehr gut kannten, von Agostinos nächtlichem Schlafwandeln auf Kreta, wobei er mit dem Knie ein Loch in die Zimmertüre geschlagen hatte. Vor Lachen bekamen wir kaum noch Luft. Ich konnte fast dem ganzen Gespräch folgen, nur einige Ausdrücke, die ich nicht verstand, übersetzte mir Luigi auf Englisch.

Einen anderen perfekten Tag verbrachten wir auf Ischia, obwohl das Wetter gar nicht mitspielte. Der Himmel war voller Regenwolken und es gab einen Schauer nach dem anderen. Dummerweise hatten wir keinen Regenschirm dabei und flohen von einem Geschäft ins andere oder in einen Unterstand oder ein Lokal. Ischia im Regen hatte wirklich nicht viel Reizvolles an sich und ich konnte mir hier einen Urlaub, zumal einen Strandurlaub, nicht so richtig vorstellen. Trotzdem fragten wir bei einigen Hotels Prospekte und Preise an. Letztere waren ausgesprochen hoch. Wir sahen uns Lacco Ameno, Ischia Porto und Forio an, aber ohne Sonne erstrahlten diese Orte überhaupt nicht. Also beschlossen wir, über unseren Urlaub noch mal nachzudenken.

Am Abend hatte Agostino eine andere Idee, und so fuhren wir am nächsten Tag an die Amalfiküste, wo das Wetter zumindest ein wenig gnädiger war. Dr. Rotto, der Zahnarzt, bei dem Agostino nun arbeitete, hatte ihm von einer kleinen familiengeleitete Pension in Praiano erzählt, die wir uns ansehen wollten. Diese lag an der Staatsstraße, die zum bekannteren Ferienort Positano führte. Das Haus stand an einem Hang mit einem unglaublichen Blick aufs Meer. Wir tranken einen Kaffee auf der Terrasse, die oben über dem glitzernden Meer zu schweben schien. Das Hotel hatte ein Hauptgebäude und mehrere Bungalows, die terrassenförmig in den Hang gebaut waren. Zum Meer führte eine endlose Treppe hinab, wo man auf einem Steinplateau in der

Sonne liegen konnte. Über eine Leiter konnte man ins Meer gelangen, um zu baden. Aber dafür war noch nicht das richtige Wetter. Das Hotel gefiel uns spontan, die Besitzer waren freundlich und die Atmosphäre wirklich romantisch, ideal für ein Paar wie uns. Also reservierten wir ein Zimmer für die erste Augusthälfte und freuen uns wie die Kinder auf unseren ersten gemeinsam geplanten Urlaub.

Innerlich musste ich doch sehr schmunzeln bei dem Gedanken, dass ein Zahnarzt Doktor Rotto, also Doktor Kaputt hieß. Nomen est omen, ich hoffte, dass es nicht auf ihn zutraf. Ansonsten hätte Agostino auf keine vielversprechende berufliche Zukunft mit dieser Zusammenarbeit bauen können. Schade, dass es sprachlich kompliziert war, Agostino diese Gedanken zu erklären.

Die Ostertage flogen wieder viel zu schnell vorbei. Und es schien auch zu meiner Reiseroutine zu gehören, dass der nächste Abschied bevorstand. In meinem Herzen beschloss ich, dass das nicht mehr lange so weitergehen konnte. Bis Rom, wohin mich Agostino wie immer begleitete, war noch alles in Ordnung. Danach begann die lange quälende Stimmung, die nicht nur während der 20-stündigen Reise, sondern noch Tage und Wochen anhielt. Eine Zeit, in der ich mich einfach nur innerlich leer fühlte und an nichts Gefallen fand.

15. Kapitel

FREIHEIT ERFORDERT MUT

Am Montag nach meiner Rückkehr aus Neapel hatte ich wieder meinen ersten Arbeitstag. Mein Einsatz war in der größten Filiale meines Bereiches, in Zollberg. Der Kassierer, den ich ersetzen sollte, hatte am vorausgegangenen Freitag, während er am Schalter saß, einen Zusammenbruch erlitten und war per Krankenwagen in die Notaufnahme gekommen, wo er wenige Stunden später gestorben war. Man hatte festgestellt, dass er ein Aneurysma hatte, von dessen Existenz er während seines fast 60jährigen Lebens nichts geahnt hatte. Dieses war plötzlich geplatzt und jede Hilfe war für den armen Kollegen zu spät gekommen. Also forderte der Betriebsleiter Ersatz für den Posten an, bis die Stelle dann endgültig wieder besetzt werden konnte. Und dieser Ersatz war ich.

Es bereitete mir ein mulmiges Gefühl, den Arbeitsplatz eines Menschen zu übernehmen, der vor ein paar Tagen noch auf diesem Stuhl gesessen hatte und mit dem Kuli geschrieben hatte, den ich in der Hand hielt, und der nun tot war. Aber das gehörte jetzt zu meinen Aufgaben: The Show must go on. Der Bankbetrieb musste weitergehen. Da war nicht viel Platz für menschliche Gefühle. In mir war schon Platz dafür, aber die Atmosphäre in dieser Geschäftsstelle lud nicht dazu ein, diese Gefühle zu zeigen. Vielleicht lag es daran, dass es hier mehr als zwanzig Festbeschäftigte gab, dass kaum einer ein Verhältnis zum anderen hatte. Man arbeitete nicht richtig zusammen, mehr gegeneinander und der kleinste Fehler wurde sofort dem übertrieben strengen und distanzierten Betriebsleiter gemeldet.

Dieses Betriebsklima war gar nicht das Richtige für mich, zumindest nicht in der Gemütslage, in der ich mich befand. So beschloss ich, mich aus allem weitgehend herauszuhalten und führte das Leben des Einzelgängers. Ich ließ die anderen Kassierer zuerst die Pausenzeiten wählen, die natürlich die besten, zentralen Uhrzeiten für sich in Anspruch nahmen mit der Begründung, dass sie schon seit Jahren hier arbeiteten und somit mehr Rechte hatten als ich. So fiel mir die letzte, also um 14.30 Uhr zu. Zu dieser Zeit war niemand mehr im Aufenthaltsraum und ich nahm mir mein italienisches Grammatikbuch mit, das ich Seite für Seite durchnahm. Die Ruhe im Zimmer half mir bei der Konzentration und ich stellte schon nach einer Woche fest, dass ich immer mehr Durchblick bei der Konjugation der Verben gewann und auch schon im Passato Prossimo und Imperfetto zurechtkam. Also wurden die Pausen mehr ein intellektueller Genuss als einer an Nahrung. Und mein Italienisch verbesserte sich stetig.

Meine Filiale in Lindenberg hatte sich in Person von Herrn Schneider bei mir gemeldet, um anzufragen, ob ich zweimal im Monat den Dienst am Samstagsschalter übernehmen könnte, da die Kollegen der Geschäftsstelle nicht alle Samstage abdecken konnten und wollten.

>Na, da haben wir es ja wieder mal. Wenn sie jemand brauchen, kommen sie wieder auf mich zurück<, dachte ich, sagte es aber nicht laut, da meine Urlaubskasse die zusätzliche Einnahme gut vertragen konnte. Und ich sagte zu.

Auch Erika und Christine hatten sich gleich nach meiner Rückkehr aus Italien bei mir gemeldet. Sie hatten die Aufgabe übernommen, den jährlichen Betriebsausflug, der für September geplant war, zu organisieren. Wir trafen uns an einem Mittwochabend, an dem mein Italienischkurs ausgefallen war. Es war fast wie in den alten Zeiten, als wir uns jede Woche getroffen hatten. Und es tat mir ein wenig leid, dass ich diese schönen Momente mit meinen Freundinnen dem Italienischkurs so oft geopfert hatte.

Erika und Christine hatten schon verschiedene Ideen für den Betriebsausflug: Eine Besichtigung der Burg Eltz und danach ein Abendessen in einem rustikalen Gasthaus. Und eine Kutschfahrt schlug Christine vor. Phantastisch! Ideen hatten wir genug. Um diese umzusetzen, sollten wir aber eine Tour in die Gegend unternehmen, um vor Ort alles anzusehen und im Detail zu planen, schlug ich vor.

An diesem Tag erzählten mir beide auch von einem neuen Kollegen, der als Kundenberater in die Filiale gekommen war. Markus Hartmann war an die vierzig, nicht besonders groß, aber dafür ausgesprochen gut aussehend und charmant.

»Wer weiß«, meinte Erika, »ob sich beim Betriebsausflug nicht die Gelegenheit ergibt, sich ein bisschen besser kennenzulernen.«
Wir lachten alle drei.
»Mensch, der ist schon zweimal geschieden und lebt jetzt mit der dritten Frau zusammen«, meinte Christine.
»Na, dann macht die vierte Frau auch keinen Unterschied mehr«, antwortete Erika schlagfertig. Wir scherzten, hatten aber an diesem Abend noch keine Ahnung, wie ernst es Erika dabei war.
Wie so oft im Rheinland kam und ging der Frühling. Das Wetter war sehr unbeständig, mal richtig schön und dann wieder empfindlich kühl und regnerisch.
Die Arbeit am Samstagsschalter war anfangs nicht so einfach. Die Abrechnung erfolgte anders und mit anderen Regeln als an Werktagen, wo der Computer online mit der Zentrale verbunden war. Also musste ich viele sonst technisch unterstützte Vorgänge manuell machen, was aber mehr Zeit kostete. Trotz des frühen Aufstehens am Wochenende waren es angenehme Vormittage, denn nur Herr Schneider und ich waren im Dienst. Wir machten gemeinsam alle Vorbereitungsarbeiten und frühstückten zusammen.
»Wenn man schon am Samstag arbeitet, so sollte es zumindest angenehm sein«, meinte er.
Es wunderte mich, wie harmonisch unsere Zusammenarbeit war. Er war ein ganz anderer Mensch als der Vorgesetzte, der mir vor nicht allzu langer Zeit mitgeteilt hatte, dass er Andrea für den von mir angestrebten Posten vorgezogen hatte. Nun hatte er Tee gemacht und brachte mir eine Tasse. Nach Schalterschluss half er mir, die Belege zu sortieren und die Abrechnung zu machen und ähnliche Basistätigkeiten, die er in seiner Position nicht zu machen verpflichtet war. Samstags schien er außergewöhnlich gut gelaunt.
Oft war recht viel zu tun, denn es war der Markttag im Ort und die vielen Einkäufer brauchten oft mehr Bargeld als vorgesehen und die Standbesitzer wechselten häufig Geld. Im Laufe des Vormittags rief seine Frau mehrmals an. Auch die Telefonzentrale gehörte zu meinen Aufgaben und ich stellte ihm die Gespräche durch und er begrüßte seine bessere Hälfte mit freundlicher Stimme, während er mir zugewandt mit den

Augen rollte, was wohl bedeuten sollte, dass sie ihn nervte. Na, sie schien tatsächlich ein wenig lästig zu sein. Ich kannte sie nicht, sie war nie in unserer Filiale gewesen, um ihren Mann zu besuchen oder abzuholen. Aus den Gesprächen hatte ich entnommen, dass sie gesundheitliche Probleme hatte, die sie wohl mit Schwermut hinnahm.

Die Arbeit während der Woche in der großen Geschäftsstelle Zollberg gefiel mir weiterhin nicht. Es gab ständig extrem viel Kundenbetrieb, aber nie eine ruhige Minute. Zwischen den Kollegen gab es häufig Spannungen, manchmal lautstarke Auseinandersetzungen. Das schlechte Betriebsklima ging zweifelsohne vom Leiter aus, der permanent schlecht gelaunt schien und völlig unmenschlich mit anderen umging. Auch die Kundschaft war nicht die feinste, die Gegend schien nur aus sozialem Wohnungsbau zu bestehen. Leute, die kontinuierlich mehr Geld vom Konto abheben wollten, als darauf vorhanden war und keine Gegenargumente akzeptierten. Mehrmals hatte mich ein Kunde regelrecht beschimpft. Ich versuchte, mir dies nicht zu nahe zu gehen zu lassen und zog mich in meine italienische Welt zurück. Es waren jetzt schon einige Wochen, die ich ununterbrochen in dieser Filiale verbracht hatte und hoffte, dass man mich hier nicht auf einem Abstellgleis geparkt hatte.

Die Idee einer beruflichen Veränderung oder eines Umzugs nach Italien wurde mir immer sympathischer. Sicher konnte diese hohle Arbeit inmitten von Menschen, aber trotzdem völlig einsam, nicht meine Zukunftsperspektive sein. Natürlich war ich finanziell sehr zufrieden, aber Geld war nicht alles im Leben. Die Idee, in Neapel zu leben zog mich immer mehr an. Agostino erzählte mir jeden Abend, dass es wirklich schwer war, dort eine Arbeit zu finden und ich glaubte ihm. Aber die Tatsache, dass ich Deutsch, Englisch, Französisch und bald auch Italienisch sprach, erhöhte meine Chancen, etwas zu finden. Die Gehälter waren in Neapel viel niedriger, aber wie ich gesehen hatte, waren es auch die Lebenshaltungskosten. Das Problem war, eine geeignete Wohnung zu finden. Viele waren einfach zu groß, weil italienische Familien eben groß sind, und somit auch zu teuer. Alles konnte man nicht planen und ein bisschen Glück gehörte dazu.

Der Sommer näherte sich, und das nicht nur kalendarisch, sondern die

Temperaturen erhöhten sich tatsächlich. Um den Betriebsausflug zu organisieren, mussten wir einen Termin finden, um in die Gegend zu fahren, uns alles anzuschauen und Burgführung, Restaurant und alles andere vorzubestellen. Aber es war nicht so einfach. Christine hatte Familie und konnte sich nicht einfach abseilen. Mal musste sie zu den Schwiegereltern, dann gab sie mit ihrer Musikgruppe, in der sie Oboe spielte, ein Konzert und wir fanden keinen gemeinsamen Termin. Schließlich setzten wir ein Datum in der dritten Juniwoche fest.

Anfang Juni erzählte mir Agostino, dass er in knapp drei Wochen nach Köln käme, er hatte schon das Zugticket gebucht. Ich freute mich riesig, aber den mit Erika und Christine vereinbarten Termin konnte ich nicht mehr platzen lassen. Also beließ ich alles dabei, dann kam Agostino eben mit nach Burg Eltz. So konnte er auch etwas von der Umgebung, der schönen Eifel und der Mosel kennenlernen. Wir hatten schon beschlossen, dass es nach der Burgführung nach Winningen gehen sollte. Vor Ort wollten wir dann einen schönen, rustikalen Gasthof finden.

Nun hatte ich wieder ein Datum, auf das ich mich freuen konnte. Ich hatte auch schon einige andere Ideen, was ich mit Agostino unternehmen wollte. Auf jeden Fall sollte er meine Freunde aus dem Italienischkurs und auch den Lehrer Santino, seinen Landsmann, kennen lernen. Das wäre bestimmt interessant für ihn, einen Italiener in Köln zu treffen. Aber all meine Pläne drohten zu scheitern, als ich am nächsten Sonntag, wie so oft, zum Mittagessen bei meinen Eltern war. Diese Sonntage waren immer noch die wenigen Gelegenheiten, eine warme Mahlzeit zu mir zu nehmen, da ich nur für mich nie kochte. Ich war eben eine Gesellschaftsesserin. Allein hatte ich keinen Appetit. Trotzdem hatte das Alleinleben viele Vorteile. Das wurde mir jedes Mal klar, wenn ich mich an die letzten Monate meines Zusammenlebens mit Robert erinnerte. Jene Zeit, die von Spannungen und Diskussionen geprägt gewesen war. Jetzt konnte ich in meiner kleinen, hübschen Wohnung tun und lassen, was ich wollte. Nur die Mahlzeiten funktionierten irgendwie nicht. Alleine am Tisch zu sitzen, hatte etwas von Traurigkeit an sich, obwohl ich doch viele Stunden auf der Arbeit, mit meinen Freunden und im Italienischkurs in Gesellschaft verbrachte.

Manchmal überlegte ich, ob ich zur Kategorie der geselligen Menschen oder der Einzelgänger gehörte. Es war angenehm, etwas Zeit mit Freunden zu verbringen und in Gesellschaft anderer, aber danach genoss ich auch das Alleinsein in meinen vier Wänden. Vielleicht, wie in vielen Dingen, konnte man die Menschen nicht in ein Schema zweier grundsätzlicher Typen zwängen. Vielleicht war niemand ganz Einzelgänger oder ganz gesellig. Sicher wählten außer mir auch viele andere Menschen ihren persönlichen goldenen Mittelweg. Außerdem erkannte ich in mir die Bestrebung, immer zu versuchen, aus allem das Beste zu machen. Manchmal konnte man das eigene Leben so steuern, wie man wollte, aber eben nicht immer. In anderen Momenten schien eine mächtige Hand, die viele Schicksal nannten, die Ereignisse zu lenken, oft auch in eine ungewollte Richtung. Und auch dann musste es weitergehen.

Am späten Sonntagvormittag fuhr ich also mit einer Wanne Schmutzwäsche im Auto zu meinen Eltern. Ich besuchte sie nur einmal in der Woche zu Hause, aber wir sahen uns fast jeden Tag, denn nach der Arbeit ging ich fast immer kurz in ihrem Geschäft auf einen Gruß vorbei. Als erstes stellte meine Mutter die Waschmaschine mit meinen Sachen an, damit die fertig war, wenn ich wieder nach Hause fuhr.

Beim Mittagessen verkündeten meine Eltern mir, dass ich im Juni für ein verlängertes Wochenende auf ihr Haus »aufpassen« müsste, da sie geschäftlich in Süddeutschland zu tun hätten.

»Kein Problem«, entgegnete ich, aber als sie mir das Datum mitteilten, merkte ich, dass es genau die Woche war, in der Agostino kam. Sofort bemerkte meine Mutter meinen Gesichtsausdruck: »Das wirst du uns doch wohl nicht antun und uns sitzenlassen? Wir müssen unbedingt nach Heilbronn, das weißt du. Und das Haus kann nicht leer stehen, da kann alles Mögliche passieren, und wer versorgt die Katzen?«

»Ja, das ist klar, ich hänge ja selbst auch an den Katzen, aber genau in den Tagen kommt Agostino. Ich wusste das bis vor ein paar Tagen auch nicht, aber er hat das Zugticket schon gebucht.«

Meine Mutter sah meinen Vater an, als sie begriff, dass mein Problem nicht darin lag, dass ich ihnen nicht helfen wollte, sondern an Agostinos Anwesenheit.

»Na, wenn das das Problem ist, dann schlaft ihr eben alle beide hier«, sagte sie, »ist ja sogar noch besser, wenn ihr zu zweit hier seid. Dann ist mehr Bewegung im Haus und ein möglicher Einbrecher nähert sich dann diesem Haus sicher nicht.«
An die Möglichkeit, dass wir alle beide für ein paar Tage in dem tollen Haus mit Schwimmbad wohnen könnten, hatte ich nicht gedacht. Bis vor ein paar Monaten war das Haus die »heilige Kuh« gewesen, der sich niemand nähern durfte. Und die Tochter, die mit ihrem Freund darin übernachtete, war ein echtes Tabu, das soeben durchbrochen worden war. Ich war mir nicht sicher, ob das damit zusammenhing, dass meine Eltern mich nun allmählich als Erwachsene zu betrachten begannen oder vielmehr damit, dass sie um jeden Preis diese Geschäftsreise antreten mussten und deshalb bereit waren, bei dieser seltenen Gelegenheit ihre unumstößlichen Prinzipien zu verraten. Wie auch immer, sie waren damit einverstanden, dass wir für ein paar Tage gemeinsam dieses Riesenhaus am Waldrand bewohnten. Innerlich schmunzelte ich beim Gedanken, was Agostino dazu wohl sagen würde. Wahrscheinlich würde es ihm nicht missfallen.
Am nächsten Tag wurde ich zu meiner großen Erleichterung von der Geschäftsstelle Zollberg abberufen und nach Bayenburg geschickt, wo ich bereits während meiner Ausbildung ein paar Monate verbracht hatte. Nun kehrte ich als Angestellte, und zwar als Mitglied der Sondergruppe, wieder zurück und wurde mit großem Hallo aufgenommen. Die Kollegen waren noch die gleichen und freuten sich, mich wiederzusehen. Auch hier war es die Kasse, die zu besetzen war. Die andere Kassiererin erklärte mir sehr freundlich, wo alles lag, wir sprachen uns bezüglich der Frühstückspause ab. Was die Mittagspause betraf, war hier alles viel einfacher, denn es gab eine mittägliche Schließung und alle konnten gemeinsam pausieren. Die Atmosphäre war freundlich und ich entdeckte, dass genau auf der gegenüberliegenden Straßenseite ein italienisches Lebensmittelgeschäft lag, das original italienische Produkte verkaufte. Das war genau das Richtige für mein Italienheim- bzw. fernweh. Hier gab es Lemon Soda, die naturtrübe, leicht bittere Zitronenlimonade, die ich liebte, luftgetrocknete Salami, fertig gemischter Campari-Soda in den kleinen, dreieckigen Glas-

fläschchen. Sogar die Kartoffelchips, die ohne Paprika und nur mit Salz gewürzt waren, die der blanke Horror meiner Kinderurlaube in Italien gewesen waren, schmeckten mir jetzt. Und die tolle italienische Flagge, die am Eingang des Ladens wehte, gefiel mir gut. Die Signora, jung und gar nicht dick, aber schwarzhaarig, bediente mich ausgesprochen freundlich, sie war eben Italienerin.

Nun nahm mein Leben wieder eine andere Farbe an. Auf der Arbeit lief es besser, obwohl mir die Arbeit in der Kasse nicht sehr gefiel, aber die Kontakte in dieser Filiale hatten etwas ausgesprochen menschliches an sich. Agostinos Besuch näherte sich und zusammen mit Erika und Christine hatten wir Spaß an der Organisation des Betriebsausfluges: Wir kontaktierten verschiedene Restaurants und machten mit zweien davon einen Termin aus, um über ein Menü und Preise zu verhandeln. Bei einem Busunternehmen reservierten wir einen Bus für 50 Personen und wir telefonierten mit einem Planwagenverleih für eine Kutschfahrt vor dem Abendessen.

Am 16. Juni, einem Freitag, stand ich wieder einmal am Hauptbahnhof in Köln, aber diesmal pfiff kein eisiger Wind und ich hatte auch keine gefütterte Winterjacke an. Ich trug eine Kurzarmbluse und eine Caprihose, denn der Sommer hatte auch in Deutschland Einzug gehalten. Nun hieß es, alles zu unternehmen, damit der Einzug nicht nur ein kurzer Durchzug wurde. Fast waren wir uns schon vertraut, als Agostino und ich uns wieder im Arm hielten. Wir wussten, dass dieser Besuch entscheidend für unsere Zukunft war. Schon seit ein paar Wochen hatten wir das Thema Zukunftspläne bei unseren allabendlichen Telefongesprächen um 22.01 Uhr von der Liste gestrichen. Darüber wollten wir lieber reden, während wir uns in die Augen sahen, denn langsam wurde diese Perspektive ernster. Wie auch immer wir uns entschieden: Eine gemeinsame Zukunft in Deutschland oder in Italien brachte große Veränderungen für einen von uns und gigantische für den anderen mit sich. Ich fühlte mich entspannt, wenn ich über diese Dinge nachdachte. Grundsätzlich war mir völlig egal, wo ich leben würde, das, was für mich zählte, war: mit wem. Und da hatte ich keinen Zweifel mehr. Ich wollte mein Leben mit Agostino verbringen. Wir hatten am Telefon vereinbart, dass wir nun im Juni einen

Entschluss zu unserer Zukunft fassen wollten. Schon seit einiger Zeit hatte sich in meine anfängliche Fröhlichkeit und Leichtigkeit dieser Beziehung zu Agostino eine Traurigkeit bei jeder Trennung und eine Schwermut, die andauerte, bis wir uns wiedersahen, gemischt. Unsere Zeit zusammen war immer wunderschön, aber wenn wir uns nicht sahen, vor allem, wenn dieser Zustand mehrere Monate andauerte, konnte ich nichts mehr richtig genießen und verlor auch das Interesse an allen sozialen Beziehungen. Ich hoffte inständig, dass mein Italienisch tatsächlich Fortschritte gemacht hatte, so wie ich es mir mit vielen Stunden Lernen erkämpft hatte. Denn ein Gespräch, das konkrete Konsequenzen mit sich brachte, musste definitiv mit Klarheit geführt werden.

Wahrhaftig war diesmal alles etwas anders zwischen uns. Die anfängliche Fremdheit, die wir bisher bei jedem erneuten Wiedersehen verspürt hatten, war verflogen. Wir gehörten zusammen und genossen jede Minute.

Christine und Erika freuten sich, Agostino wiederzusehen und den Samstag mit uns zu verbringen. Wir fuhren mit Erikas Auto und machten den ersten Halt auf Burg Eltz. Wie schön die Burg dalag, mitten im Wald auf einen Fels gebaut, aber trotzdem in einem tiefen Tal gelegen. Die Landschaft war für den Südländer Agostino völlig unerwartet. So viel Grün und Mittelalter hatte er noch nie gesehen. Bisher hatte Deutschland für ihn nur aus den Städten Köln oder München bestanden. Wir baten im Büro der Touristeninformationen um Auskünfte für unseren Betriebsausflug und man schlug uns eine Burgführung durch die verschiedenen Säle und die Waffenkammer vor. Alles war ungeheuer gut erhalten, da die Burg seit Jahrhunderten im Familienbesitz geblieben war. Es gab sogar ein Gemälde von Lucas Cranach. Uns beeindruckte auch die komplett eingerichtete Küche. Wir vereinbarten, dass wir am Tag des Ausflugs mit der Gruppe eine Führung machen wollten, die aber nicht geschichtsträchtig und langweilig werden sollte. Die Verwalterin versprach uns, dass diese lustig und unterhaltsam gestaltet werde.

Von hier fuhren wir weiter an die Mosel nach Winningen. Es erschien Agostino fast merkwürdig, die vielen Weinstöcke zu sehen, wo

Deutschland im Ausland doch eher für sein Bier bekannt war. Ich erklärte ihm, dass deutscher Wein, der vor allem entlang der Wasserstraßen angebaut wurde, eine wichtige Tradition unserer Nation war. Sicher bekamen die deutschen Trauben viel weniger Sonne und bildeten somit weniger Süße als italienische, doch habe Deutschland eine ganze Reihe guter Weine. Im ersten Lokal in Winningen angekommen, probierte er gleich sein erstes Gläschen. Das Gasthaus gefiel uns sehr gut, die Preise waren anständig und wir machten mit dem Besitzer ein Menü aus. Am Ende trafen wir uns mit dem Verantwortlichen des Kutschenverleihs und leisteten die Anzahlung für die Rundfahrt im Planwagen durch die Weinberge.

Der Tag verlief harmonisch, wir hatten viel Spaß und waren aufgedreht, weil der Betriebsausflug wirklich schön werden würde für unsere Kollegen. In den vergangenen Jahren hatte sich keiner die Mühe gemacht, alles durchzuplanen und daher war schon seit langer Zeit kein Betriebsausflug mehr gemacht worden.

So vergingen auch die Tage mit Agostino wirklich glücklich. Ich hatte zum ersten Mal das Gefühl, dass wir ein wirkliches Paar waren, obwohl wir uns in den zehn Monaten, die wir zusammen waren, insgesamt nur ein paar Wochen gesehen hatten. Wir verbrachten schöne Momente im Haus meiner Eltern, genossen den Garten und das Schwimmbad und sprachen viel über unsere Zukunft. Wenn Agostino von seiner Heimat erzählte, hatte ich wirklich große Lust, alles hier liegen zu lassen und sofort dorthin zu ziehen. Aber es war Vernunft geboten, wir mussten unsere Entscheidung gut durchdenken. Von ihr hing unsere Zukunft ab. Er erklärte mir, dass die wirtschaftliche Lage in Neapel schwierig war, viele Menschen waren arbeitslos, gab mir aber gleichzeitig zu bedenken, dass ich mit meiner Ausbildung und Sprachkenntnissen sicher weitaus bessere Chancen auf dem Arbeitsmarkt hatte, als andere. Das schien mir einleuchtend, denn sicher zogen nicht ohne Grund so viele Süditaliener nach Deutschland, obwohl sie meist mit dem Herzen ausgesprochen stark in ihrer Heimat verwurzelt waren. Ich konnte mich an keinen Italiener erinnern, der nicht leuchtende Augen bekam, wenn er von seiner Stadt oder seinem Dorf redete. Das war sicher nicht mein Fall. Ich war in Deutschland geboren, Köln war eine schöne, aber nicht allzu weltoffene Stadt. Eine starke Beziehung zur Heimat hatte ich eigentlich nie gespürt. Dazu gefiel mir das Reisen viel zu sehr. Es war phantastisch, neue Ecken der Welt kennenzulernen. Agostino sprach viel darüber, dass ich mir kein Schlaraffenland vorstellen sollte, verlor aber kaum ein Wort über die umgekehrte Hypothese, nämlich die, dass er nach Köln ziehen könnte. Als ich ihn direkt darauf ansprach, schwieg er einen Moment. Ich wunderte mich ein wenig, denn er war mir nie als extremer Patriot erschienen.

Er meinte: »Es wäre nur schade, wenn ich ausgerechnet jetzt weggehe. Lange Zeit hatte ich beruflich wenig Erfolg. Ich habe in einem großen Dentallabor fast umsonst gearbeitet. Ich musste oft bis zu zehn Stunden am Tag schuften und habe nur ab und zu mal 50.000 Lire zugesteckt bekommen. Ich erinnere mich an einen Abend vor Ostern. Nachdem ich tagelang bis spät abends gearbeitet hatte, um vor den Feiertagen die Prothesen fertig zu bekommen, nahm der Laborbesitzer sein Sparschwein, zerbrach es vor meinen Augen und gab mir als Bezahlung in einem Plastikbeutel den Inhalt. Es waren alles Münzen, angefangen von 10 bis 500 Lire. Insgesamt waren es etwas mehr als 50.000 Lire. Ich habe mich extrem gedemütigt gefühlt und dachte, dass mein Bruder, der schon Geld verdiente, mir manchmal einfach so einen 50.000-Lire-Schein zusteckte. Es fällt mir schwer, die richtigen Worte zu finden, um dir zu erklären, wie ich mich an jenem Abend gefühlt habe. Ich sage dir nur, dass ich weinend nach Hause gegangen bin. Ich hatte gehofft, ein bisschen Anerkennung von meinem Chef zu bekommen. Danach habe ich angefangen, Geräte und Material zu kaufen und zu Hause selbst Zahnprothesen zu machen. Du weißt, dass ich schon ein paar Monate bei Doktor Rotto als Assistent arbeite und er will mir sogar einen offiziellen Arbeitsvertrag machen mit Sozialabgaben und allem. Es wäre wirklich schade, das alles jetzt abzubrechen.«

Ich musste schmunzeln, dass ein Arbeitsvertrag mit Sozialabgaben eine so außergewöhnliche Zukunftsperspektive eröffnete, aber er hatte mir schon einmal erklärt, dass diese Dinge in Italien nicht wie bei uns waren. Die Deutschen sind eben in allem pingelig, dachte ich mir. Natürlich war der wirtschaftliche Aspekt wichtig. Es gefiel mir, dass

Agostino sich verantwortlich dafür fühlte. Sicher, tausende Italiener suchten eine bessere Zukunft in Deutschland, aber das hieß ja nicht, dass das auch für unseren konkreten Fall die Optimallösung war. Und tief im Herzen reizte mich die Idee, in dieser aufregenden Stadt ein ganz neues Leben zu beginnen. Wo nicht alles langweilig und vorhersehbar war, sondern jeder Moment spannend und überraschend. Wo die Beziehungen unter den Menschen entspannter waren, wo man den Samstagabend ganz einfach mit einer Pizza mit Freunden verbrachte, scherzte, lachte und mit einer Wahnsinnsgeschwindigkeit über Schlaglöcher brauste. Mir schmeichelte Agostinos Überzeugung, dass ich in einer so schwierigen Arbeitsmarktsituation keine Probleme hätte, eine Arbeit zu finden. Natürlich gab es in Neapel Banken. Das Beste war, so bald wie möglich anzufangen Bewerbungen zu schreiben. Schon eine Stelle zu haben, wenn der Umzug anstünde, würde uns sehr helfen. Klar, und dann mussten wir eine Wohnung suchen. Ich fragte ihn, wann wir denn anfangen wollten, uns um diese Angelegenheiten zu kümmern.

Er antwortete: »Jetzt«, und nahm mich in den Arm.

Dieses Gespräch hatte mich doch ein wenig nachdenklich gemacht. Ich hatte bei Agostino absolut keine Bereitschaft erkannt, nach Deutschland zu ziehen. Es war mir selbstverständlich klar, dass mein Umzug nach Italien große Risiken in sich barg. Als erstes das Risiko, dass ich mich dort nicht wohl fühlte, dass es Probleme mit Wohnung, Arbeit oder der Mentalität gäbe. Aber dasselbe Risiko gab es auch im entgegengesetzten Fall. Wenn ich mir konkret vorstellte, wie der liebe, schüchterne Agostino in dieser rationalen, etwas kalten deutschen Welt klarkommen sollte, bezweifelte ich, dass er hier glücklich werden könnte. Ich fragte mich, ob er je den Mut gehabt hätte, mir zu sagen, dass er sich nicht wohl fühlte. Und ob er überhaupt als Zahntechniker arbeiten könnte? Das war ein Beruf in Krise, denn die deutsche Regierung war eben dabei, viele Leistungen im Gesundheitssystem abzubauen. Wenn die Patienten also in Zukunft ihren Zahnersatz nicht mehr von der Krankenkasse finanziert bekämen, würden viele Zahntechniker arbeitslos. Und welches Labor nahm einen Ausländer, der vielleicht nicht perfekt Deutsch sprach? Sicher würde Agostino Arbeit finden: in einer Pizzeria oder wenn alle Stricke reißen würden, im Geschäft meines Vaters. Aber wenn er nicht glücklich damit wäre, würde das auf unserer Beziehung lasten. Er würde sicher die Zähne zusammenbeißen und versuchen, sich nichts anmerken zu lassen um meinetwillen. Aber war das richtig? Wie war das überhaupt mit den Schulzeugnissen? Waren die aus Italien in Deutschland gültig und andersherum? Ich musste mir Informationen zu diesen Fragen besorgen. Und wenn es Probleme auf anderer Ebene gab? Wenn ich feststellte, dass unsere Beziehung doch nicht das war, was ich suchte? Das erschien mir völlig unwahrscheinlich, denn ich war – besonders in diesen Tagen – glücklich wie noch nie, aber man musste auch bedenken, dass unsere Gespräche immer noch etwas zähflüssig verliefen. Wir halfen mit Gesten, mit dem Wörterbuch. Im Vergleich zum Anfang verstanden wir uns viel besser, aber vielleicht gab es doch noch Sachen, die wir dem anderen wegen sprachlicher Hindernisse nicht klar machen konnten. Und das konnte bedeuten, dass wir uns doch noch nicht so gut kannten, wie wir glauben. Wenn es dann doch noch Seiten seines Charakters gäbe, die ich nicht akzeptieren könnte und deshalb entschiede, Schluss zu machen. Wie sollte ich ihm beibringen, dass er die Koffer packen sollte und nach Neapel zurückkehren. Wie hätte ich ihm je sagen können, dass er diese neuen Chancen als Arzthelfer und als selbstständiger Zahntechniker zwar wegen mir verloren hatte, aber dass er trotzdem verschwinden sollte? Während ich über solche Dinge nachdachte, erschienen mir meine eigenen Gedanken absurd. Ich fühlte mich sehr reif und realistisch, denn trotz allem schloss ich keine Möglichkeit aus. Aber in meinem Herzen hatte ich bereit eine Entscheidung gefällt: Ich hätte es niemals übers Herz gebracht, diesen bis über beide Ohren in mich verliebten Jungen wegzuschicken. Also beschloss ich, nach Neapel zu ziehen, um der Liebe und der Freiheit willen. Die Liebe zu Agostino und der Freiheit »Stopp« zu sagen und meine Koffer zu packen, wann auch immer ich es wollte. Freiheit erfordert eben immer Mut.

16. Kapitel

DIE PROBE AUFS EXEMPEL: SOMMER IN NEAPEL

Zum ersten Mal hatte Agostino den deutschen Sommer erlebt und war auch schon recht bedient davon. Das Gästezimmer, das meine Mutter für uns zurecht gemacht hatte, lag unter dem mit Holz ausgekleideten Dachstuhl. Trotz der geöffneten Balkontür, sank die Temperatur nachts kaum unter 28°. Zudem war die Luftfeuchtigkeit – wie so oft in Köln – extrem hoch und die Luftqualität schlecht.

Als Agostinos Abreise vor der Tür stand, hatten wir unsere grobe Zukunftsplanung stehen. Ich hätte meine Kündigung zum 31.12. eingereicht, während ich ab sofort anfing, Bewerbungen an die neapolitanischen Banken zu schreiben. Wir hatten entdeckt, dass es dort die »Banca d'America e Italia« gab, die mit der Deutschen Bank vernetzt war. Das konnte eine Chance für mich darstellen. Wir würden natürlich sofort anfangen, nach einer gemeinsamen Wohnung zu suchen, was aber nicht leicht sein würde, denn wie Agostino mir erklärt hatte, waren viele junge Leute gezwungen, lange bei den Eltern zu wohnen, da die Mietwohnungen alle groß und teuer waren. In der Zwischenzeit würde ich nur für ganz kurze Zeit zu Agostinos Familie ziehen. Nur als Übergang, bis ich ein Einkommen hatte. Das würde er mit seiner Familie besprechen, war aber jetzt schon überzeugt, dass diese keine Einwände hätte. Die Idee begeisterte mich nicht. Ich wohnte jetzt schon seit Jahren nicht mehr bei meiner Familie und konnte mir gar nicht vorstellen, mich wieder den Regeln einer Familie anzupassen. Aber es war ja nur eine kurze Übergangszeit, eine ganz kurze! Wenn es mir gelänge, sofort eine Arbeit zu finden, wäre es vielleicht gar nicht notwendig, bei seiner Familie einzuziehen.

Nach seiner Rückkehr gab mir Agostino die Namen und Adressen von verschiedenen Banken durch und ich schrieb die Bewerbungen mit meinem Lebenslauf gemäß des Modells, das er mir dagelassen hatte, was viel einfacher war, als eine deutsche Bewerbung. Jeden Umschlag klebte ich in der inständigen Hoffnung, eine positive Antwort zu bekommen, zu. Klar, zu einem, zwei oder zehn Vorstellungsgesprächen kurz nach Neapel zu fahren, stellte ein Riesenproblem dar. Und einen hohen Kostenfaktor. Aber dazu kam es nicht, denn es vergingen Tage und Wochen und ich erhielt keinerlei Antwort auf meine Bewerbungen.

In der Zwischenzeit kam in unserer Arbeitsgruppe das Thema Sommerurlaub auf. Und wie ich vermutet hatte, gab es hier, wie schon an Ostern, im Gegensatz zu den Filialen, keinerlei Probleme. Es reichte aus, einen Urlaubsantrag auszufüllen und einzureichen. Da es keine Diskussionen mit anderen Kollegen zu befürchten gab, beschloss ich, vier Wochen zu beantragen, vom 4.8. – 1.9., die meistbegehrte Zeit. Ich hatte noch ein wenig Resturlaub vom Vorjahr und eine Menge Überstunden und der Antrag wurde anstandslos bewilligt.

Das freute mich sehr, denn ich wollte die gesamte Zeit in Italien verbringen, sozusagen als Test. Ich wollte so viel wie möglich von meiner neuen Heimat kennenlernen. Eine so lange Zeit wäre dann sicher doch etwas anders als ein Urlaub und gab mir die Gelegenheit, eine Realsituation auszuprobieren, um zu sehen, ob ich mir tatsächlich vorstellen könnte, dort zu leben. Als ich im Reisebüro um Informationen für die Zugfahrt bat, erkannte mich die Angestellte gleich wieder. »Na, sind Sie immer noch in Neapel verliebt?«, fragte sie schmunzelnd.

Sie erinnerte sich an meine Love-Story, von der ich ihr in kurzen Zügen erzählt hatte. Als ich mich nach Preisen für eine weitere Zugfahrt erkundigte, erklärte sie mir, dass es vielleicht eine andere Möglichkeit gab, nach Neapel zu kommen: mit dem Flugzeug. Zuerst winkte ich ab, denn ich wollte keine Unsummen ausgeben. Schon die Zugfahrt war teuer.

»Im Sommer gibt es sehr günstige Charterflüge nach Neapel«, erklärte mir die freundliche Dame, »Voraussetzung ist nur, dass gleichzeitig ein Hotel reserviert wird.«

»Dann geht das nicht. Ich wohne doch bei der Familie von meinem Freund!«

»Das ist eigentlich kein Hindernis«, antwortete sie mit einem tiefgründigen Blick. Zuerst verstand ich nicht, aber dann buchte sie für mich einen Flug mit einer fiktiven Hotelreservierung. Um den Hapag-Lloyd-Flug buchen zu können, bereitete sie mir einen Voucher für das Hotel

Torino in Neapel vor, ein Aufenthalt, der allerdings nur auf dem Papier existierte. Und ich bezahlte weniger, als mich die Zugfahrt gekostet hätte. Und damit war auch die nächste Reise nach Neapel gebucht!
Mein etwas langweiliger Arbeitsalltag ging weiter und weiterhin fand ich kaum Spaß an den Dingen, die ich machte und die ich schon seit langer Zeit gemacht hatte. Weiterhin trafen wir uns ab und an: Erika, Christine und ich. Weiterhin träumte ich von meinem neuen Leben in Italien und saugte alles Italienische, was ich finden konnte, in mich auf: Fernsehsendungen, Grammatik- und Lesebücher, Zeitschriften, Nahrungsmittel, Unterrichtsstunden. Hauptsache, diese waren italienisch. Glücklicherweise hatten meine Eltern nach ihrer Rückkehr aus Heilbronn das Haus und die Katzen in Ordnung vorgefunden. Manchmal fragten sie ansatzweise, wie es denn nun mit Agostino und mir weitergehen sollte. Ich antwortete nicht direkt, sondern versuchte auszuweichen.
»Tja, das ist richtig. Über kurz oder lang müssen wir eine Lösung finden. Auf Distanz kann das nicht ewig so weitergehen.«
Sie gaben zu bedenken, wie viel das alles kostete: die teuren Ferngespräche, Reisen, Briefe, schienen aber nicht im Traum in Erwähnung zu ziehen, dass ich nach Italien ziehen könnte. Sie fanden, wo tausende Italiener in Deutschland eine neue Heimat gefunden hätten, wäre das auch für Agostino die wahrscheinlichste und beste Lösung. Es gab so viele italienische Lokale und Pizzerien, da konnte er doch sicher eine Arbeit finden. Meine Einwände, dass er vielleicht keinen Spaß daran hätte, als Koch oder Kellner zu arbeiten, fanden keine Zustimmung. Als Ausländer musste er schon zufrieden sein, überhaupt eine Arbeit zu finden in einem anderen Land. Schließlich war Deutschland ja nicht das Sozialamt!
Solange nichts Endgültiges beschlossen war und meine Bewerbungen kein Resultat erbracht hatten, hielt ich es für klüger, über unsere Zukunftspläne zu schweigen.
Der Frühsommer ging trotz aller Langeweile recht schnell vorbei und wieder einmal war der Moment zum Kofferpacken gekommen. Der war diesmal aber größer, denn schließlich hatte ich vier Wochen vor mir. Die ersten beiden Wochen brauchte ich alles, was man am Meer eben so benötigt: Badesachen, Strandkleider, etwas Schickes für den

Abend. Ich fragte mich, wie die kleine Pension in Praiano wohl im Sommer aussehen würde. Ich hatte die Amalfiküste, so wie die Insel Ischia, nur bei schlechtem bis mittelmäßigem Wetter gesehen. Es fiel mir schwer, mir diese Orte voller Touristen vorzustellen.

Die Reise verlief diesmal ganz anders, inmitten von Chartertouristen und vielen Familien mit Kindern, die auf dem Weg nach Ischia waren. Einige wenige Paare waren auf dem Weg nach Sorrent oder Amalfi. Soweit ich aus den Gesprächen am Eincheck-Schalter oder im Warteraum in der internationalen Zone aufgeschnappt hatte, war ich die Einzige, die die Absicht hatte, ihren Urlaub in der Stadt Neapel zu verbringen. Dieser Name löste bei Deutschen jeden Alters oder sozialen Standes fast augenblicklich eine Gänsehaut aus. Neapel, das war eben untrennbar mit Camorra und Straßenkriminalität verbunden. Wenn man Neapel sagte, dann dachte man an die Bilder im Fernsehen von Straßenschießereien und Handtaschenraub. Wie gut, dass ich die Stadt aus der Nähe gesehen hatte.

›Wer weiß, wie viele unbegründete Vorurteile wir Deutschen doch haben‹, fuhr mir durch den Sinn. Bisher hatte ich bei meinen Besuchen in Neapel nie Angst gehabt. Sicher, ich war von Einheimischen begleitet worden, aber ich hatte nie irgendwo eine konkrete Gefahr entdecken können.

Es schien unvorstellbar, nach nur wenig mehr als zwei Stunden Flug und einem rasanten Landeanflug, der schon in Rom begonnen hatte, um den Vesuv eng umkreisend in niedriger Höhe über die Stadt zu ziehen und auf dem Flughafen Capodichino zu landen. Fast fehlte mir die unendliche Zeit, die ich so oft im Zug verbracht hatte. Ich stand zu Fuß auf dem Rollfeld in der brennenden Sonne und konnte es kaum fassen, schon angekommen zu sein. Die Hitze stand praktisch in der Luft und über dem Asphalt verschwamm mein Blick wie in einer Fata Morgana. Wir überquerten zu Fuß das Rollfeld, nachdem wir gut zwanzig Minuten auf eine Fluggasttreppe gewartet hatten Seltsam, hier gab es keine Gangway und offensichtlich noch nicht einmal einen Bus. Deshalb folgte ich meinen leicht meuternden Landsmännern und -frauen. Tja, liebe deutsche Landsleute, hier ist Italien, hier müsst ihr etwas weniger ungeduldig sein. Ihr seid ja schließlich in Urlaub. Ich schmunzelte innerlich und fühlte mich ihnen als Italienexpertin weit überlegen.

Natürlich wartete Agostino schon eine ganze Weile am Flughafen. Nie hätte er eine Verspätung riskiert. Nie hätte er zugelassen, dass ich auf ihn hätte warten müssen. Diesmal hatte er sich das Auto seines Bruders geliehen, denn der Flughafen war von ihm aus nur mit dem Auto zu erreichen. Während meine Fluggenossen in die organisierten Reisebusse zum Hafen oder zur Amalfiküste einstiegen, düsten wir mit offenen Fenstern im Auto nach Hause. Es war herrlich, den warmen Wind durch die Haare wehen zu lassen.

Dies war der Anfang eines sagenhaften Urlaubs, der die Weichen für mein zukünftiges Leben und das einer ganzen Reihe anderer Personen stellen sollte. Ich kam bei Agostino zu Hause nicht mehr als Unbekannte an, sondern als Familienmitglied. Sie wussten Bescheid, dass ich bald hierher ziehen würde und freuten sich. Sie umarmten mich herzlich. Besonders Lella bewunderte meinen Mut und verstand nicht richtig, dass ich so einfach meine Familie und mein Land verlassen würde. Sie freute sich riesig, mich wieder zu sehen, gab mir das Gefühl, einfach dazuzugehören. Sie bezog mich in jedes Gespräch ein und sprach langsam, während sie mir mit Gesten und einfachen Worten das Tischgespräch erklärte. Ich konnte sie viel besser als Agostinos Eltern verstehen, die oft dialektgefärbt oder gänzlich Dialekt sprachen. Am nächsten Morgen tauschten wir das Auto von Agostinos Bruder Filippo gegen das Auto von Luigi, der uns den alten, roten Fiesta sogar für zwei Wochen zur Verfügung stellte. Das war wirklich Freundschaft! Ich konnte mir nicht vorstellen, eine meiner Freundinnen um so einen großen Gefallen zu bitten. Ein Auto zu verleihen ist aus deutscher Sicht schon eine heikle Angelegenheit. Wir brauchten etwas mehr als eine Stunde bis Praiano, aber schon die Strecke bot zauberhafte Aussichten. In Castellammare verließen wir die Autobahn und fuhren über viele kleine Ortschaften bis Sorrent, wo wir abbogen, um die Halbinsel von Sorrent zu überqueren und auf der Höhe von Sant'Agata dei Due Golfi an die berühmte Küstenstraße zu gelangen. Von hier ging es Richtung Positano und dann weiter nach Praiano. Diese Strecke erinnerte mich sehr an die Küstenstraße in Südfrankreich, die

Ligurien mit der Côte d'Azur verband. Eine Küstenstraße, die an einer Seite schroffe Berge und an der anderen knallblaues Meer steil unter sich hatte, und die sich kurvenreich an der Küste entlangschlängelte. Unser Hotel lag gleich an der Staatsstraße, zumindest sein Hauptgebäude mit Rezeption und Speisesaal. Gleich hinter der Rezeption gab es die Terrasse, die einen spektakulären Blick in die Tiefe aufs Meer freigab und auf der wir an Ostern Kaffee getrunken hatten. Man schwebte praktisch viele Meter hoch über dem Meer. Agostino wurde es gleich schwindelig bei dem Anblick und er gab lieber unsere Personalien an der Rezeption an, damit man uns das Zimmer zuwies. Ich konnte mich kaum sattsehen an diesem Anblick und genoss die herrlichen Farben der Natur.

Wir waren in einem der Bungalows untergebracht. Das Zimmer war sauber und nett eingerichtet. Wir umarmten uns und konnten es kaum glauben: zwei Wochen nur für uns. Phantastisch! Schon hatte ich zu Hause vergessen. Ich dachte an keine Bank und an rein gar nichts mehr von meiner grauen deutschen Stadt. Wir genossen das Meer, das wir uns zweimal täglich mit einem Ab- bzw. Aufstieg von hundert Stufen verdienen mussten. Wir kamen an ein unterhalb des Hotels gelegenes Badeplateau, von dem aus man über eine Eisentreppe ins glasklare, grüne, blaue, aquamarinfarbene Wasser gleiten konnte. Es gab auch eine winzige Bucht, in der ein einfaches Lokal mit ein paar Tischen stand, wo ich zum ersten Mal in meinem Leben Feigen aß. Diese grünen, köstlich süßen Früchte wurden in Kombination mit rohem Schinken serviert. Dazu ein Glas herber Weißwein und die Urlaubsfreude war perfekt. Wir genossen unsere Tage am Meer und die Abende auf der Hotelterrasse beim Abendessen, in die ich mich schon in der ersten Sekunde nach unserer Ankunft verliebt hatte. Hier gab es allabendlich neapolitanische Spezialitäten, von deren Existenz ich nichts gewusst hatte. Gateau di patate: eine rustikale, im Backofen zubereitete Torte aus Kartoffelpüree mit kleinen Schinken-, Salami- und Käsestückchen. Es gab ständig wechselnde Nudelgerichte, von denen ich nie genug bekam: von den Klassikern wie Lasagne bis zu den auf rechteckigen Durchmesser gequetschten Spaghetti, die Linguine hießen, mit Venusmuscheln oder Pesto, die grüne Basilikumsoße, alles war einfach herrlich und vor allem sehr, sehr italienisch. All dies wurde jeden Abend von einer Karaffe Weißwein begleitet. Wir hatten die Menge nie mit dem Kellner abgesprochen, es war eben die übliche Karaffe. Ich ging davon aus, dass es ein halber Liter war, geteilt durch zwei war das schon in Ordnung. Nach dem Abendessen unternahmen wir oft nicht mehr viel. Wir waren schon gegen 23 Uhr müde – wahrscheinlich war die Seeluft schuld – und gingen recht früh zu Bett. Außerdem war auch unser Zimmer trotz seiner Einfachheit ein romantischer Zufluchtsort für uns, die wir es genossen, diesmal nicht nur ein paar Tage, sondern eine längere Zeit zusammen zu sein. Wir hatten noch so viele einsame Abende, die wir am Telefon geschmachtet hatten, nachzuholen.

Die Tage verbrachten wir am Meer oder machten Ausflüge in die Umgebung. Nach Positano, wo wir das in den Berg geschlagene Örtchen abliefen und ich mir die Modeboutiquen mit dieser außergewöhnlichen Modekollektion von Kleidern, die aus verschiedenen Stoffen, Spitzen und Bordüren gefertigt waren, ansah. Mit solch einem Kleid fiel man in Deutschland natürlich auf. Zumal es einen solch hohen Preis hatte, dass man auffallen musste. In Positano gab es ganz unten nach vielen, vielen Stufen einen Strand, an dem Liegestühle vermietet wurden. Wir gönnten uns den Luxus, den man kräftig bezahlte, und hatten dafür einen zwar etwas überlaufenen, aber hübschen Strand zur Verfügung, von dem aus man nach und nach ins Wasser gehen konnte und sich nicht abrupt hineinstürzen musste, wie wir das vom Badeplateau aus gewohnt waren.

An einem anderen Tag beschlossen wir, die Grotta Smeralda, die Grüne Grotte, zu besichtigen. Diese lag 9 km weiter südlich an der Costiera und um Parkplatzprobleme zu vermeiden, fuhren wir mit dem Linienbus dorthin. Der fuhr auch ganz in der Nähe unseres Hotels ab und musste einfach nur die kurvige Staatsstraße entlang Richtung Süden fahren. ›Ganz einfach‹, dachten wir, wobei wir aber die Fahrweise der Busfahrer in diesem Landstrich nicht kannten. Während wir noch auf den Stufen des Einstiegs waren, zog der Bus bereits an, obwohl die Türen noch geöffnet waren. Schon nach ein paar Metern hatte der Bus eine beachtliche Geschwindigkeit erreicht und Agostino riss mich von der noch offenen Eingangstür ins überfüllte

Innere des Busses zwischen zahlreiche Menschen. Der eintretende Fahrtwind war zwar recht angenehm, aber bei dieser Höllengeschwindigkeit wurde es mir beim Anblick der vorbeirasenden Küste durch die offene Tür doch etwas mulmig. Als der Fahrer nach ein paar hundert Metern beschloss, dass die Belüftung nun wohl ausreichend sei, und die Tür schloss, schienen auch einige andere Touristen erleichtert zu sein, wogegen die wenigen Italiener im Bus mir völlig ungerührt erschienen. Doch Zeit zum Nachdenken hatte ich nicht. Der Bus kurvte entlang der Straße und ich musste mich mit beiden Händen festhalten, um das Gleichgewicht nicht zu verlieren. Vor jeder Haltestelle bremste der Bus abrupt ab und wenige Personen stiegen aus, aber umso mehr Personen stiegen ein. Dann ging es weiter, immer in derselben Geschwindigkeit und durch immer mehr Kurven. Ich begann zu bereuen, dass ich so ausgiebig gefrühstückt hatte. Meine Reue wuchs immer mehr und als endlich unsere Haltestelle gekommen war und wir ausstiegen, lagen genau vor mir herrliche Beete, die von meinem Mageninhalt bewässert wurden. Danach kam ich langsam wieder zu mir und musste nun fast lachen. In Deutschland musste man für ein solches Erlebnis die Achterbahn besuchen, hier reichte ein gewöhnlicher Linienbus, um ein Abenteuer zu erleben.

Zur Besichtigung der Grotte stiegen wir zusammen mit anderen überwiegend deutschen und englischen Touristen in ein altes, hölzernes Ruderboot. Unser Führer war ein alter Mann mit faltiger, sonnengebräunter Haut. Ein echtes Original dieser Zone, wie Agostino mir erklärte. Während dieser Mann uns durch die Grotte mit dem wirklich smaragdgrünen Wasser ruderte und mit ein paar Brocken Deutsch und einem haarsträubenden Englisch die Stalagmiten und Stalaktiten und die Entstehungsgeschichte dieser Höhle mit der unterirdischen Lichtspiegelung erklärte, rief er:

»Smerald, smerald, chi vuò cumpra, quante cose bisogn fa' ppe campa.«

Was bedeutet: Smaragde, Smaragde, wer will sie kaufen? Was muss man nicht alles tun, um zu überleben, und nahm gleichzeitig in seinem Dialekt, den von uns Leuten im Boot aber nur Agostino verstehen konnte, uns Touristen auf den Arm.

»Chisti vengon a perder o' tiemp. Nun hanno nu' cavolo ra fa', – die haben Zeit zu verplempern. Die haben nichts zu tun.«

Agostino konnte sich vor Lachen kaum halten und übersetzte mir in reines Italienisch einige der Scherze. Leider oder zum Glück verstanden die anderen Urlauber unsere Heiterkeit nicht. Aber ich gehörte zu den Eingeweihten.

An einem anderen etwas bewölkten Tag besuchten wir Ravello. Diese kleine Ortschaft lag in den Bergen oberhalb von Minori und Amalfi und bot Ausblicke, bei denen dem Betrachter der Atem wegblieb. Da wir von den Busverbindungen der Amalfiküste genug hatten, fuhren wir mit dem Auto dorthin. Wir hatten aber nicht damit gerechnet, dass diese kleine Ortschaft so überlaufen war und über nur wenige Parkmöglichkeiten verfügte. So kreisten wir viele Male durch die Straßen, bis Agostino schließlich eine Parklücke ausmachte, die genau die gleiche Breite wie Luigis Auto hatte. Nie hätte ich es geschafft, hier einzuparken. Agostino hatte mich vorher aussteigen lassen und nachdem der Wagen endlich richtig stand, bemerkte er zu meiner Heiterkeit, dass die Fahrertür sich wegen der Enge nicht öffnen ließ. Aber ein Neapolitaner lässt sich von solchen Kleinigkeiten nicht aus der Ruhe bringen. Er öffnete das Fenster an der Fahrerseite und schob seinen schmalen Körper Stück für Stück aus dem Fenster, bis er auf dem daneben geparkten Auto landete. Auf meine Frage, was denn jetzt mit dem offenen Fenster passieren sollte, hob er nur die Schultern und meinte lakonisch, wer denn schon einen so alten Fiesta klauen würde. Wir waren hier an der reichen Amalfiküste. Hier waren überall teure Luxusautos geparkt. Für Autodiebe gab es tatsächlich fettere Beute als ein uralter Ford Fiesta.

Wir hatten Durst und setzten uns in ein Café, wo Agostino für uns zwei Cedrata bestellte. Dieses nicht-alkoholische Getränk hatte ich noch nie probiert. Es war eine Erfrischung, die man in Italien schon seit über 100 Jahren kannte. Für meinen Gaumen eine Art Limonade, die aus Zedernapfel, also aus Zitronatzitrone, ist. Diese Frucht kann kaum verzehrt werden, da sie sehr bitter ist, wird aber außer für Limonade auch als Zitronat in Süßspeisen und zur Parfumherstellung verwendet. Auch in diesem Café blieb uns der Atem weg, diesmal aber nicht wegen dem Ausblick, sondern wegen der Rechnung. Man verlangte tatsächlich 10.000 Lire für zwei Getränke. Eine Summe, mit der man zu zweit Pizza, Getränke und Gedeck in einem Durchschnittslokal in Neapel bezahlen konnte. Tja, das war eben die Amalfiküste. Hier setzte man auf Edeltourismus und nicht auf zwei junge Leute wie uns.

Unser erster gemeinsamer Urlaub lief perfekt, konnte aber nicht so bleiben, denn das Leben ist einfach nicht perfekt. Eines Abends, nachdem wir uns wie fast immer vor Mitternacht in unser Zimmer zurückgezogen hatten, schlief ich sofort ein, während Agostino noch die Nachttischlampe brennen ließ. Ich wachte tief in der Nacht auf und sah, dass das Licht immer noch brannte. Aber das Bett neben mir war leer. Ich wartete einen Moment und horchte, ob ich Geräusche aus dem Badezimmer hörte. Nichts. Ich sah nach. Es war leer. Vielleicht hatte Agostino nicht einschlafen können und war noch mal ins Hauptgebäude des Hotels gegangen, um etwas zu trinken. Ich löschte das Licht und versuchte wieder einzuschlafen. Aber es gelang mir nicht. Ich machte das Licht wieder an und schaute auf meine Armbanduhr neben dem Bett. Es war 20 nach 3. Um diese Zeit war sicher auch die Bar im Hotel geschlossen. Ich ging ans Fenster, öffnete die Läden und versuchte, im Dunkeln etwas zu erkennen. Da es zur Meerseite ging, konnte ich nichts erkennen. Ich ging zur Zimmertür und sah, dass der Schlüssel nicht mehr da war. Den hatte Agostino sicher mitgenommen. Das hieß aber auch, dass ich das Zimmer nicht verlassen konnte, denn wenn die Tür ins Schloss fiel, hätte ich mich ausgesperrt. Aber wohin sollte ich auch gehen? Und im Schlafanzug? Oder sollte ich mich anziehen? Also öffnete ich die Tür, aber natürlich stand Agostino nicht davor. Wo konnte er nur sein und warum hatte er mir nichts gesagt? Ich suchte im Zimmer, ob er einen Zettel dagelassen hatte. Nichts. Langsam wurde ich nervös und merkwürdige Gedanken kamen mir in den Sinn. Wenn für ihn dieser so ruhige Urlaub zu langweilig war? Vielleicht wollte er lieber ausgehen, in eine Disco. Da war doch ein Nachtclub, der »Africana Club« hieß, ganz in der Nähe. Vielleicht war es ihm zu langweilig mit mir. Mir stiegen die Tränen hoch. Das war wieder typisch. Da ich keine schlaflosen, durchgetanzten Nächte mochte, ging ich automatisch davon aus, dass das auch für

Agostino so war. Er war wahrscheinlich zu lieb und schüchtern, um mir zu sagen, dass ihm der Urlaub so nicht gefiel. Und ich hatte seine Unzufriedenheit nicht bemerkt. Immer mehr düstere Gedanken gingen mir durch den Sinn und ich wurde immer unruhiger. Wieder und wieder sah ich auf die Uhr, aber die Zeit verging überhaupt nicht. Ich war todunglücklich und fühlte mich wirklich hilflos. Jetzt saß ich hier in diesem Örtchen an der Amalfiküste allein und Agostino war verschwunden. Ich versuchte zu lesen, konnte mich aber gar nicht auf das Buch konzentrieren und fing auch schon wieder an zu weinen. Er hätte mir doch zumindest sagen können, wohin er geht, oder eine Nachricht hinterlassen. Ich konnte mir sein Verhalten überhaupt nicht erklären. Ich rollte mich im Bett hin und her und die Bettwäsche war schon ganz zerwühlt. Ich stand auf, ging im Zimmer hin und her, ging wieder ins Bett. Es wurde mir kalt und heiß. Ich hatte Durst, trank einen Schluck Wasser, ging auf die Toilette und wusste nicht, was ich machen sollte. Durch das Fenster sah man schon einen kleinen Streifen Licht am Nachthimmel, das Morgengrauen war nicht mehr weit. Ich ging wieder ins Bett. Irgendwann muss ich dann doch wieder eingeschlafen sein und wachte erst auf, als die Sonne schon kräftig ins Zimmer schien. Sofort erinnerte ich mich und erschrak, als ich Agostino neben mir im Bett schlafend fand. Ich weckte ihn, was nicht einfach war, und verlangte eine Erklärung. Er schien völlig normal, nur furchtbar müde. Er erklärte mir, dass er sich am Vorabend nicht gut gefühlt habe. Er hatte einen beschleunigten Puls und da schon mehrere seiner Verwandten, vor allem in letzter Zeit, in jungem Alter an einem plötzlichen Herzversagen gestorben waren, hatte er es mit der Angst bekommen. Er hatte mich nicht wecken wollen, und so hatte er das Zimmer verlassen, den Schlüssel aber mitgenommen, damit er es wieder betreten konnte, ohne mich zu stören.

»Na, und wo warst du die ganze Nacht? Im Krankenhaus? Beim Notarzt?«, fragte ich.

»Nein, ich bin entlang der Staatsstraße gelaufen, weil ich den Eindruck hatte, dass mir Bewegung gut tut.« Diese Antwort erschien mir merkwürdig und ich versuchte, mir die Szene vorzustellen. Die kurvenreiche Straße ohne Bürgersteig und Straßenbeleuchtung, wo die Autofahrer einen Fußgänger erst im letzten Moment sahen. Da schien mir die gesundheitliche Bedrohung durch einen möglichen Infarkt doch geringer, als das Risiko, von einem aus dem Nachtclub betrunken heimkehrenden Autofahrer getötet zu werden. Dieses Erlebnis gab mir schon zu denken, auch wenn am nächsten Tag alles vergessen zu sein schien. Großes Vertrauen zu mir hatte Agostino sicher nicht. Es war zwar nett, dem anderen gegenüber Störungen zu vermeiden, aber an wen wendet man sich in tatsächlich bedrohlichen Situationen, wenn nicht an den Partner? Betrachtete er mich tatsächlich als seine Partnerin?

Trotz dieser Begebenheit, die mir einen unangenehmen Nachgeschmack hinterließ, war unser erster Urlaub an der Costiera wirklich ein Erfolg. Am Ende der zwei Wochen kehrten wir wie ein Paar nach Neapel zurück. Der Gedanke, dass hiermit der Urlaub noch nicht zu Ende war, war herrlich.

In Neapel warteten auf uns seine Familie und eine Reihe Freunde. Wir machten viele Ausflüge in die Umgebung und ich lernte einige von Agostinos Verwandten kennen. Am schönsten war der Tag, den wir mit seinen beiden Schwestern Lella und Tiziana und seinen Freunden am Meer verbrachten. Wir fuhren an den Strand, der am nächsten am Nordteil der Stadt Neapel lag: Varcaturo. Das Meer war hier zwar nicht so sauber wie an der Amalfiküste, aber der Strand war herrlich feinsandig und ganz hell. Varcaturo war nach 20 Minuten Autofahrt durch eine Reihe von Orten, von denen ich noch nie gehört hatte, erreichbar: Marano, Qualiano, Licola. Lella erklärte mir, dass wir uns Richtung Norden bewegen und dass diese kleinen Orte ehemalige Dörfer waren, die einen Bauboom erlebt hatten und nun von vielen Neapolitanern bewohnt waren, da die Wohnungen dort preiswerter waren, als in der Stadt. Morgens bewegten sich von hier Menschenmassen, die zur Arbeit nach Neapel fuhren. Das war mir nicht gänzlich unbekannt, auch in Deutschland strömen die Menschen aus dem Kölner Umland in die Stadt, wo Büros und Geschäfte waren. Der Unterschied lag nur darin, dass sich die deutschen Autos brav eines hinter dem anderen in die Schlange stellten, während die Neapolitaner versuchten, links oder rechts den Stau zu überholen, um sich viel weiter vorne mit Gewalt wieder in die Autoreihe zu quetschen, wenn ein Auto entgegenkam. Aber das schien so zu funktionieren. Wir hatten keine Probleme mit Stau, da wir uns stadtauswärts bewegten und außerdem war im August nur ein geringer Anteil der Menschen überhaupt in der Stadt, da in diesem Urlaubsmonat die meisten Geschäfte und Firmen geschlossen waren und die Leute in Urlaub waren. Das sah man dann auch gleich, als wir am Strand ankamen, der schon total überfüllt war, aber das machte uns nichts. Wir fanden ein Plätzchen am freien Strand, wo wir unsere Handtücher einfach in den Sand legten.

Wir waren eine schöne Gruppe, es waren Luigi und Emilio mit anderen Freunden, die ich noch nicht kannte, dabei. Einer hieß Giovanni und wurde Gianni genannt. Man hatte mir schon viel von ihm erzählt. Eigentlich war es wohl ein Junge mit familiären Problemen. Er hatte als kleines Kind im Herzen der Altstadt, in Montesanto, gewohnt. Als 1980 das schwere Erdbeben die Stadt am Vesuv heimgesucht hatte, war das Haus beschädigt und für einsturzgefährdet erklärt worden. Demzufolge erhielt die Familie die Zuweisung einer Sozialwohnung in der Nähe des Flughafens, was aber von echten Neapolitanern nicht als Glücksfall, sondern als Katastrophe gewertet wurde, da sie die Altstadt mit den engen Gässchen und den vielen Bekannten verlassen mussten. Auch ein Einzimmerlokal Parterre und ohne Fenster in der Altstadt zählte hundertmal mehr als eine moderne Fünfzimmerwohnung in den Satellitenvierteln der Vorstadt. Nun, im Endeffekt hatte die Familie von Gianni beides behalten. Die einsturzgefährdete Wohnung, die nie repariert wurde, aber auch nie eingestürzt war, und die Fünfzimmerwohnung im Wohnblock. Vielleicht war es eine Charaktersache oder das Hin- und Hergerissensein zwischen der Gassenmentalität Neapels und der Vorstadtmentalität, aber Gianni hatte eine seltsame und wenig stabile Art, mit anderen umzugehen. Er war sehr unsicher und fühlte sich von den Freunden nicht wirklich akzeptiert. Gleich nach unserer Ankunft am Strand zogen wir unsere Shorts und Strandkleider aus, unter denen wir den Bikini bzw. die Badehose hatten. Die Jungs trugen alle Badeshorts, wie es die italienische Mode diktierte, nur Gianni trug eine ziemlich knappe, eng anliegende Badehose. Da diese weiß war, scherzten die Freunde sofort: »Pass nur auf,

Gianni, wenn du mit der ins Wasser gehst, wird sie durchsichtig. Das ist bei weißen Badehosen so.«
»Blödsinn«, antwortete Gianni, »die hier nicht, die ist aus anständigem Stoff. Das denkt ihr euch so, dass ich eine Badehose von schlechter Qualität trage.« Keiner antwortete hierauf, denn die Freunde wollten scherzen, ohne ihn zu verletzten. Sofort stürzten wir uns ins Wasser, schwammen, spielten Volleyball, fuhren mit dem Tretboot raus und amüsierten uns. Keiner sprach mehr laut über die weiße Badehose, aber wir hatten schon bemerkt, dass die im nassen Zustand tatsächlich durchsichtig geworden war. Wir taten aber so, als sei nichts. Der Tag verging und wir lachten viel. Das Tretboot drohte mehrmals zu kentern, da wir mit zwölf Personen darauf waren, während es höchstens für sechs Personen gedacht war. Aber das störte uns nicht weiter. Ab und an sprangen ein paar von uns runter und ließen sich von denen, die dran waren zu treten, mitziehen. Am Mittag aßen wir unsere mitgebrachten belegten Brötchen. Lella hatte für uns an alles gedacht. Sie war früh aufgestanden und hatte außer Broten auch eine »Frittata di Spaghetti«, ein Spaghettiomelett, vorbereitet. Am Nachmittag spielten wir Strandtennis mit den typisch italienischen Holzschlägen und dem Gummiball, die Jungs versuchten sich bei einer Partie Fußball und der Tag war herrlich. Gegen Sonnenuntergang gingen wir noch einmal schwimmen. Als wir dann aus dem Wasser kamen, um uns abzutrocknen und langsam den Heimweg anzutreten, fiel Giannis Blick offensichtlich zum ersten Mal an seinem Körper entlang bis zu seiner Badehose. Er stieß einen grellen Schrei aus und wickelte in Windeseile sein Handtuch um die Hüften.
»Ihr seid ja wirklich bescheuert«, rief er voller Wut, »das hättet ihr mir ja sagen können, dass meine Badehose im Wasser durchsichtig wird.«
Nun konnten wir uns kaum mehr halten vor Lachen. Luigi war kurz vor dem Ersticken.
»Das haben wir dir doch schon heute Morgen gesagt, Gianni«, presste er heraus, als er wieder zu Luft gekommen war, »du hast ja nicht hören wollen.«
»Aber ich hab gedacht, ihr nehmt mich auf den Arm«, schmollte Gianni. Er war wirklich das, was man auf Deutsch als komischen Kauz

bezeichnete, aber trotzdem war er sehr lieb und er tat mir auch ein bisschen leid. Ich hatte den Eindruck, dass ihm sehr viel daran gelegen war, von diesen Freunden akzeptiert zu werden.

Unsere Streifzüge durch die Stadt waren ganz anders, als bei meinen vorhergehenden Besuchen. Jetzt im Sommer stand die Hitze über dem Asphalt, was mir aber nicht viel ausmachte. Das deutsche Klima hatte in mir ein so großes Bedürfnis nach Sonne und Wärme ausgelöst, dass ich gar nicht genug bekommen konnte. Viele Geschäfte waren geschlossen, sie öffneten erst gegen Monatsende wieder, wenn mein Urlaub seinem Ende entgegenging. Dafür hatten einige Geschäfte aber die eh schon günstigen Preise weiter heruntergesetzt und ich kaufte mir eine Reihe von Shorts mit passenden Blusen, leichte Hosen und T-Shirts, denn die würde ich ja bald brauchen.

Mein Entschluss nach Neapel zu ziehen stand nun felsenfest. Agostino war sehr glücklich darüber. Ich schlug den nächsten Frühling als Umzugstermin vor, womit er aber nicht einverstanden war. Er gab zu bedenken, dass in Neapel niemand Leute im Frühjahr oder kurz vor der Sommerpause einstellte, denn dann müsste der Arbeitgeber den Angestellten auch während der Schließung im Sommer weiter bezahlen. Das machte man nicht gern für einen brandneuen Mitarbeiter. Agostino schlug vor, dass der Januar der ideale Monat sei, um Arbeit zu finden. Da hatte man das ganze Jahr noch vor sich. Mein Problem war nur, dass ich bei einer Kündigung zum 31.12. das Weihnachtsgeld und all die zusätzlichen Vergütungen, die mir bei der Bank zustanden, verlieren würde. Wir wollten noch mal darüber nachdenken, aber vielleicht fand ich nach meiner Rückkehr nach Hause eine positive Antwort auf eine meiner Bewerbungen im Briefkasten. Wenn ich mit einer Stelle in Aussicht nach Neapel zog, dann war auch der Verlust der Zusatzleistungen ausgeglichen.

Die letzten Urlaubstage vergingen wie im Flug, ich sah noch Agostinos Kusinen Paola und Rossanna wieder und erfreute mich an ihrer Lebhaftigkeit. Sie bemühten sich sehr, mit mir ins Gespräch zu kommen. Und ich hatte tatsächlich Fortschritte gemacht bei meinen Italienischkenntnissen. Wenn eine Person keinen Dialekt sprach, sondern ein langsames Italienisch, konnte ich fast alles verstehen und war auch in der Lage, nach der Bedeutung eines einzelnen Wortes zu fragen. Etwas schwieriger war es, mich auszudrücken. Oft fehlte mir eine Vokabel oder sie kam mir erst später in den Sinn. Aber schon die Tatsache, dass ich Sätze formte, die die anderen verstanden, erfüllte mich mit Befriedigung. Ich stellte fest, dass die Sprachgeschwindigkeit im Italienischen einfach höher war, das machte es kompliziert, zum Beispiel die Fernsehnachrichten waren schwer zu verstehen, während die im Radio einfach unmöglich zu verstehen waren. In diesem Urlaub hatte ich auch die Erfahrung gemacht, dass es nicht ausreichte, gut Italienisch zu lernen, sondern dass ich nach meinem Umzug auch den neapolitanischen Dialekt lernen musste, um hier richtig zurechtzukommen.

Diesmal fand der Abschied am Flughafen und nicht am Bahnhof statt. Es gab eine ganz andere Atmosphäre, und das nicht nur, weil wir den Entschluss gefasst hatten, bald, vielleicht schon in einem halben Jahr, unsere gemeinsame Zukunft hier in Neapel zu beginnen. Agostino hatte mich zum Einchecken begleitet und dann hatten wir noch einen Kaffee zusammen getrunken. Als wir uns dann am Eingang in den internationalen Bereich verabschieden wollten, fixierte er mit dem Blick den Polizisten, der den Eingangsbereich überwachte. »Ue' Mimmo«, rief er und begrüßte den Polizisten herzlich mit Umarmung. Sie redeten eine Weile zusammen und zeigten auf mich. Als wäre es die normalste Sache der Welt, passierten wir gemeinsam die Kontrolle, ohne das Flugticket oder anderes vorzuzeigen und Agostino ging mit mir in den Abflugbereich. Dort verbrachten wir noch die ganze Wartezeit bis zum Einsteigen zusammen und erst, als mein Flug aufgerufen wurde, umarmten wir uns noch einmal und Agostino ging auf die Flughafenterrasse, um zuzusehen, wie das Flugzeug abhob. Da waren sie wieder, diese kontroversen Gefühle. Auf der einen Seite eine große Dankbarkeit für diesen Monat Urlaub, den ich in meiner zukünftigen Heimat verbracht hatte, das Glück, die vielen schönen Momente, das viele Lachen. Auf der anderen Seite die Traurigkeit, der Abschiedsschmerz und die Trübsinnigkeit, wenn ich an die kommenden Wochen und Monate dachte. Deutschland war für mich etwas Dunkles, Trauriges geworden. Der Inbegriff der Langeweile. Und meine nette, kleine Wohnung schien mir nur noch eine Höhle der Einsamkeit zu sein.

17. Kapitel

GRAU IN GRAU ODER ES WIRD ERNST

In Deutschland war am 1. September tatsächlich schon Herbststimmung. Das schöne Wetter war vorbei und ich hatte eine große Sehnsucht nach Agostino, nach Neapel, nach südländischer Leichtigkeit. Die Rückkehr nach Hause, zur Arbeit und in den Alltag kam mir wie ein Mühlstein, den man mir an den Hals hängte, vor. Alles fiel mir schwer. Der einzige Trost war meiner treuer Kater Wusel, der jeden Tag auf meine Rückkehr wartete. Der riesige, rote Perser verbrachte seinen Tag, indem er aus dem Dachfenster meiner Küche auf die gegenüberliegenden Dächer sah. Dort beobachtete er die Tauben, die unter den Ziegeln nisteten. Sicher hätte er gerne Jagd auf sie gemacht. Aber er war ein Stubenkater auf dem dritten Stock. Seine Leidenschaft war – wie bei allen Kastrierten – das Fressen. Ich konnte keine Lebensmittel offen liegen lassen, denn er ließ weder Brot noch Salat verschont. Die einzigen Speisen, die er verachtete, waren Bananen und Zwiebeln. Sein bevorzugter Schlafplatz war weiterhin der tiefe Sessel, der gleich vor dem Fenster stand. Im Kissen der Sitzfläche konnte er sich richtig einkuscheln und büschelweise Fell hinterlassen. Ich hatte Agostino gesagt, dass ich bereit war, nach Italien zu ziehen, aber nur, wenn Wusel mitkäme. Nie hätte ich mich von ihm trennen können. Er, der mir in allen einsamen Stunden zur Seite gestanden hatte.
Also war es beschlossen, auch Wusel würde ein italienischer Kater werden. Wie er wohl den Umzug verkraften würde? Und wie sollte ich ihn nach Neapel transportieren, um ihn so wenig wie möglich zu traumatisieren? Schon eine Fahrt im Auto zum Tierarzt war eine Unternehmung. Der Kater plus Käfig kam schon mal auf ein Gewicht von 10 kg. Und außerdem maunzte er unentwegt, sobald er im Transportkorb saß. Also im Flugzeug? Wer wusste schon, ob man Tiere überhaupt mitnehmen konnte. Im Zug – unmöglich, 22 Stunden eingesperrt. Wie sollte ich ihn im Abteil herumlaufen lassen? Da blieb praktisch nur das Auto, denn das wollte ich auf jeden Fall mitnehmen. Und auch

meine persönlichen Sachen. Die Möbel nicht, denn wie die Dinge standen, musste ich ja zuerst zu Agostinos Familie ziehen, bevor wir dann eine eigene Wohnung mieten konnten. Die erhoffte positive Antwort auf eine meiner Bewerbungen hatte ich im Briefkasten nicht vorgefunden. Aber meine Kleidung, die Bücher, Schuhe und so viel mehr musste ich mitnehmen. Außerdem alles, was ich für Wusel brauchte. Seine Schüsseln, das Katzenklo, Decken und Körbchen. Es war natürlich noch zu früh, um mit dem Packen anzufangen. Und was sollte ich mit meinen Möbeln machen? Die waren zu schade zum Wegwerfen. Vieles war noch neu. Das war klar, es gab viel zu organisieren und zu überdenken.

Mein erster Einsatzort nach dem Urlaub war meine Geschäftsstelle Lindenberg, und zwar genau im Servicestand, den ich zuletzt vor meinem Beitritt in die Sondergruppe betreut hatte. Nur dass ich jetzt nicht mehr als Angestellte der Filiale, sondern als Außenstehende dort stand und für die gleiche Arbeit mehr Geld verdiente. Als Außenstehende wurde ich aber von den Kollegen nicht betrachtet. Es war schön, wieder mit Erika und Christine unter einem Dach zu arbeiten. Außer der Serviceberatung, den Kassenoperationen gab mir der Betriebsleiter, Herr Schneider, auch eine ganze Menge Schreibtischarbeit, die ich zwischen einem und dem anderen Kunden erledigte. Dagegen hätte sich jeder andere Angestellte gewehrt, aber er kannte mich gut genug, um zu wissen, dass ich mich nie vor einer Arbeit drückte. In diesen Tagen war auch am Schalter heftiger Betrieb und der Kundenberater, der mir in schwierigen Fragen und bei allen Operationen, die für vier Augen ausgelegt waren und also einer Kontrolle bedurften, zur Seite stehen sollte, der liebe Herr Lustig, war aber immer noch so unlustig, wie er es früher schon gewesen war und ich musste alleine mit vielem klarkommen.

So passierte es, dass ich bei der Kassenaufnahme am Abend eine enorme Differenz in der Kasse hatte: 1936,89 DM. Und dazu noch eine so krumme Summe. Wie es das Protokoll vorsah, informierte ich den Leiter, Herrn Schneider, der mit mir zusammen alle Posten des Tages durchging, aber wir fanden keinen Fehler. In der Zwischenzeit gingen die anderen Kollegen nach Hause und wir hakten die Belege

mit dem Kassenstreifen ab. Schließlich fanden wir einen Zahlendreher, der die Summe aber nur unwesentlich verringerte. Trotzdem blieb ein Überschuss von über 800 DM.
Herr Schneider schien gar nicht ärgerlich, dass mein Fehler ihn zwang, noch hierzubleiben. Er war sehr freundlich und beruhigte mich. Sollte ich tatsächlich einem Kunden zu wenig Geld gegeben haben, würde er sich sicher melden. Anders war es bei einem Fehlbetrag, da freute sich der Beglückte normalerweise still und kam nicht zurück. Es war mir unangenehm, einen Fehler gemacht zu haben und den noch nicht einmal zu finden, aber die Atmosphäre war alles andere als unangenehm. Herr Schneider erzählte mir, dass es ihm gar nichts ausmachte, später nach Hause zu kommen, denn seine Frau hatte es wieder mal im Rücken und dann sei sie so unleidlich, erklärte er schmunzelnd. Ich wusste nicht so recht, was ich antworten sollte, denn ich wäre gerne pünktlich nach Hause gegangen. Eigentlich war ich ja immer noch ein bisschen böse auf ihn wegen der Vergabe des freien Arbeitsplatzes an Andrea, aber es gelang mir nicht, weiter nachtragend zu sein. Er war einfach zu nett zu mir. Nach einiger Zeit verblieben wir, gemeinsam am nächsten Tag weiter nach der Differenz zu suchen.
Und tatsächlich verbrachte er fast den ganzen nächsten Tag damit, alle meine Buchungen zu kontrollieren. Ab und an rief er mich zu sich und bat, mich an den einen oder anderen Kunden und den relativen Vorgang zu erinnern. Wie viel hatte die Verkäuferin vom Lederwarengeschäft eingezahlt? In welcher Stückelung hat Herr Pelzer die 530 Euro abgehoben? Er blockte alle anderen Arbeiten ab und setzte alles daran, das Rätsel zu lösen. Sogar die Anrufe von zuhause nahm er nicht an. Und wirklich gelang es ihm, den Fehlbetrag aufzuklären. Es handelte sich um eine Reihe von Buchungsfehlern, sogenannte Dreher, bei denen ich anstatt 36 DM 63 DM gebucht hatte und ähnliches. Ich war erleichtert und Herr Schneider ermunterte mich, die abendliche Kassenaufnahme jetzt mit ihm und nicht mehr mit Herrn Lustig zu machen, da der sich nicht wirklich aktiv am Kassengeschäft beteiligte, sondern mich alles machen ließ und dann nur unterschrieb.
Mein Einsatz in der Geschäftsstelle Lindenberg war ursprünglich nur

für drei Tage als Urlaubsvertretung angefragt gewesen, aber Herr Schneider hatte nun meine Verlängerung beantragt. Die Zentrale rief mich an und teilte mir mit, dass ich auf ausdrückliche Anfrage vom Betriebsleiter Schneider auf unbestimmte Zeit in der Geschäftsstelle war. Und das trotz meines Kassenfehlers. Ich fühlte mich geschmeichelt, hatte aber fast das Gefühl, als ob da noch etwas anderes dahinter steckte. Die Arbeitstage waren viel angenehmer als in Zollberg. Und auch wenn wir nicht viel miteinander reden konnten, war es schön, mit Christine und Erika zusammen zu arbeiten. Mit Christine konnte ich auch zusammen Pause machen, da sie sich nur mit den anderen Kundenberatern absprechen musste. Mit Erika leider nicht, denn wir mussten uns abwechseln, da wir die gleichen Aufgaben hatten. Ich erzählte Christine von meinem Entschluss, nach Neapel zu ziehen, und sie war ein wenig besorgt.

»Überleg dir das nur gut«, meinte sie, »du hast hier eine Arbeit, eine Wohnung und lebst gut. Warum kommt Agostino nicht nach Deutschland? Wenn so viele Italiener hierher gezogen sind, dann muss es doch einen Grund dafür geben!«

Das waren die Überlegungen, die auch meine Eltern anstellten. Ich wusste, dass weder sie noch Christine Unrecht hatten, aber jetzt war es eben entschieden. Erika dagegen war viel optimistischer. Sie konnte gut verstehen, dass ich Lust hatte aus Deutschland wegzugehen. Auch wenn das eigentlich so nicht stimmte. Hätte ich Agostino nicht kennen gelernt, wäre mir die Idee wegzugehen sicher nicht gekommen. Viele meiner ehemaligen Klassenkameraden hatten schon als Jugendliche davon geschwärmt, das Land zu verlassen, aber ich hatte diese Art Fernweh nie verstanden. Mir gefielen Reisen sehr, aber es war auch immer schön, wieder nach Hause zu kommen.

Am Sonntag war ich zu Besuch bei meinen Eltern. Der Korb mit der schmutzigen Wäsche war diesmal voll und wir stellten gleich die Waschmaschine an. Beim Mittagessen wollten sie wissen, welchen Eindruck ich mir denn nun von dieser schrecklichen Stadt Neapel verschafft hätte, von der man immer nur Nachteiliges im Fernsehen hörte und sah. Schmutz, Camorra und Kleinkriminalität. Ich erzählte ihnen in kurzen Zügen, was ich erlebt hatte, von den Traditionen, den

freundlichen, gutgelaunten Menschen. Von der wunderschönen Küste, von der Lebensart, und sie hörten mir mit skeptischem Gesichtsausdruck zu. Es gefiel ihnen überhaupt nicht, mich schwärmen zu hören. Sie sagten mir klar, dass ich aufgrund meines jungen Alters blauäugig sei und da ich verliebt sei, alles so positiv sähe, was in Wirklichkeit schmutzig, gefährlich und überhaupt für uns Deutschen unakzeptabel sei. Denn nicht umsonst warne das Fernsehen vor Reisen nach Neapel. Da half es gar nichts, darauf hinzuweisen, dass ich die Stadt wirklich und nicht nur vom touristischen Standpunkt aus, sondern von Einheimischen geführt, gesehen hatte. Zu erklären, dass Agostino versucht hatte, mir ein realistisches Bild zu vermitteln, und zwar, indem wir nicht nur den Lungomare und die schönsten elegantesten Straßen, sondern vor allem die typischen, urigen Viertel besucht hatten. Aber ich hatte keine Chance meine Eltern zu überzeugen. Wie konnte man da nur leben! Da musste man geboren sein.
Ich begriff, dass ich keine Möglichkeit hatte, ihnen nach und nach beizubringen, dass ich nur noch vier Monate hierbleiben würde. Und da die Diplomatie nicht zu meinen Stärken gehörte, platze ich gerade heraus: »Wie auch immer. Wir haben uns das hin und her überlegt und sind zu dem Schluss gekommen, dass wir unsere Beziehung auf Distanz nicht mehr lange weiterführen können.«
»Sehr richtig«, unterbrach mich meine Mutter, »wenn ihr die Sache auf Distanz nicht weiterführen könnt, dann hat es keinen Zweck. Dann ist es so, wie man schon früher so schön sagte: Besser ein Ende mit Schrecken als ein Schrecken ohne Ende.«
Da hatte sie aber etwas gründlich falsch verstanden.
»Das meinte ich damit nicht. Im Gegenteil. Wir wollen zusammenbleiben und eine gemeinsame Zukunft anfangen. Und deshalb ziehe ich Anfang des neuen Jahres nach Italien!«
Für einen Moment war Totenstille in der Küche meiner Mutter. Sie kam als Erste wieder zu sich.
»Das ist ja wohl nicht dein Ernst!« Einen Augenblick lang hatte ich Angst, dass meine Eltern jetzt jede Beziehung zu mir abbrechen würden, wie sie es damals getan hatten, als ich mit Robert zusammen war. Nur weil ich als Partner einen Mann gewählt hatte, der ihrer

Meinung nach nicht der Richtige war. Und jetzt, weil ich beschlossen hatte, an einem anderen Ort zu leben. Tatsächlich waren sie verärgert. »Du glaubst doch wohl nicht, dass die vielen Ausländer und allen voran tausende Italiener aus Spaß hierher kommen. Guck dir mal die vielen italienischen Lokale an und die ganzen Arbeiter in den Fabriken. Alles Italiener. Wenn die bei sich zu Hause Arbeit finden könnten, würden die sicher nicht nach Deutschland kommen. Und da willst du hin? Deine Stelle aufgeben? Und da, was machst du dann? Die warten bestimmt nicht auf dich!«
So und ähnlich ging es noch eine ganze Weile weiter. Das Gespräch war mir unangenehm, aber früher oder später musste es doch zur Sprache kommen. Ich versuchte, mir das alles so unbeteiligt wie möglich anzuhören, denn den Entschluss hatte ich innerlich schon lange gefasst. Vielleicht sogar noch vor meinem Italienurlaub im Sommer. Sie würden sich eben damit abfinden müssen. Ich war froh, als wir fertig mit dem Essen waren, ich wartete nur noch das Ende des Waschprogramms der Waschmaschine ab und fuhr dann mit einer Ausrede schnell wieder nach Hause. Ein bisschen hatte mich die Diskussion doch unangenehm berührt, ich überdachte noch einmal genau unsere Entscheidung, aber im Moment sah ich keine Alternativen.
Abends am Telefon erzählte ich Agostino von der Diskussion und der Reaktion meiner Eltern. Er hielt diese für völlig normal. Wie konnten Eltern sich freuen, dass ihre Tochter ins Ausland zieht? Er war sich auch vollkommen über den schlechten Ruf seiner Stadt auf internationaler Ebene bewusst. Er fragte mich, ob ich immer noch sicher wäre, dass ich zu ihm ziehen wollte und ich bejahte. In der folgenden Woche fand ich im Briefkasten einen Brief aus Italien. Von einer der Banken, bei denen ich mich beworben hatte. Es war eine Absage auf meine Bewerbung, aber immerhin hatte ich eine Antwort erhalten. Sie war nicht weiter begründet, lediglich mit dem Hinweis, dass man keinen Bedarf an Aufstockung des Personals hatte. Agostino blieb merkwürdigerweise trotzdem optimistisch, was meine Arbeitssuche betraf. Wenn ich erst mal dort war und schnell auf eine Stellenanzeige in der Zeitung reagieren konnte, dann würde ich auch etwas finden. Er hatte es sich zur Gewohnheit gemacht, regelmäßig die Tageszeitung zu

kaufen und die Annoncen durchzugehen. Es war auch ab und an eine interessante dabei, aber ich hätte mich innerhalb von kurzer Zeit persönlich bei den Firmen einfinden müssen, was durch die große Entfernung unmöglich war.

In der Zwischenzeit näherte sich der Betriebsausflug und auch bei Erika gab es Neuigkeiten. Sie hatte mit dem neuen Kollegen, Markus Hartmann, Freundschaft geschlossen. Er hatte seinen Schreibtisch genau hinter Erikas Arbeitsplatz und stand ihr bei Fragen und Hilfestellungen sofort zur Seite. Ganz anders als mein Herr Lustig. Diese Freundschaft entwickelte sich so weit, dass der Kollege als Motorradfan eines Abends bei Erika zu Hause auftauchte, um ihr sein neues Motorrad zu zeigen. Und es blieb nicht nur bei dieser Vorstellung, sondern er blieb noch etwas länger. Erika war im siebten Himmel, er gefiel ihr wirklich gut, aber ich hatte ein merkwürdiges Gefühl bei der Sache. Schließlich war er doch verheiratet. Ich sagte es ihr nicht, aber ich stellte mir die Ehefrau vor, wenn er nach der »Runde mit dem Motorrad« wieder nach Hause kam. Ich hätte nicht an ihrer Stelle sein wollen.

Auch bei mir gab es eine Art neue Freundschaft oder besser gesagt, ein verbessertes Verhältnis mit einem Kollegen. Herr Schneider bat mich nun fast jeden Samstag, den Sonderschalter mit ihm zu übernehmen. Die offizielle Begründung war, dass die anderen Kollegen im Moment keine Zeit hätten. Aber etwas merkwürdig kam es mir schon vor, denn diese Arbeit war recht gut bezahlt, und bisher hatte sich auch Herr Schlumm regelmäßig dafür eingetragen. Diese Samstage wurden dann aber recht angenehm, mal abgesehen davon, dass eine zusätzliche Einnahme mir gelegen kam, denn ich wollte so viel Geld wie möglich beiseitelegen. Wir organisierten immer ein gemeinsames Frühstück, Herr Schneider kochte Tee für uns beide vor der Öffnung des Schalters und danach war auch immer Zeit für ein Schwätzchen. Er ließ kaum eine Gelegenheit aus, auf seine angespannte familiäre Situation hinzuweisen, ohne aber etwas Konkretes zu sagen. Und Fragen zu stellen kam mir nicht in den Sinn, denn schließlich handelte es sich um meinen Vorgesetzten. Trotzdem prickelte die Atmosphäre, und ich wusste selbst nicht, ob mir das angenehm war oder nicht.

Die Geschäftsstelle Lindenberg wurde fast wieder zur Gewohnheit für mich, es war alles fast wieder wie früher. Am langen Donnerstag, wenn wir Angestellte von 7.30 bis 19.00 in der Filiale waren, bat mich Herr Schneider, auch für ihn eine Tiefkühlpizza zum Mittagessen zu besorgen und in den Ofen zu schieben. Ab und an fragte er mich nach meinen Zukunftsplänen, und als ich ihm vom Umzug nach Italien erzählte, bat er mich, mir das gut zu überlegen.

»Es wäre schade, so eine Mitarbeiterin zu verlieren«, meinte er, während er unter dem Schnäuzer schmunzelte.

18. Kapitel

DER BETRIEBSAUSFLUG

Als der Tag des Betriebsausfluges gekommen war, strengte sich das Wetter noch einmal richtig an. Es war strahlendes Wetter, ein richtiger Altweibersommertag. Wir trafen uns vor der Filiale und die Kollegen waren vollzählig erschienen. Darauf waren wir drei Organisatorinnen stolz, denn schon seit Jahren hatte es keinen Betriebsausflug mehr gegeben. Es hatte den Anschein gehabt, dass niemand wirklich daran interessiert gewesen war. Aber diese Theorie hatten wir jetzt gründlich widerlegt.

Wir hatten tatsächlich viel Zeit in die Vorbereitung investiert und waren jetzt auch ein wenig angespannt, denn wir wünschten uns, dass der Tag ein Erfolg wurde und alle zufrieden sein würden. Erika war besonders aufgeregt, denn die Motorradbesuche des Kollegen Hartmann waren fast eine Gewohnheit geworden und sie hoffte, dass eine Wende in ihrem Leben anstand. Markus war wirklich ein gutaussehender und ausgesprochen netter Mensch. Ich hielt ihr die Daumen. Sie hatte wirklich das Glück verdient. Trotz meiner Skrupel wünschte ich ihr, einen Partner fürs Leben zu finden. Auch Christine war ein wenig skeptisch. Wenn wir alleine waren, versuchte sie mich zu überzeugen, Erika diese Sache auszureden. Sicher dachte sie so, da sie verheiratet war und sich vorstellte, dass auch ihr Mann mit einer Kollegin etwas anfangen könnte. Sie war überzeugt davon, dass die Sache für Erika keine Zukunft hatte. Damit konnte sie Recht haben. Aber man konnte nie wissen.

Schon die Busfahrt war ein Spaß. Wir Organisatorinnen saßen ganz vorne, damit wir übers Mikrofon ein paar Andeutungen zum Programm, das wir bis zu diesem Zeitpunkt geheim gehalten hatten, machen konnten. Die Kollegen wussten also gar nicht, wohin es überhaupt ging, und stellten sogleich Spekulationen an. Sie beobachteten die Strecke, die der Bus einschlug und stellten Fragen, die wir nur mit ja oder nein beantworten durften. Es dauerte eine ganze Weile, aber auf halber Strecke erriet einer der älteren Kollegen schließlich Burg Eltz. Aber trotzdem wussten sie noch nicht, was wir alles mit ihnen vorhatten.

Die phantastische Führung auf Burg Eltz war nur der erste Programmpunkt. Sie wurde von einer jungen Frau gemacht, die eine lockere und leichte Art hatte, uns das mittelalterliche Alltagsleben anhand der Säle und Räumlichkeiten der Burg lebendig vorzustellen, und dabei verband sie die aus jener Zeit stammenden deutschen Redensarten mit deren Entstehungsgeschichte. So bat uns die nette Veronika, als wir dabei waren, die Burgküche zu besichtigen »einen Zahn zuzulegen«, was uns ein wenig verwunderte und fast unhöflich schien. Aber lachend erklärte sie uns sogleich, dass im Mittelalter die großen Metallkochtöpfe über dem Feuer an einer Schiene mit mehreren Zacken, also Zähnen, hingen. Und wenn die Köchin einen Zahn zulegte, also den Kochtopf einen Zacken niedriger hing, machte sie dies, um die Temperatur im Topf zu erhöhen und dadurch schneller die Garzeit zu erreichen. Deshalb steht bis heute noch die Redensart »einen Zahn zulegen« für »die Geschwindigkeit erhöhen«.

Sie sprach auch über die mittelalterliche Ernährung. Die war noch nach den biblischen Speisevorschriften ausgelegt, wovon eine im Buch des Levitikus besagte, dass das Fleisch der Störche unrein sei. Deshalb galt der Storch als ungenießbar und jemand, der »da brat mir aber einer einen Storch« sagte, drückte damit großes Erstaunen aus, da man Störche in jener Zeit eben nicht aß. Während wir gebannt diesen Erläuterungen zuhörten, stand Herr Schneider neben mir und hinter uns kommentierte der Kollege Schlumm, der in der Bank oft als Unterhalter fungierte, alles, was Veronika erklärte.

Wir besichtigten die Schlafgemächer, wo Herr Schlumm ein Schläfchen einlegen wollte, bevor er von Veronika beim Überschreiten der roten Kordel gebremst wurde. Sie zwinkerte ihm zu und versprach, ihm in der Folterkammer ein hübsches Plätzchen zum Ausruhen bereit zu halten. Diese bot dann einen interessanten Einblick in die mittelalterliche Welt mit ihren Schattenseiten. Es gruselte uns beim Gedanken, dass diese hübschen Geräte wirklich benutzt worden waren. Veronika erzählte uns von der Hexenverfolgung und von einer der vielen Techniken, um die Schuld eines Angeklagten festzustellen. Es sei ja allseits bekannt, dass der Zustand der Überraschung oder Aufregung den Mund austrocknet. Also wurde dem/der Angeklagten ein Stück trockenes Brot oder Käse in den Mund gelegt. Wenn es ihm oder ihr wegen des trockenen Mundes nicht gelang, das Stück herunterzuschlucken, galt das als Schuldbeweis. Daher rührt die Redensart »jemandem bleibt die Spucke weg«. Auch den Beweggrund, warum ein Betrüger als Schlitzohr bezeichnet wird, lernten wir. In jener dunklen Zeit wurden überführte Diebe in den Gefängnissen gekennzeichnet, um ihre Schandtaten publik zu machen. So ritzte man ihnen das Ohr ein, damit der Täter vor der Gesellschaft als Verbrecher sichtbar war und blieb.

Die Stimmung unter uns Kollegen war schon ausgezeichnet, denn die lustige Führung hatte die Atmosphäre aufgelockert, und als der Bus uns ins Lokal fuhr, saß plötzlich Herr Schneider neben mir im Bus und machte mir viele Komplimente zur Organisation dieses Ausfluges. Ich wehrte ab, denn schließlich war das nicht mein Werk allein, sondern wir hatten alles zu dritt vorbereitet, und zudem war das ja nur der Anfang. Das, was mich an diesen Komplimenten ein wenig verwirrte, war, dass er mich duzte. Da er mein direkter Vorgesetzter war, war das noch nie vorgekommen. Schon zwischen gleichgestellten Kollegen wurde das »du« äußerst ungern gesehen. Aber ich hatte keine Zeit, darüber nachzudenken, vielleicht hatte er sich einfach versprochen. Im Lokal stillten wir erst mal den Durst. Das Fassbier war herrlich frisch und kühl und floss in Strömen. Das Wetter war angenehm warm und die Bierchen taten richtig gut.

Als nächster Programmpunkt stand die Planwagenfahrt an, und der Großteil von uns war schon recht angeheitert, denn den Alkohol hatten wir durstig in Windeseile heruntergeschluckt und die Wärme hatte den Rest getan. So schienen wir mehr eine ausgelassene Schulklasse, als Angestellte einer Bankfiliale, als uns der Kutscher durch Felder und Wälder fuhr. Wir sangen und schunkelten und lachten und schrieen. Sogar die sonst ruhigeren und schüchternen Kollegen und Kolleginnen ließen sich richtig gehen. Das Rütteln des Planwagens auf den unebenen Wegen setzte meinem Magen etwas zu, und als wir wieder zurück im Lokal waren, ging ich als Erstes auf die Toilette und wusch mir das Gesicht mit kaltem Wasser. Das tat mir gut und ich kam wieder zu mir. Jetzt musste ich mich zusammennehmen und den Alkohol kontrollieren.

Als ich wieder in die Gaststube kam, wurde mir erst bewusst, dass wir fast alle zu viel getrunken hatten. Es hatten sich tatsächlich Pärchen gebildet. Herr Lustig saß mit der jungen Kollegin Gisela in einer Ecke und hielt sie fest im Arm und erst jetzt wurde mir bewusst, dass die Freundschaft zwischen den beiden Kollegen, die mindestens 20 Jahre Altersunterschied hatten, vielleicht doch nicht nur kollegialer Natur war. Die beiden verbrachten schon seit eh und je jede Pause zusammen. Aber er war doch verheiratet und hatte Kinder, die fast mein und Giselas Alter hatten. Vielleicht war ich da ein bisschen naiv gewesen. Ganz hinten an der Theke in einer Ecke saß Erika und strahlte, tief in die Augen von Markus Hartmann versunken. Hoffentlich gab das keinen Ärger! Ich versuchte, sie mit einer Ausrede dort wegzuholen, aber sie blockte mich ab. Zum zweiten Versuch anzutreten hatte ich keine Zeit, denn Herr Schneider nahm mich bei der Hand und zog mich auf die Tanzfläche, wo der Tanz soeben eröffnet wurde. Das machte mir Spaß, ich hatte schon lange nicht mehr getanzt. Bald waren wir inmitten von vielen sich wild bewegenden Leuten, teilweise aus unserer Gruppe und teilweise andere Gäste des Lokals. Lebhafte Popmusik wechselte sich mit fröhlichen Volksliedern ab. Das war zwar überhaupt nicht mein Musikgeschmack, aber für diese Gelegenheit war es genau das Richtige und brachte immer mehr Stimmung. Und wirklich, auch die Ruhigeren wurden immer ausgelassener.

Ich fühlte mich leicht wie lange nicht mehr und die vielen Zukunftsängste und Sorgen waren aus meinem Kopf wie weggeblasen. Ich dachte nur daran, Spaß zu haben und wollte diesen Moment genießen. Außerdem spürte ich die aufmerksamen Blicke von Herrn Schneider auf mir und es gefiel mir, bewundert zu werden. Wir wurden zum Abendessen unterbrochen und nahmen bei Tisch Platz. Christine, Erika und ich tauschten zufriedene Blicke aus, denn das Essen war sehr gut und reichlich. Es war eine unserer Befürchtungen gewesen, dass unsere Kollegen mit dem Essen nicht zufrieden sein könnten, denn wir wollten, dass dieser Betriebsausflug in guter Erinnerung blieb. Da die Portionen tatsächlich groß waren und es auch noch Nachtisch gab, kam irgendjemand auf die glorreiche Idee, dass der Magen jetzt etwas zum Verdauen bräuchte und bestellte nicht nur einen, sondern gleich riesige Mengen Schnaps. Da wollte ich mich lieber zurückhalten, aber Herr Schneider kam gleich mit zwei Gläschen zu mir und meinte, dass jetzt doch der Augenblick gekommen sei, Brüderschaft zu trinken. Tja, dass er mich duzte, war mir ja nicht entgangen, und jetzt sollte nach rheinischer Tradition das »Du« auch offiziell werden. Hierzu verschlang man den rechten Arm mit dem Arm des anderen und trank den Schnaps in einem Zug aus. Dann stellte man das Glas ab und besiegelte das »Du« mit einem Küsschen auf die Lippen. Was war schon dabei? Das war eben so üblich in Köln und im Rheinland überhaupt. Das Küsschen wurde in diesem Fall aber nicht so oberflächlich, denn er hielt mich ein wenig fest und ich hatte auch gar keine Lust, meine Lippen so schnell wieder wegzuziehen. Danach lachte er und alles schien, als ob gar nichts dabei war. Ich wusste nicht, ob die Anwesenden das bemerkt hatten, oder ob denen der hohe Alkoholpegel die Sinne getrübt hatte.

Auf jeden Fall war der Abend herrlich, wir schwätzten, lachten, tanzten. Niklas Schneider und ich schienen fast ein Paar. Meine anfänglichen Skrupel schwanden schon bald dahin. Es schien in diesem Trubel und der Heiterkeit keiner etwas Anstößiges zu bemerken. Und wirklich waren wir auch alle, ohne Ausnahme, recht angeheitert. Erika war verschwunden. Erst nach einer ganzen Weile fand ich sie mit Markus Hartmann im Flur, der zu den Toiletten und der Küche führte, aber es schien mir unpassend, sie noch einmal anzusprechen und so wandte ich mich wieder ab und schon stand Niklas vor mir, der mich gesucht hatte. Ich fühlte mich leicht wie eine Feder und genoss es, von einem ein ganzes Stück älteren Mann, der zudem noch mein Chef war, angehimmelt zu werden. Er hatte für niemand Augen außer für mich.

Es war schon sehr spät geworden und der Bus stand bereit, um uns zurückzufahren. Vorher musste ich aber noch versuchen, meine angerauschten Sinne zusammenzunehmen, um mit den Besitzern des Lokals die Abrechnung zu machen. Es schien mir sinnlos, Erika dazu

zu rufen, sie wäre doch nicht gekommen, deshalb bat ich nur Christine, mir bei der Bezahlung zu helfen. Sie kam, sagte zwar nichts, aber ich spürte ihren vorwurfsvollen Blick auf mir. Ich war nicht in der Lage, mich damit auseinanderzusetzen und hatte auch keine Lust, mich zu verteidigen. So wickelten wir alles Praktische ab und trommelten dann die Kollegen zum Einsteigen in den Bus zusammen. Niklas hielt mich wieder fest an der Hand, und so kam es auch, dass er dann im Bus wieder neben mir saß. Der Bus setzte sich in Bewegung und meine Selbstkontrolle unterlag ab diesem Moment dem Blutalkohol und dem Genuss der Situation. Niklas umarmte mich im nun stockdunklen Bus und küsste mich leidenschaftlich. Er berührte mich zärtlich und streichelte mich und auch der letzte Rest eines möglichen Widerstandes schmolz dahin. Während der ganzen Fahrt ging nicht ein Gedanke durch mein Hirn, ich lebte nur tief diese Momente, ohne über Folgen oder Anderes nachzudenken. Der Bus hielt auf dem Platz vor der Bank und ich fühlte mich total verwirrt, als meine Füße wieder auf festem Boden standen. Ohne mich von irgendjemandem zu verabschieden, wollte ich mich auf den Heimweg machen. Niklas hielt meine Hand fest und sagte: »Ich lasse dich nicht alleine gehen. Ich bringe dich nach Hause.« Und so gingen, oder besser gesagt, schwankten wir durch die kleinen Gässchen die paar hundert Meter, die mich von zu Hause trennten. Die Luft war kühl und setzte mein Hirn wieder in Bewegung. Langsam dämmerte mir, in welch eine Situation ich hier geraten war. Da gab es doch in Italien einen gewissen Agostino, und in einem entfernten Stadtteil von Köln eine – wenn auch ungeliebte – Ehefrau. Oh weia. Was war das für eine Situation! Und nun? Alle paar Meter blieb Niklas stehen und küsste mich. Ich hoffte, dass zu dieser späten Nachtstunde wirklich alle Bewohner von Lindenberg schliefen und dass mich niemand erkennen würde. Vielleicht kannten sie den Mann, der mich an sich drückte nicht, aber wenn die Leute dann in den nächsten Tagen mit dem Sparbuch an den Schalter kamen, würden sie ihn vielleicht wiedererkennen. »Ah, das ist der Mann, den wir mit Jessica Demmler gesehen haben.«
Wir kamen an meinem Haus an. Wie es zu erwarten war, war Frau Augustin zu dieser späten Stunde nicht am Fenster ihrer Parterrewoh-

nung und ich hoffte inständig, dass sie wirklich tief schlief. Sie fungierte als privates Informationsbüro in dieser Straße. Ein letzter Kuss und dann würde ich die Haustür öffnen und nach oben gehen. Noch einer. Und noch einer. Und dann kam die Frage, die mir das Blut in den Adern gefrieren ließ. Die Frage und die Antwort, die die Weichen für meine Zukunft stellen sollten. Jetzt, in diesem Moment drehte es sich um mein ganzes weiteres Leben. Eine Frage, ein Moment kann dein Schicksal in der Hand halten. Und dann bist du dran, eine Antwort zu geben. Und selbst du hast in diesem Moment nicht die geringste Ahnung von der Tragweite, die ein Ja oder ein Nein haben kann. Du entscheidest spontan, fast aus einer Laune heraus. Zeit zum Nachdenken ist nicht da. Und zudem versuch mal nachzudenken mit einem Alkoholpegel auf Höchstniveau nach vielen Gläsern Bier und Schnaps!

»Kann ich noch mal kurz mit nach oben kommen?«

Er sprach diesen Satz so harmlos aus. Er wollte mich doch einfach nur bis nach oben begleiten. So konnte ich nicht auf der Treppe stürzen.

›Wach auf, Mädchen. Wenn jemand stürzt, dann ist er das. Er ist viel betrunkener als du‹, sagte meine innere Stimme. In jenem Moment wünschte ich mir inständig, dass er noch einen Moment mit nach oben kommen würde, nur einen Moment.

›Ist doch sonnenklar, was dabei herauskommt. Lass dich nicht einwickeln‹, sagte die Stimme.

Aber ich hätte mich gerne einwickeln lassen. Italien war so weit und meine Zukunft dort voller Fragezeichen. Würde es zwischen Agostino und mir wirklich gut gehen oder würde ich in einem Jahr schon wieder in Deutschland zurück sein? Konnte dieser schüchterne und unsichere Junge mir überhaupt genug Halt geben? Konnte das nicht ein reiferer Mann viel besser? War unsere Verständigung ausreichend, um behaupten zu können, dass wir uns kannten und entdeckt hatten, dass wir sehr gut zusammen passten? Und die so andere Kultur dort, konnte ich sie auf Dauer ertragen?

Ich erinnere mich nicht, ob ich in diesen unendlichen Sekunden wirklich all dies dachte. Sicher hätte ich es denken sollen. Ich erinnere mich nicht, ob mein Blutalkoholspiegel ein konkretes Nachdenken über-

haupt zuließ. Ich erinnere mich aber sehr gut, welche Antwort ich ihm habe geben wollen: Ja, gehen wir hoch. Bleib heute Nacht bei mir. Aber das sagte ich nicht.
Ich weiß nicht warum, aber ich sagte nur: »Nein«, und schüttelte den Kopf.
Und als er mich nochmals fragte und mich dabei flehend ansah: »Wirklich nicht? Bitte! Ich will dich nur nach oben bringen.«
Bis heute habe ich keine Erklärung dafür, woher ich die Kraft nahm, nochmals zu sagen: »Nein!«
Ich zog den Schlüssel aus der Tasche, öffnete die gläserne Haustüre und drehte mich nochmal um. Niklas sah mich ungläubig an. Er tat mir nicht leid.
Ich drehte mich um und ging die Treppe hoch.

19. Kapitel

VORWÄRTS ODER RÜCKWÄRTS?

Inzwischen hatte ich einen erneuten Einsatz in der Geschäftsstelle Bayenburg, wo alle Kollegen sehr freundlich zu mir waren und meine Arbeit anerkannten. Sie waren froh, dass ich ihnen zugeteilt worden war, weil ich mich voll einsetzte und ihre Filiale auch als meine betrachtete.
Der Herbst war gekommen, das Klima war windig und es regnete häufig. Alles ging seinen Gang, meine Arbeit, die Telefonate mit Agostino. Alles war irgendwie trübe, ich lebte jeden Tag im Ablauf einer immer wiederkehrenden Routine. Ich versuchte, so wenig wie möglich nachzudenken. Trotzdem musste ich mich irgendwie mit meinen aus den Fugen geratenen Gefühlen auseinandersetzen. Der Betriebsausflug oder besser gesagt, die Annäherung zwischen Niklas Schneider und mir, hatten mich nicht kalt gelassen. Ich fühlte mich verwirrt, aber gleichzeitig war ich sehr froh, dass die Nacht vor meiner Haustür geendet war, denn andernfalls wäre mein Zustand noch viel schlechter gewesen. Ich hatte mich nicht in Niklas verliebt. So viel stand fest. Er übte eine Anziehung auf mich aus, das musste ich zugeben. Aber trotzdem war mein Verhalten nicht richtig gewesen und war auch kein guter Ausgangspunkt für eine gemeinsame Zukunft mit Agostino. Und das gerade jetzt, wo ich innerhalb von kürzester Zeit folgenschwere Entscheidungen für meine Zukunft treffen musste.
Probleme ergaben sich auch jedesmal, wenn meine Eltern bei meinen sonntäglichen Besuchen das Thema auf Agostino und unsere Zukunft brachten.
»Geht das mit Agostino immer noch weiter?«, wollte meine Mutter wissen.
»Ja«, antwortete ich lustlos. Ich wollte weder dieses noch ein anderes Thema anschneiden.
»Und wie stellt ihr euch das vor? Das kostet doch ein Heidengeld, immer nach Italien zu fahren und auch er, wenn er herkommt. Verdient

er denn so gut? Habt ihr überlegt, wie das mit euch weitergehen soll?«
Leicht mürrisch antwortete ich, dass sie das doch schon wisse.
»Immer noch die Geschichte mit dem nach Italien ziehen? Überleg doch mal, wie viele Italiener hier in Deutschland leben! Meinst du, die sind zum Spaß hergekommen? Sicher ist Italien schön. Nicht umsonst haben wir da immer Urlaub gemacht. Aber da zu leben ist eine ganz andere Sache. Und dazu kommt noch, dass wir immer in Caorle waren, das ist eine ganz andere Ecke. Aber da in Neapel gibt es nur Kriminalität. Da kannst du nicht wohnen. Das würdest du nie aushalten.«
In meinem niedergeschlagenen Zustand fehlte mir nur das noch: Die Predigt meiner Mutter. Wie sollte ich ihr begreiflich machen, dass SIE Neapel nicht kannte, ICH aber schon? Und dass es nicht nur Kriminelle dort gab. Und dass die Stadt wunderschön war. Und die Menschen herzlich. Der innere Zweifel, der nun nach dem Betriebsausflug besonders an mir selbst nagte, nahm mir den Mut, gegen ihre Vorurteile anzugehen, und so hörte ich mir ihren Monolog einfach nur an und versuchte, mich innerlich nicht davon beeinflussen zu lassen. Ich stelle mir vor, wie ihre Worte an mir, wie an einem Panzer, abprallten.
»Wenn das wirklich etwas Ernstes mit euch ist, dann kann der Agostino doch herkommen. Du hast ja schon eine Wohnung. Und dann probiert ihr eben, ob ihr euch wirklich versteht. Ist ja klar, auf die Entfernung klappt alles wunderbar, aber wenn man sich jeden Tag sieht, dann fängt man an, sich gegenseitig auf die Nerven zu gehen. Sieh mal, seit wie vielen Jahren ich deinen Vater schon ertrage.«
»Na und ich dich doch auch«, warf mein Vater lachend ein und hatte etwas mehr Recht damit.
Nach ein paar Sekunden Pause widersprach sie sich selbst und fuhr fort: »Und wer bitteschön gibt einem italienischen Zahntechniker hier Arbeit? Du weißt selbst, dass die Krankenkassen bald den Zahnersatz nicht mehr zahlen werden, und dann geht der ganze Sektor in Krise.«
»Tja, und dann spricht er noch nicht mal unsere Sprache«, fügte sie hinzu.
»Er macht einen Deutschkurs und hat schon viel gelernt«, verteidigte ich meinen Freund.

»Das ist ja schon mal was. Wenn alle Stricke reißen, können wir sehen, ob er uns im Geschäft hilft. Da wird sich schon etwas finden. Wenn ein Ausländer in Deutschland wirklich arbeiten will, dann findet er auch Arbeit. Das Problem ist, dass die meisten nicht arbeiten wollen.«
Ich kochte innerlich. Dieses Thema brachte immer Streit. Es ging noch eine Weile hin und her. Sie waren absolut dagegen, dass ich nach Italien zog, gleichzeitig aber davon überzeugt, dass ich, auch wenn ich es trotzdem machen sollte, nach kürzester Zeit wieder zu Hause vor der Türe stände. Ich fragte mich aber, vor welcher Türe ich dann stehen würde, denn schließlich wohnte ich seit über drei Jahren nicht mehr bei ihnen.

Als ich Agostino von diesem Gespräch erzählte, beschloss er, so bald wie möglich nach Köln zu kommen, um ein klärendes Gespräch mit meinen Eltern zu führen. Ich hatte den Eindruck, dass ihn die Kritik an seiner Stadt und seinem Land verletzte. Ich versuchte, ihn damit zu beruhigen, dass meine Eltern immer und gegen alle etwas hatten. Sie waren voller Vorurteile und ließen sich so gut wie nie vom Gegenteil überzeugen. Ihre Meinung war die richtige, das war immer so.

Trotzdem hatte er es sich in den Kopf gesetzt, im November nach Köln zu kommen. Vielleicht war die Idee nicht schlecht, denn es schien mir eine Ewigkeit, seit wir uns das letzte Mal gesehen hatten. Aber meine Begeisterung war nicht so groß wie früher. Die Ereignisse des Betriebsausfluges hatten mir zugesetzt. Ich wollte nicht weiter darüber nachdenken und widmete mich stattdessen den praktischen Überlegungen. Ich musste all die Fristen bedenken, die Kündigung meiner Arbeitsstelle und meiner Wohnung. Ich fing an, die Verträge durchzusehen, um die Informationen zu den Kündigungsfristen zu finden. Dabei stellte ich fest, dass es höchste Zeit wurde, diese Dinge anzugehen. Meinen Arbeitsvertrag könnte ich bis 6 Wochen zum Quartalsende kündigen. Das hätte aber zur Folge, da die Kündigung zum 31.12. erfolgte, dass ich das dreizehnte, das vierzehnte und das halbe Gehalt, welche ich am 15. November erhalten würde, wieder zurückgeben müsste. Das wäre ein großer finanzieller Verlust, wie ich es schon vorausgesehen hatte. Schlimmer noch war der Mietvertrag. Die Kündigungsfrist betrug drei Monate und inzwischen war schon Mitte

Oktober. Ich rief meinen Vermieter an, der mir vorschlug, mich trotzdem aus dem Vertrag zu entlassen unter der Bedingung, dass ich einen Nachmieter stellte. Der alte Herr Nieder, der ohne weiteres mein Großvater hätte sein können, ermahnte mich in väterlichem Ton, ob ich denn wirklich sicher sei, nach Italien ziehen zu wollen. Er wollte mich, die ruhige und unauffällige Mieterin, nicht verlieren und fügte hinzu, ob ich da nicht eine Dummheit machte. Nun hatte ich noch ein Problem mehr: einen Nachmieter finden und die Wohnung in perfektem Zustand zu hinterlassen. Zu diesen Dingen hatte ich überhaupt keine Lust. Wie sollte ich das anstellen? Eine Annonce aufgeben? Aber die Sache stellte sich leichter als gedacht dar. Es reichte ein wenig Mundpropaganda. Ich erzählte meiner Mutter, dass Herr Nieder, um mich aus dem Vertrag zu entlassen, auf einen Nachmieter bestand. Meine Mutter kommentierte diese Neuigkeit kaum, offensichtlich hatte sie nun verstanden, dass es mir wirklich ernst war mit dem Umzug nach Neapel. Sie muss aber wohl im Geschäft mit Angestellten und Kunden darüber gesprochen haben, denn schon zwei Wochen später teilte sie mir mit, dass mich in den nächsten Tagen Ulrike Hamm, meine Klassenkameradin aus der Grundschule, anrufen würde, da sie schon lange auf Wohnungssuche sei und nichts Richtiges gefunden habe. Das war merkwürdig. Obwohl meine Eltern so rigoros gegen mein Italienprojekt waren, halfen sie mir konkret doch, es zu verwirklichen. Tatsächlich meldete sich Ulrike bald und kam auch gleich, um sich die kleine Wohnung anzuschauen. Sie war sofort begeistert. Sie lag auf dem dritten Stock des alten, engen Wohnhauses und war eine Mansardenwohnung. Man kam herein und befand sich in einem kleinen Flur. Gegenüber war das komplett neue, moderne Badezimmer mit Badewanne, Toilette und Waschbecken, sogar eine Waschmaschine konnte dort angeschlossen werden. Links vom Eingang lag das Zimmer, das ich als kombinierte Küche und Wohnzimmer benutzte. Es war mit dem gleichen blauen Teppich wie die anderen Zimmer ausgelegt. Hier gab es im Dachgiebel ein kleines Fenster, von dem aus man eine schöne Aussicht über die gegenüberliegenden Dächer hatte. Rechts hatte ich eine Küchenzeile aufgestellt und links standen eine Couch, ein Couchtisch mit Wusels Lieblingssessel und ein Schreibtisch. Rechts von der Eingangstür kam man ins Schlafzimmer, das das gleiche Giebelfenster wie die Küche hatte. Unter die Dachschrägen hatte ich einen kleinen Kleiderschrank und verschiedene niedrige Kommoden gestellt. Rechts stand das Prunkstück, ein modernes Polsterbett. Es war schwarz mit knallbunten Streifen und geometrischen Mustern. Ulrike wäre am liebsten gleich dageblieben. Auch den Mietpreis fand sie angemessen. Und zudem lag die kleine Wohnung mitten im Ortszentrum.

Ich hatte gemischte Gefühle, als jetzt wirklich zum ersten Mal meine Abreise konkret wurde. Auf der einen Seite hatte ich es satt, allein zu sein. Ich träumte davon, mit Agostino zusammenzuleben. Ich träumte auch von Neapel, einer so viel lebendigeren Stadt. Hier schien mir alles grau. Und wenn ich an all die in diesen vier Wänden vergossenen Tränen dachte, fiel es mir nicht schwer wegzugehen. Andererseits stellte diese Wohnung meine Unabhängigkeit dar. Nach den Jahren des Zusammenlebens mit Robert hatte ich, die 13 Jahre Jüngere, beschlossen, ihn zu verlassen und hatte diese Entscheidung konkret in die Tat umgesetzt. Ich hatte es geschafft, wegzugehen, mir mit meiner Arbeit den Lebensunterhalt zu verdienen und dabei noch nicht mal schlecht zu leben. Ich hatte mich auch von André befreit, der überzeugt gewesen war, dass er unsere Beziehung anfangen oder beenden konnte, wann und wie er wollte. Aber am Ende war ich es gewesen, die den Schlussstrich gezogen hatte. Ich hatte mir mein bisschen Freiheit hart erarbeitet. Hatte in Kauf genommen, viele Samstagabende allein dazusitzen und hatte sogar ein wenig Spaß daran gefunden. Bei anderen Gelegenheiten war ich in Gesellschaft gewesen, war mit Christine mitten in der Nacht ausgegangen, weil sie in dem Moment ein gutes Wort gebraucht hatte. Ich hatte selbst entschieden über mein Leben, und darauf war ich ein wenig stolz.

Aber nun war der Moment gekommen, in dem ich meinem Leben eine Wende gab.

Ulrike brauchte gar nicht lange nachzudenken und sagte mir sofort, dass sie die Wohnung zum 1. Januar übernehmen wolle. Jetzt brauchten wir nur noch einen Termin mit Herrn Nieder auszumachen, um alles abzuklären.

Schon wenige Tage später kämpfte sich der alte Herr zu Fuß die Treppe bis in den 3. Stock hoch und ließ sich erst mal schnaufend in den Sessel fallen. Er hatte alle notwendigen Unterlagen vorbereitet: den neuen Vertrag für Ulrike und einen Übernahmevertrag, um mich aus den Verpflichtungen zu entlassen. Zuerst wollte er aber die Wohnung besichtigen, um sich von ihrem einwandfreien Zustand zu überzeugen. Zu meinem Unwillen hatte der pingelige Mann aber Verschiedenes zu beanstanden. Im Teppich in der Küche waren Fäden gezogen, was aber zum einen daran lag, dass Teppich in einer Küche nicht gut angebracht war und zum anderen, dass dieser von billigster Qualität war. So sagte ich ihm das zwar nicht, wies ihn aber darauf hin, dass ich die komplette Installation, also Wasser und Strom in der Küche, auf meine Kosten hatte legen lassen. Im Eingangsbereich hatte Wusel ein Stück Tapete abgekratzt, die ich mich zu reparieren verpflichtete. Ansonsten war dann alles klar und meine Wohnung war gekündigt.

Mit Ulrike setze ich noch einen kleinen Vertrag auf, denn sie wollte einige Möbel von mir übernehmen. Für Bett, Kleiderschrank und Kommoden vereinbarten wir einen Preis, während ich ihr die Küche, die ich in stark gebrauchtem Zustand von Robert bekommen hatte, kostenlos überließ, da sie keinen Wert mehr hatte. Ich war aber froh, all diese Dinge nicht ausräumen zu müssen. Zudem war diese Küche mit einer sehr unangenehmen Erinnerung verbunden, nämlich mit dem Tag, an dem ich sie alleine, nur mit ein wenig Hilfe von meiner Mutter, vom LKW abgeladen und hochgetragen hatte. Der Tag, an dem Robert begriffen hatte, dass ich ihn wegen André verlassen hatte.

Als Ulrike und Herr Nieder gegangen waren, hatte ich das Gefühl, dass es jetzt kein Zurück mehr gab. Physisch war ich noch hier in Deutschland, aber mein Inneres und all meine Gedanken waren eigentlich schon in Neapel.

Greta, die kaum glauben konnte, dass ich tatsächlich dabei war, nach Italien zu ziehen, bot mir an, meine Sachen in ihrer großen Garage unterzustellen, bis ich in Neapel eine eigene Wohnung gefunden hatte und diese nachholen würde. Mir schien, dass sie mich einerseits für meinen Mut bewunderte, andererseits aber große Bedenken hatte. In der letzten Zeit hatten wir uns nicht mehr so oft gesehen. Mir war nicht

klar, ob es daran lag, dass sie einen Freund hatte, der in Eltville bei Wiesbaden, also fast zwei Stunden von Köln entfernt wohnte, oder ob es vielmehr daran lag, dass sie von meinen Plänen, nach Italien zu ziehen, nie richtig begeistert gewesen war. Sie hatte mir das nie deutlich gesagt, aber ihre vielen Fragen drückten große Zweifel aus.
Hast du denn eine Arbeit gefunden? – Nein, noch nicht.
Wovon willst du leben? – Ah, das wird sich finden.
Was sagst du da, du wohnst am Anfang bei Agostinos Eltern? Meinst du denn, dass du mit ihnen auskommen wirst? Du bist schon seit Jahren bei deinen Eltern ausgezogen, weil sie dir keinerlei Freiheit gegeben haben! Und jetzt wirst du wieder in der Abhängigkeit einer Familie sein?
Ich hatte keine fertigen Antworten auf diese Fragen und ich ärgerte mich ein wenig, dass es ihr mit diesen Fragen gelang, noch weitere Zweifel zu wecken. Ich kannte Greta nur zu gut und wusste, dass sie eine realistische Person war und nicht dazu neigte, Risiken einzugehen oder Wagnisse auf sich zu nehmen. Sie war ein ruhiger Pol und alles, was sie machte, hatte Hand und Fuß. Ihr Leben war der Beweis dafür. Ich hatte sie kennengelernt, weil sie mit Robert befreundet war. Damals arbeitete sie auch für ihn. Aber die doppelte Rolle, also Roberts Freundin und Angestellte und zudem auch meine Freundin zu sein, funktionierte auf die Dauer nicht. Also entschied sie sich bei Robert zu kündigen und fing beruflich praktisch wieder bei Null an, um sich dann langsam in einer großen Firma immer mehr hochzuarbeiten. Auch privat hatte sie sich nach Jahren von ihrem Dauerfreund getrennt. Ein Verhältnis, das sich schon seit dem Anfang dahingeschleppt hatte, zu einer Gewohnheit geworden war, von der sich keiner der beiden trennen wollte. Greta hatte den Mut gefunden, auch wenn sie Horst entsetzlich gerne hatte, der Sache ein Ende zu setzen und auch in dieser Beziehung wieder bei Null anzufangen. Ich bewunderte sie um ihren Mut, der aber immer von einer gewissen Sanftheit und Güte begleitet war. Fast nie hatte ich sie aggressiv gesehen, auch wenn sie in Roberts Geschäft keinen einfachen Stand gehabt hatte. Und auch Horst hatte sie sicher nie auf Händen getragen.
Was mich ärgerte, waren die Zweifel an meiner Entscheidung, die in

mir immer wieder hochkamen. Ich verließ die Sicherheit einer festen Arbeitsstelle, einer eigenen Wohnung und die Deutschlands im Allgemeinen, einem Land, das soziale Sicherheit und Versorgung garantierte. Aber es garantierte auch Langeweile. Und viele graue Tage. Ich war hin- und hergerissen, wollte es aber nicht zugeben. Die Bestärkung, dass meine Entscheidung die richtige war, fand ich nur abends am Telefon mit Agostino. Er gab mir zu bedenken, dass wir so nicht weitermachen konnten. Die Kosten für Reisen und Telefon waren zu hoch. Und wir entfernten uns immer mehr voneinander. Wenn wir eine gemeinsame Zukunft wollten, dann mussten wir sie aufbauen. Oder aber in Kauf nehmen, dass unsere Beziehung zu Ende ginge. Und das wollte ich nicht.

Die nächste Aktion war meine Kündigung. Die Frist betrug 6 Wochen zum Quartalsende, am 15. November musste diese also dem Personalbüro vorliegen. Ich suchte mir aus meinen alten Unterlagen eine Vorlage heraus und tippte diese mit den entsprechenden Daten ab. Diese Angelegenheit wollte ich so schnell wie möglich über die Bühne bringen, um nicht in weiterem Nachdenken zu versinken. Aber ich hatte ein sehr unwohles Gefühl dabei. Ich unterschrieb den Brief, steckte ihn hastig in einen Umschlag und schickte das Einschreiben ab. Nun war es gemacht. Erledigt.

20. Kapitel

EIN KLÄRENDES GESPRÄCH, DAS REIN GAR NICHTS KLÄRT

Ich war verwundert, als ich zwei Tage nach meiner Kündigung einen Anruf von Doktor Krimmer, dem obersten Chef meiner Spezialeinheit, erhielt. Auch diesmal war es ein Anruf von Herrn Krimmer, nicht von seiner Sekretärin. Ich hatte ihn erst einmal getroffen, seit Niklas Schneider mir die interne Stelle, auf die ich mich beworben hatte, verweigert hatte, und ich in die Spezialgruppe eingetreten war. Da war mir klar geworden, dass er wusste, wer ich war. Er kannte meine Eltern schon seit Jahren, da sie Kunden waren. Er war die Person gewesen, die meine Mutter nach meinem Abitur hatte einschalten wollen, um mir eine Ausbildungsstelle in der Bank zu verschaffen. Damals hatte ich aber die Bewerbung bereits selbstständig und ohne Beziehungen zu nutzen gestartet. Und am Ende hatte ich als Niemand und ohne Hilfe die Stelle bekommen. Man hatte mich aufgrund meiner Fähigkeiten und meiner Person und nicht wegen meines Nachnamens ausgesucht.

Nun war er am Telefon und teilte mir mit, dass er mit Bedauern meine Kündigung erhalten hatte. Er fragte nicht direkt nach den Gründen, aber ich fühlte mich verpflichtet, da er ein Mann in hoher Position war und sich für mich kleine Angestellte interessierte, ihm eine Erklärung zu geben. Ich erzählte ihm von meinem Verlobten in Italien und meinem Umzug. Ich hörte ihn durch die Leitung schmunzeln und er meinte, dass also die Liebe der Motor sei, nun gut, dass ich aber wissen sollte, dass er mit meiner Arbeit sehr zufrieden sei und mir für ein Jahr die Arbeitsstelle garantieren könne, das hieße also, wenn ich innerhalb von einem Jahr aus was auch immer für einem Grunde nach Deutschland zurückkäme, würde er mich sofort wieder in der gleichen Position anstellen. Ich bedankte mich und das Telefongespräch war beendet. Ich fühlte mich verwirrt und begriff erst nach und nach, dass dieser Anruf eine echte Anerkennung für mich als Person und für meine Arbeit war. Die Sicherheit, wieder zurückkommen zu können, half mir

sehr, gegen die Zweifel anzukämpfen und ich fühlte mich nun ein wenig erleichtert.
Am nächsten Tag hatte ich den Einsatzort zu wechseln. Die Geschäftsstelle Lindenberg brauchte mich. Es war das erste Mal nach dem Betriebsausflug, dass ich dort eingesetzt wurde. Der Gedanke Niklas oder besser gesagt Herrn Schneider zu sehen, war mir äußerst unangenehm. In Christines Anwesenheit hatten Erika und ich wohlweislich das Thema Betriebsausflug nur sehr oberflächlich kommentiert. »Was für ein Erfolg! Alle waren sehr zufrieden.«
»Das haben wir doch ausgezeichnet organisiert. Welch eine Befriedigung!«
Nur mit Erika allein hatte ich in aller Offenheit gesprochen. Sie war im siebten Himmel, denn Markus kam nun täglich mit seinem Motorrad, um sie zu Hause zu besuchen und hielt sich jedes Mal eine Stunde auf. Sie erzählte mir, dass er sich mit seiner Frau überhaupt nicht verstand, sie machte nichts mit, klagte ständig über angebliche Gesundheitsprobleme und nervte ihn nur. Also war es nur eine Frage der Zeit, dass er die Gelegenheit fand, Klartext mit ihr zu sprechen, sie zu verlassen und das Verhältnis zwischen ihm und Erika dann offiziell werden zu lassen. Er war tatsächlich ein sehr gut aussehender, charmanter Mann und, wie sie mir berichtete, ein hervorragender Geliebter. Sie hatte nach dem Ausflug gefragt, wie es denn nun mit mir weitergehen sollte. Für wen ich mich entscheiden würde, aber ich sah überhaupt keine Entscheidung, lediglich eine große Verwirrung.
Nun, da ich gezwungen war, den Betriebsleiter wieder zu sehen, wurden mir die Knie weich und ich bekam Angst. Angst vor der Unentschlossenheit. Angst davor, dass ich ohne Arbeit und ohne Wohnung nun doch nicht mehr nach Italien gehen würde, weil ich entdeckte, in meinen ehemaligen Chef verliebt zu sein. Chef, der nicht mehr mein Chef war, weil er den Arbeitsplatz, den ich gewollt hatte, einer anderen, die nicht so gut wie ich arbeitete, gegeben hatte. Aus welchen Gründen auch immer. Vielleicht, weil er seiner persönlichen Neigung mir gegenüber nicht hatte nachgeben wollen, um sich in geschäftlichen Entscheidungen nicht von Gefühlen lenken zu lassen?

Unwillig und unsicher ging ich auf die Geschäftsstelle Lindenberg. Diesmal wurde ich nicht am dritten Schalter in der Serviceinsel von Herrn Lustig, sondern in vorderster Front am ersten Schalter, dem von Herrn Schlumm, eingesetzt. Dieser Arbeitsplatz war direkt vom Platz des Betriebsleiters einzusehen. Ich versuchte mit aller Kraft, so wie immer zu sein, und wollte die Gedanken an den Tag des Ausfluges zur Burg Eltz und nach Winningen aus meinem Kopf verbannen. Trotzdem war ich neugierig, wie Niklas sich im Laufe des Tages mir gegenüber verhalten würde. Ob er mich duzen oder siezen würde. Zumindest hierin musste er ja Stellung beziehen. Gemäß den Kölner Traditionen war es undenkbar, jemanden, mit dem man Brüderschaft getrunken hatte, wieder zu siezen. Keiner der Kollegen sprach auch nur mit einer Silbe über den Betriebsausflug und ich versuchte, mich auf meine Arbeit zu konzentrieren. Nach einer Serie von Operationen am Computer verlangte das System den Kontrolleur, der in diesem Servicecenter in der Hand des Betriebsleiters war. Ich war gezwungen, ihn zu rufen, vermied aber den Namen auszusprechen und sagte nur laut »KS an Kasse 1«, wie es im Fachjargon üblich war. Niklas stand kommentarlos auf, näherte sich und während er seine Identifikationskarte durch den Scanner zog, und ich mit angehaltenem Atem dastand, deutete er auf das von mir ausgefüllte Formular und sagte kalt: »Frau Demmler, Sie haben das blaue Formular verwendet. Für Sparkonten müssen Sie das rosa nehmen!« Ein echter Anfängerfehler. Ich wurde rot und wusste selbst nicht, ob aus Verlegenheit oder aus Wut. Dieser Ton, so distanziert, der sagte: ›Ich kenne dich nicht. Zwischen mir und dir ist nie etwas vorgefallen. Wer das Gegenteil behauptet, lügt‹, hatte mich zutiefst verletzt und in diesem Moment war ich überglücklich, dass ich im allerletzten Moment Nein gesagt hatte. Jetzt wurde mir erst klar, dass ich in den letzten Wochen gelitten hatte unter dieser mir entgangenen Liebesnacht. Es hätte ein unvergessliches Abenteuer werden können. Eine heimliche Geschichte, die nur eine Nacht oder auch ein ganzes Leben gedauert hätte, die vielleicht zu einem späteren Zeitpunkt offiziell geworden wäre. Aber es war gut so. Jetzt wusste ich, dass es sehr gut so war.

»Aber was hattest du erwartet«, fragte mich Erika später, »dass er

dich vor versammelter Mannschaft umarmt und fragt, warum du ihn an jenem Abend zurückgewiesen hast?«
Nein, das hatte ich nicht erwartet. Ich hatte kein ausdrückliches Wort erwartet. Ich hatte einen Blick, eine Geste, ein Augenzwinkern, das nur ich bemerkt hätte, erwartet. Eine Atmosphäre, einen Atemzug. Oder eine Geste der Unsicherheit. Nein, da war keine gewesen. Da war nichts gewesen. Und doch spürte ich, dass er sich erinnerte. Nein, so betrunken war er nicht gewesen, dass all seine Erinnerung ausgelöscht war. Nein, eben diese Kühle, die vor dem Betriebsausflug nie dagewesen war, eben diese Kühle bestätigte mir, dass er sich nur zu gut erinnerte. Ich war sicher, dass auch den anderen Kollegen nicht verborgen geblieben war, dass unser nettes Verhältnis durch kühle Distanzierung ersetzt war und sie wussten oder glaubten zu wissen, warum.
Agostino kam im November zum vierten Mal nach Köln. Ich hatte ein unangenehmes Gefühl, ihm das erste Mal nach dem Betriebsausflug zu begegnen. Auch wenn nichts oder fast nichts vorgefallen war. Es war nur ein angeschwipster Abend gewesen, der zum Glück keine echten Folgen nach sich gezogen hatte. Ich fragte mich, wer oder was mich davor bewahrt hatte. Sicher war es nicht meine persönliche Stärke gewesen, denn die hatte mich eben in jenem Moment verlassen. Sicher interpretierte Agostino meine anfängliche Zurückhaltung mit der verständlichen Distanz, die zweieinhalb Monate räumliche Entfernung aufgebaut hatten. Ich zeigte ihm meine Kündigungsunterlagen und er versicherte mir noch einmal, dass ich mit meinem Können sicher bald eine Arbeit finden würde. Er hatte mit seiner Mutter über meinen Zuzug zu ihnen gesprochen und sie war einverstanden. Einverstanden auch mit Wusel, obwohl Tiere eigentlich nicht ins Haus gehörten. Aber für ihn machte man eine Ausnahme. Agostino wollte einen großen Kleiderschrank kaufen, in dem ich meine Sachen unterbringen konnte. Er hatte sich schon einen angesehen und den geeigneten Platz in seinem Zimmer gefunden.
Mein Freund erzählte mir wieder von dieser neuen Zusammenarbeit, die er seit einiger Zeit bei dem Zahnarzt Doktor Rotto begonnen hatte. Diesen kannte er schon seit Jahren und er hatte ihm immer Arbeit gegeben. Agostino fertigte nicht nur die Zahnprothesen für die Patien-

ten dieses Arztes, sondern er arbeitete auch als Assistent in der Praxis und es war ein regulärer Teilzeitvertrag mit Sozialabgaben in Vorbereitung. Das hörte sich gut an und es tröstete mich, weil ich doch alle Verträge, die soziale Sicherheit garantierten, gekündigt hatte.

Agostino war wie vereinbart gekommen, um ein klärendes Gespräch mit meinen Eltern zu führen und der Tag kam, an dem wir abends zu meinen Eltern fuhren. Ich war mir sicher, dass es zu keiner Klärung im eigentlichen Sinne kommen würde. Ich kannte meine Eltern gut und es war mir noch nie gelungen, sie von irgendetwas zu überzeugen. Ich betrachtete diesen Abend eher als Demonstration und Bestätigung meiner Absichten und um ihnen zu zeigen, dass ich nicht dabei war, aus Deutschland zu fliehen oder dass ich Agostino von meinen Ideen überzeugt oder ihn gar genötigt hatte, mich in Neapel aufzunehmen. Nein, sie sollten sehen, dass er es war, der wollte, dass ich zu ihm zog und dass nicht ich es war, die sich ihm an den Hals warf, wie meine Mutter sich oft ausdrückte.

Den Starrsinn meiner Eltern hatte ich schon oft am eigenen Leib erfahren müssen, aber auch meine Schwester Rebekka hatte sich in ihrem Leben häufig damit auseinandersetzen müssen. Sie hatte ihre Hochzeit ohne meine Eltern feiern müssen, weil sie und ihr Mann Wilfried sich bei den Plänen zur Hochzeit und der Vorbereitung des Festes mit meinen Eltern in die Haare geraten waren. Aber vielleicht war vieles auch nur ein Vorwand gewesen, denn meine Eltern wollten im Grunde nicht, dass meine Schwester diesen Mann heiratete. Plötzlich war es ein Problem gewesen, dass dieser Atheist war, obwohl meine Eltern nie echte religiöse Überzeugungen bezeugt hatten. Die Diskussion zwischen den Brautleuten und meinen Eltern war immer heftiger geworden, bis es zum kompletten Zerwürfnis gekommen war. Die Hochzeit fand dann ohne meine Eltern statt und für lange Zeit blieb der Kontakt zwischen ihnen unterbrochen. Ich hasste dieses Verhalten: Entweder du machst, was ich sage oder ich will nichts mehr mit dir zu tun haben! Das war eine reine Erpressung, Resultat der Intoleranz und zudem auch völlig unnötig. Man konnte sich mit seinen Mitmenschen auch anders auseinandersetzen, ohne bei jeder Meinungsverschiedenheit als »Gewinner« nach Hause zurückzukehren. Letztendlich waren bei der Aufgabe eines zwischenmenschlichen Verhältnisses alle Verlierer.

Ich wusste, dass auch mir das gleiche passieren konnte und erinnerte mich daran, dass die Beziehung zwischen ihnen und meiner Schwester nur durch die Vermittlung von mir und einem Freund der Familie wieder aufgenommen wurde.

Ich war gewappnet und hatte mir vorgenommen, mich gefühlsmäßig nicht zu sehr vereinnahmen zu lassen. Ich wollte eine gewisse Distanz lassen in der Überzeugung, dass ich ein freier Mensch war und sie mir zwar raten, aber nicht mehr befehlen konnten.

Das Gespräch verlief anders als geglaubt. Meine Eltern warteten schon auf uns. Sie begrüßten Agostino sehr herzlich und wir setzten uns ins Wohnzimmer und tranken ein Glas Wein. Ich hatte Vorhaltungen erwartet, aber meine Mutter begann das Gespräch, indem sie Agostino einen Brief überreichte. Diesen Brief hatte sie geschrieben und von einer Freundin meiner Schwester, Ursula, die mehrere Jahre in Florenz gelebt hatte, übersetzen lassen. Bevor Agostino diesen las, erklärte sie uns den Grund hierfür. Es tat ihr leid, dass es nicht möglich war, direkt mit ihm zu sprechen, da er kein Deutsch und sie kein Italienisch sprach. Und um zu vermeiden, dass ich ihre Absichten unkorrekt und nicht im richtigen Ton übersetze, hatte sie diese Bekannte gebeten, ihren Brief zu übersetzen. Während Agostino ihn auf Italienisch las, las meine Mutter laut und mit Tränen in der Stimme die deutsche Version:

Lieber Agostino,

wir schreiben dir diesen Brief, da wir kein Italienisch sprechen und du kein Deutsch, oder zumindest noch nicht genug Deutsch. Jessica, unsere geliebte Tochter, hat uns gesagt, dass sie beschlossen hat, nach Neapel zu ziehen und wir möchten dir sagen, dass wir große Bedenken haben. Wir kennen unsere Tochter gut genug, um vorauszusehen, dass sie sich in deiner Stadt, die sicher sehr schön ist, nicht wohlfühlen wird. Sie ist hier in Deutschland aufgewachsen, und wir haben versucht, ihr es nie an irgendetwas fehlen zu lassen. Ja, wir können sagen, dass sie in einem schönen, großen Haus gewohnt hat, bis sie beschlossen hat, auszuziehen, was uns sehr wehgetan hat.

Jessica ist es gewohnt, wenn sie in einem Schaufenster eine schöne Bluse sieht, sich diese zu kaufen. Wir wissen, dass deine Familie nicht arm ist, dass auch ihr ein hübsches Haus habt. Aber Italien ist nicht Deutschland und wir machen uns große Sorgen, dass, wenn Jessica sich nichts mehr leisten kann, auch eure Beziehung darunter leidet. Heute seid ihr verliebt, aber das bleibt nicht immer so. Wir haben oft genug Urlaub in Italien gemacht, um zu wissen, dass dieses Land herrlich ist mit seinem Meer und dem guten Essen. Aber wir wissen auch, dass Urlaub eine ganz andere Sache ist und der Alltag schwer ist. Wir befürchten, dass Jessica es nicht lange in Neapel aushalten wird und wir machen uns auch Sorgen, weil Neapel eine gefährliche Stadt ist mit viel Kriminalität. Du trägst die Verantwortung dafür, dass unserer Tochter nichts passiert.
Außerdem wollen wir uns bei deinen Eltern bedanken, die bereit sind, Jessica in ihr Haus und ihre Familie aufzunehmen. Besonders deine Mutter möchte ich bitten, für Jessica wie eine Mutter zu sein, da wir weit weg sind und gar nicht wissen, wann wir uns wiedersehen werden.
Hanna und Arthur Demmler

Ich blickte Agostino an und merkte sofort, dass seine Reaktion auf den Brief völlig anders war als meine. Er war gerührt und seine Augen waren feucht. Auch aus seiner Antwort, die ich übersetzte, entnahm ich, dass er den Brief mit Verständnis und ausgesprochen positiv aufgenommen hatte.
Er sagte durch meinen Mund: »Ich verstehe, dass Sie sich Sorgen machen. Neapel ist weit weg und hat einen ganz schlechten Ruf. Wenn in Italien irgendetwas passiert, eine Schießerei oder ein Banküberfall, heißt es, das ist in Neapel passiert, auch wenn es 20 oder 30 km entfernt in Caserta oder in Benevento passiert ist. Deshalb denkt die ganze Welt, dass Neapel schrecklich ist, dass alle Neapolitaner Kriminelle sind. Aber Jessica hat Neapel gesehen. Hat sie es Ihnen erzählt? Sicher, es gibt Viertel, die nicht so gut sind, aber die gibt es in jeder Stadt. Meine Familie, wir sind gute Personen. Mein Vater hat sein ganzes Leben in einer Fabrik als Maschinenbauer gearbeitet. Jetzt ist er

in Rente. Und ich arbeite auch. Hat Jessica erzählt, ich bin Zahntechniker. Prothesen mache ich. Sie brauchen sich keine Sorgen zu machen, meine Familie hat Jessica sehr gerne. Alle. Auch meine Schwester. Wir wohnen nicht mitten in der Stadt, sondern in einem ruhigen Viertel: Fratta. Da passiert nie etwas. Die Politiker in Rom und die Leute in Mailand reden immer schlecht von Neapel. Aber früher war das anders. Neapel war die Hauptstadt vom Königreich Sizilien. Es gibt heute noch den Königspalast und auch den Palast in Capodimonte, ganz bei uns in der Nähe. Der Norden Italiens hat uns den ganzen Reichtum weggenommen. Deshalb haben wir heute Probleme und es gibt viele Arbeitslose.«

»Und die Camorra«, warf meine Mutter an diesem Punkt ein.

»Die gibt es überall, die sizilianische Mafia, die chinesische und wahrscheinlich auch hier in Deutschland«, entgegnete Agostino.

»Das ist hier ausgeschlossen«, stellte mein Vater fest, »das lässt der deutsche Staat nicht zu.«

Agostino versuchte, ihnen weiter zu erklären, dass er die Sorge von Eltern verstehen könne, aber dass er sich anstrengen würde, mir ein bestmögliches Leben zu verschaffen und dass er überzeugt sei, dass ich als Bankangestellte Arbeit finden würde. Und zudem sprach ich auch Englisch, Deutsch und Französisch, was im Tourismus sehr gesucht wurde. Meine Eltern machten, an diesem Punkt im Gespräch angelangt, eine Art Gegenvorschlag. Sie hatten lange mit Ursula, der Übersetzerin des Briefes, über Italien gesprochen. Diese hatte vorgeschlagen, eine Art Kompromiss einzugehen. Wir sollten doch nach Mittelitalien ziehen, um uns praktisch auf halber Strecke zu treffen. Da war ihrer Ansicht nach die Welt noch in Ordnung. Denn trotz ihrer immensen Italienliebe hatte Ursula meine Mutter stark vor Süditalien im Allgemeinen und Neapel insbesondere gewarnt. Sie bot uns Hilfe an, in Modena eine Arbeit zu finden. Da hatte ich doch Zweifel, ob Ursula sich mit diesem Angebot nicht zu stark aus dem Fenster lehnte. Ich wusste, dass sie in Florenz gelebt hatte, aber das war schon gut 20 Jahre her. Sie hatte auch für eine italienische Bank hier in Köln gearbeitet, aber ob die Kontakte so stark waren, um mir in Modena eine Arbeit zu verschaffen, glaubte ich schlichtweg nicht.

Agostino schloss die Möglichkeit eines Umzuges nach Mittelitalien kategorisch aus. Er erklärte meiner Mutter, dass ich wohl als Fremde nach Neapel kam, dass er aber dort zu Hause war und mir deshalb helfen konnte, mich dort zurechtzufinden. In Modena wären wir beide Fremde und dann könnte uns niemand helfen. Es ging noch eine ganze Weile hin und her und ich hatte lediglich die Rolle des Übersetzers inne, was dazu führte, dass erst nach unserer Rückkehr zu mir nach Hause Agostino meinen Groll bemerkte. Abgesehen davon, dass meine Meinung zur Sache an diesem Abend niemanden interessiert hatte und dass ich lediglich die Rolle des Püppchens, das hin- und hergeschoben wurde, innegehabt hatte. Hatte jemand bemerkt, dass es um MICH, um mein Leben ging? Der Ton dieses Briefes hatte mich ärgerlich gemacht, denn diese Worte gaukelten eine Traumwelt vor, in der die kleine Jessica, der Schatz von Mama und Papa, behütet und verhätschelt, nun von zu Hause auszieht und nach Italien flüchtet. Dieser Brief ignorierte die Realität, in der ich schon vor fast vier Jahren von zu Hause ausgezogen war. Eine Realität, die vom Wohlstand und dem großen Haus meiner Eltern schon seit vier Jahren nichts mehr gesehen hatte. Eine Realität, in der meine Eltern ein Jahr lang kein Wort mit mir gewechselt hatten und sich ein Jahr lang keine Sorgen um das Töchterlein gemacht hatten. Während dieses Jahres hatte meine Mutter den Bürgersteig gewechselt, wenn ihr die Tochter zufällig entgegenkam. Und in diesem Jahr hatte sie sich meine geliebte Katze unter den Nagel gerissen, um mich zu bestrafen. Hatten sie sich jemals gesorgt, ob ich das Geld für die Miete oder die Autoversicherung beiseitegelegt hatte? Sie sahen mich, wenn ich sie in ihrem Geschäft besuchte oder am Sonntag zu Hause, aber sie waren jeweils einmal in dieser ganzen Zeit in meiner Wohnung gewesen. Diese filmreife Sorge um das angebetete Töchterchen hatte mich wütend gemacht und umso entschlossener wollte ich unser Projekt durchzuziehen. Agostino das Bild des verwöhnten kleinen Mädchens, das an keinem Schaufenster vorbeikommt, ohne etwas zu kaufen, zu vermitteln, fand ich mehr als unfair. Vielleicht hatten sie gehofft, dass Agostino sich von einem solch verhätschelten Mädchen zurückziehen würde aus Angst, seinen materiellen Ansprüchen nicht gerecht werden zu können.

Sollte es so gewesen sein, so hatten sie sich gründlich geirrt. Er hatte verstanden, dass ich Eltern hatte, die mich liebten und die sich berechtigterweise sorgten. Am Ende hatte er ihnen sogar vorgeschlagen, uns, sobald wir eine eigene Wohnung hatten, besuchen zu kommen, um sich vor Ort davon zu überzeugen, dass Neapel weder ein Sündenbabel noch die italienische Version des verbrecherischen Chicagos war. Nur Agostino mit seiner Güte und seinem Wohlwollen konnte an einen Besuch meiner Eltern in Neapel glauben. Für mich war diese Vorstellung höchst unwahrscheinlich. Agostino war der Ansicht, das Gespräch sei gut verlaufen und der unheilbare Optimist war sich sicher, dass sie unsere guten Absichten verstanden hätten.

Während seines kurzen Aufenthaltes in Köln kamen zwei Briefe mit italienischen Absendern in meinem Briefkasten an. Das erinnerte mich an den Tag, an dem ich Agostinos erste Postkarte kurz nach unserem magischen Urlaub auf Kreta erhalten hatte. Mir kam in den Sinn, dass ich mehrere Tage gebraucht hatte, um die Worte »mi manchi – du fehlst mir« zu verstehen. So aufgeregt wie damals öffnete ich in seinem Beisein die beiden Umschläge. Er las als erster die Schreiben der beiden Banken und schüttelte den Kopf. Leider benötigten sie momentan kein Personal. Ich war enttäuscht über die erneuten Absagen, obwohl ich nicht damit gerechnet hatte, sofort eine Zusage zu erhalten. Aber eine Einladung zu einem Vorstellungsgespräch wäre ein Hoffnungsschimmer und zudem ein gutes Argument gegen die These meiner Eltern, dass ich in Neapel nie arbeiten würde, gewesen. »Schließlich kommen ja nicht umsonst so viele italienische Gastarbeiter nach Deutschland.« Ich konnte den Satz nicht mehr hören.

Am Ende dieser letzten gemeinsamen Tage in Köln schien uns, dass wir alle Vorbereitungen getroffen hatten. Blieb nur noch zu überlegen, wann und wie der Umzug konkret vonstatten gehen sollte. Auf jeden Fall zum Jahresende, denn ich hatte ja die bittere Pille schlucken müssen, das Weihnachtsgeld und alle anderen Zusatzzahlungen zurückgeben zu müssen. Agostino erklärte mir, dass die Weihnachtsfeiertage in Italien vom 24.12. bis 6.1. verliefen, da der Dreikönigstag als die italienische Befana, die mir Anfang des Jahres zum ersten Mal einen mit Leckereien gefüllten lila Strumpf gebracht hatte, den

Abschluss der Weihnachtsfeierlichkeiten darstellte. In dieser Zeit waren viele Firmen nur knapp besetzt oder sogar geschlossen. Also konnte die Arbeitssuche ab dem 6. Januar mit voller Kraft starten. Dann sollten wir also schon alles hinter uns haben. Ulrike übernahm zum 1.1. meine Wohnung, dann musste die also schon leer sein, mit Ausnahme der Möbel, die sie übernommen hatte. Agostino schlug mir vor, meinen Resturlaub Ende Dezember zu nehmen und Weihnachten in Neapel zu verbringen. Das konnte ich meinen Eltern aber nicht antun. Weihnachten war immer schon das wichtigste Familienfest gewesen und dieses war vielleicht auch vorerst das letzte, das wir zusammen verbringen würden, denn ich wusste nicht so genau, wie es dann weitergehen würde. Agostino gab zu bedenken, dass er aber Weihnachten nicht getrennt von mir feiern wollte. Also beschlossen wir, dass er Weihnachten bei uns verbringen würde. So konnte er mir auch helfen, meine in Kisten verpackten Besitztümer zu Greta zu bringen, um diese eine Weile in ihrer Garage unterzustellen. Ich musste meine Sachen genau aussortieren und nur das mitnehmen, was ich unmittelbar brauchte. Das waren natürlich persönliche Dinge wie Kleidung, Kosmetik, Dokumente, Lebenslauf, Ausweise, aber auch meine Lieblingsbücher, alles Notwendige für Wusel, sein Körbchen, seine Katzentoilette, Bürste und Decken, mein Kassettenrecorder mit Musikkassetten, der Radiowecker, Föhn, Lockenstab. Es kamen wirklich viele Dinge zusammen, die mir unverzichtbar erschienen. Agostino sollte also gleich nach seiner Rückkehr ein Zugticket für den 21. oder 22. Dezember buchen, diesmal zum ersten Mal aber nur die Hinfahrt. Denn am zweiten Weihnachtstag würden wir mit meinem alten, weißen Kadett mit Kater und Gepäck an Bord in Richtung Neapel starten. Das würde sicher eine beschwerliche Fahrt werden, zumal es Winter war, aber gemeinsam würden wir ab jetzt alle Schwierigkeiten angehen, die das Leben uns so bringen würde. Davon war ich überzeugt. Jetzt war das Alleinsein vorbei!
Mir fiel der Tag meines Einzuges in diese Wohnung ein. Ich hatte Robert gerade verlassen und seine anfängliche Nachsicht war vorbei. Nachdem er realisiert hatte, dass ich ihn nicht nur wegen seiner Nachlässigkeit und seiner Unaufmerksamkeit mir gegenüber, sondern vor

allem wegen einer anderen Person, die André hieß, verlassen hatte, war seine Stimmung umgeschlagen. Von dem Moment an war seine »Großzügigkeit« vorbei. Er hatte mir seine alten Küchenmöbel versprochen, die ich mit einem seiner LKWs in meine neue Wohnung bringen sollte. Bisher hatte er meinen Wunsch auszuziehen wie die Nörgelei eines pubertären Mädchens aufgefasst, aber jetzt war ihm klar, dass es tatsächlich vorbei war. Und dass dieses Ende von mir, von der dreizehn Jahre Jüngeren ausgegangen war. Und zudem verließ ich ihn auch noch wegen einer Person, die seit ein paar Monaten zu unserem Bekanntenkreis gehörte. Ganz langsam war mein Verhältnis zu André von Freundschaft zur Liebe übergegangen, und das ohne den Versuch irgendetwas zu verbergen. Wir hatten immer mehr und immer heftiger miteinander gescherzt und geschäkert, und das im Beisein aller, auch in Roberts. Der hatte davon aber rein garnichts bemerkt, woran man sein Interesse mir gegenüber ermessen konnte. Mein Schlafzimmerfenster ging zur Rückseite, genau zum Balkon der Wohnung, in der ich zwei Jahre mit Robert zusammen gelebt hatte, und in der er nun weiter alleine lebte. Genau an dem Tag, an dem André mir geholfen hatte, die Schlafzimmergardinen aufzuhängen, muss er uns wohl dabei beobachtet haben. Denn während wir damit beschäftigt gewesen waren, war Robert zu meinem Hauseingang gekommen und mit seinem Zweitschlüssel hatte er mein kleines, rotes Auto gestartet und war seelenruhig damit weggefahren. Den Wagen hatte ich danach nie mehr wiedergesehen. Rechtlich konnte ich gegen diesen Diebstahl nichts unternehmen, da ich eingewilligt hatte, aus steuerlichen Gründen den Renault auf ihn laufen zu lassen. Da hatte ich nun dagestanden ohne Auto. Ich hatte begriffen, dass ich schnell und klug handeln musste. Ich erinnerte ihn an sein Versprechen, mir die Küchenmöbel zu geben und gleich am nächsten Tag holte ich den damit bereits beladenen LKW bei ihm ab. Aber er hatte mir nicht, wie vorher vereinbart, einen seiner Arbeiter zur Verfügung gestellt, um den Laster zu fahren und die Möbel hoch zu bringen, sondern hatte mir kommentarlos die Schlüssel in die Hand gedrückt. Nachdem er sich schon umgedreht hatte, murmelte er: »Wenn du die Sachen willst, musst du sehen, wie du klarkommst!« Mir hatte der Magen vor Wut geschmerzt, aber jetzt war es besser gewesen zu schweigen, denn schließlich hatte ich noch all meine persönlichen Dinge in seiner Wohnung. Ich hatte die Zähne zusammenbeißen müssen, hatte mich ans Steuer des Lastwagens gesetzt, der wirklich gewaltig war, viel zu groß für diese paar Möbel. Im Schritttempo war ich die Straße entlang gerollt und die paar hundert Meter von Roberts Geschäft zu meiner Wohnung gefahren. Trotz der winterlichen Temperaturen war mir der Schweiß ausgebrochen. Dann hatte das Ausladen begonnen. Ich allein. Denn André war wegen einem dienstlichen Termin nicht in der Stadt gewesen, aber auch ohne diesen hatte er außer Kleinigkeiten keine große Lust gezeigt, mir beim Einrichten meiner neuen Wohnung zu helfen. Oft hatte er betont, dass er sich nicht verantwortlich dafür fühlte, dass ich meinen Freund verlassen hatte. Das sei meine freie Entscheidung gewesen. Es waren mehrere Küchenschränke gewesen, eine Spüle und das Schlimmste war der sehr schwere Herd gewesen. Ich konnte mir bis heute nicht erklären, wie ich es geschafft hatte, die Küchenschränke und die Spüle alleine nach oben zu tragen. Wahrscheinlich war es das Werk des gleichen Schutzengels gewesen, der eine halbe Stunde später meine Mutter vor meinem Haus auftauchen ließ.

»Was machst du denn hier?«, hatte sie gefragt, als sie mich alleine bei dieser Schwerstarbeit sah. Ohne zu zögern, hatte sie mit angepackt und schwitzend und unter Tränen hatten wir alles zusammen in meine Wohnung geschleppt. Danach waren wir fast zusammengebrochen.

21. Kapitel

DIE STIMME

Und nun war ich dabei, alles auszuräumen und zu verpacken. Greta war mir eine große Hilfe dabei. Ich stellte die Kisten in ihrer Garage unter, um sie nach Italien transportieren zu lassen, sobald wir eine eigene Wohnung hatten. Langsam reduzierte ich immer mehr Sachen und brachte sie nach und nach zu Greta. Die großen Teile überließ ich meiner Nachmieterin Ulrike, wie im Übernahmevertrag vereinbart: die Küche, das Bett, den Kleiderschrank und einige Kommoden. Ich hatte ausreichend Zeit dazu, da ich den Resturlaub nehmen musste und so schon einige Tage vor Weihnachten zu Hause war.

Der Abschied von meinen Arbeitskollegen war überraschend kühl ausgefallen. Besonders auch von Niklas Schneider, dem ich nicht verziehen hatte, dass er ohne auch nur das geringste Zögern zum »Sie« zurückgekehrt war. Von dem netten kollegialen Verhältnis, das ich vor dem Betriebsausflug verspürt hatte, war tatsächlich nichts mehr übrig geblieben. Ich fragte mich, wie unser Verhältnis heute wohl gewesen wäre, hätte ich an jenem Abend »Ja« anstatt »Nein« gesagt. Vielleicht wäre die heutige Distanz zwischen uns ebenso, was mir dann aber sehr viel mehr wehgetan hätte. Es war schon alles gut so. Und auch hierin sah ich deutlich die Begleitung meines Schutzengels.

Diese Tage der Vorbereitung meines Umzuges waren auch Tage der Aufarbeitung meiner persönlichen Geschichte. Während ich die Schränke und Schubladen ausräumte, fielen mir alte Fotos und Gegenstände in die Hand, die voller Erinnerungen waren. In der Schreibtischschublade fand ich ein schwarz eingebundenes Heft, in das ich Servietten, Kassenbons, Visitenkarten und Prospekte von den kleinen und größeren Reisen, die ich mit Robert gemacht hatte, eingeklebt hatte. Unser Kurztrip an die Romantische Straße war wunderschön gewesen. Wir waren erst wenige Monate zusammen gewesen und wir waren sehr verliebt. Wir hatten eine Weinwanderung mitgemacht. Die eingeklebten Karten der bezahlten Teilnehmergebühr bezeugten es.

Wir hatten 15 km Fußmarsch durch die herrlichen Weinberge zurückgelegt, der von zahlreichen Weinproben unterbrochen wurde. Es war ein recht warmer Frühlingstag gewesen, und die Sonne hatte sich ab und an durch den wolkenverhangenen Himmel gekämpft. Ich erinnerte mich, dass sich der Alkohol schon nach der zweiten Weinprobe spüren ließ. Unsere Fröhlichkeit war mir noch genau im Gedächtnis. Das Foto, ich in brandneuem lila Outfit und Robert mit seinem Lockenkopf, einer in den Blick des anderen versunken, bezeugte die Atmosphäre jenen Tages.

Warum war die große Liebe zwischen Robert und mir, für die wir beide so viel investiert hatten, so jäh vorüber gegangen? Wie hatte ich mich nach zweieinhalb Jahren des Zusammenlebens ganz langsam in André verlieben können? Und wie hatte es sein können, dass sich dieses Verlieben vor Roberts Augen abspielte, ohne dass er es bemerkt hatte? Und warum war die so vernünftige, bodenständige Beziehung zu André schon nach ein paar Monaten zu Ende gegangen? Wegen eines unbeabsichtigt dahingesagten Satzes:

»Ich könnte mir vorstellen, irgendwann einmal eine Familie und Kinder zu haben«?

Gut, vielleicht hatte ich ihm den idealen Vorwand geliefert. Wahrscheinlich hatte er schon seit einiger Zeit vorgehabt, unsere Beziehung zu beenden. Aber trotzdem hatte er ein paar Monate später wieder versucht, sich an mich anzunähern. Und wie war das passiert, dass ich eben in dem Moment, als ich die Nase von jeglicher Beziehung voll hatte und alleine sein wollte, Agostino kennengelernt hatte? Und wie war das gekommen, dass dieser Urlaubsflirt nicht wie alle anderen schnell vorbei war, sondern trotz vieler Schwierigkeiten nun schon seit über einem Jahr weiterging? Würden wir es schaffen, trotz verschiedener Sprachen, Mentalität und Umfeld zusammen zu bleiben, eine gemeinsame Zukunft aufzubauen? Oder würde ich in ein paar Monaten wieder zurück in Deutschland sein, so wie meine Eltern es prophezeit hatten? Und dann praktisch zum x-ten Mal bei Null anfangen? Eine neue Wohnung suchen, eine neue Arbeit finden oder mit eingeklemmtem Schwanz wie ein reuiges Hündchen auf die ehemalige Arbeit zurückkehren und zugeben, dass alle Recht gehabt hatten.

Ich war mir im Klaren darüber, dass ich viel aufs Spiel setzte. Vor allem riskierte ich, nicht mehr in den alten Bahnen weiterzuleben. Es stand in jedem Fall eine grundsätzliche Erneuerung meines Lebens bevor. Ich musste meinen Horizont erweitern, andere Menschen und andere Dinge kennenlernen. Meine Schemata in Frage stellen und neue Wege finden. Diese Vorstellung machte mir ein wenig Angst, reizte mich aber gleichzeitig. Immer mehr erschien mir, als ob all diese Ereignisse der letzten Jahre nicht eine Reihe von Konsequenzen meiner Handlungen und Entscheidungen gewesen waren, wie ich immer angenommen hatte, sondern vielmehr dass sich darin ein roter Faden befand. Deutlich sah ich, dass hinter all diesen Dingen, die ich so nicht gewählt hatte, eine verborgene Regie stand. Waren es die anderen, die mein Leben in eine bestimmte Richtung drängten? War ich eine willenlose junge Frau, die sich von den Männern herumschubsen ließ?

Nein, ich WOLLTE nach Neapel ziehen, ich hatte NICHT GEWOLLT, dass Niklas die Nacht in meiner Wohnung verbrachte. Ich hatte NICHT mehr bei Robert bleiben WOLLEN. Ich hatte nach dem Urlaub auf Kreta KEINEN neuen Versuch mit André starten WOLLEN. Wer da die Fäden zog, musste jemand sein, der sich außerhalb des Ganzen befand, jemand, der eine andere, weitere Perspektive besaß. Diesem Jemand war ich nicht gleichgültig. Während diesen schwierigen Momenten, in denen ich körperlich und psychisch an meine Grenzen gekommen war, war ich nie wirklich allein gewesen. Und jetzt lag eine schöne Zukunft der Zweisamkeit vor mir. Dieser Jemand, den ich schon seit meiner Kindheit Gott nannte, den ich aber nicht genau kannte, würde er mich auch in den zukünftigen Abenteuern begleiten? Würde er mir den Weg zu einem Leben mit Agostino ebnen? Ich war jetzt sicher, dass alles sich so entwickeln würde, wie es sein sollte. Vielleicht war ja für jeden von uns schon alles vorbestimmt: Robert, André, Kreta anstatt dem Gardasee, mit einem Glückshotel, das auch jedes andere der großen Insel hätte sein können. Hunderte Gäste im Hotel Wyndham Mirabello und wen hatte ich getroffen: ihn, Agostino. Seine gebuchte Heimreise, die Rückkehr vom Flughafen, die Verlängerung seines Urlaubes. Alles vorherbestimmt. Wer hätte sich eine so verwickelte Geschichte ausdenken wollen?

Die Gewissheit, das Richtige zu tun, gab mir meine Ruhe wieder, und ich spürte einen Funken von innerem Frieden, der stark belastet wurde, jedes Mal, wenn ich in die Nähe meiner Mutter kam. Je näher meine Abreise rückte, umso mehr Vorwürfe machte sie mir. Sie nannte mich eine Egoistin, die sich nicht um den Kummer der Eltern scherte und so weit wegziehe. Aber das dauere ja doch nicht lange, dann stünde ich wie ein reuiger Sünder wieder vor der Türe. Und wenn es ihnen nicht gut ginge, dann käme ich noch nicht mal rechtzeitig zur Beerdigung zu Hause an. Aber ich hätte mich ja noch nie um sie geschert. Diese Gespräche führten fast immer zum Streit, und um diesen nicht ausarten zu lassen, verdrückte ich mich schnell. Aber innerlich hinterließen die Worte doch ihre Spuren. Sobald ich allein war, weinte ich bitterlich.
Obwohl diese Worte in mir Schuldgefühle auslösen sollten, war darin doch ein Körnchen Wahrheit. Die Zeit würde vergehen und meine Eltern, die jetzt beruflich in ihrem Geschäft angespannt waren, würden älter werden. Und vielleicht krank oder hilfsbedürftig. Zwischen Neapel und Köln lagen 22 Stunden Zugfahrt, die auch etwas mehr als zwei Stunden Flug sein konnten, wenn man das Geld hatte, diesen zu bezahlen. Vielleicht würde ich es nicht schaffen, in den letzten Minuten vor ihrem Tod bei ihnen zu sein. Sie oder einer von ihnen würde sterben, ohne dass ich mich von ihm/ihr verabschieden konnte. Der Gedanke schmerzte sehr. Aber ich wusste auch, dass die Situation so gekommen war, ohne dass ich darauf hin gearbeitet hatte. Ich hatte die Entscheidung nach Italien zu ziehen nicht getroffen, um vor meinen Eltern wegzulaufen. Warum auch? Das hatte ich ja schon getan, als ich mit Robert zusammengezogen war. Jetzt war ich selbstständig. Und selbstständig hatte ich die Entscheidung gefällt, meine Geschichte so anzunehmen, wie sie sich entwickelt hatte.
Trotzdem hatte ich große Gewissensbisse. Eine gute Tochter war ich sicher nicht.
Mit dieser niedergeschlagenen Stimmung näherte sich das Weihnachtsfest. Mein Trost war Agostinos Ankunft in Köln am 23.12. Diesmal kam er mit einem Ticket lediglich für die Hinfahrt. Aber die natürlich nicht, um sein weiteres Leben in Deutschland zu verbringen,

sondern um mit mir, Wusel und meinem Hausrat im Auto nach Neapel zu fahren. Ich hatte den Kadett noch mal gründlich durchchecken lassen und zur Ersparnis über den ADAC Benzingutscheine erworben. Die Atmosphäre zwischen uns und auch an den Weihnachtstagen war alles andere als euphorisch. Ich empfand sie eher als gedämpft, feierlich und auch ein wenig nachdenklich, zumindest von meiner Seite aus. Ab und an wurden die Bescherung, das Essen oder andere Momente vom Weinen meiner Mutter unterbrochen: »Das ist jetzt das letzte Mal, dass wir Bescherung mit dir haben« oder »das ist jetzt das letzte Mal, dass wir zusammen essen.« Agostino erwiderte, dass Neapel nicht aus der Welt sei und dass dies kein Abschied für immer sei. Natürlich würden wir sie oft besuchen kommen und natürlich sollten sie auch uns in Neapel besuchen. So war er, der Vermittler, der Diplomat, der keine böse Stimmung aufkommen lassen wollte.

Am ersten Weihnachtstag kam auch Rebekka mit ihrer Familie, und nach dem gemeinsam verbrachten Tag verabschiedeten wir uns recht früh. Diese würde die letzte Nacht in meiner Wohnung in der Adamstraße sein. Um 6 Uhr früh würden wir aufbrechen und über die Schweiz in Richtung Chiasso und dann weiter nach Mailand, Bologna, Florenz und Rom bis Neapel fahren. Wir würden dann halten und übernachten, wenn wir müde waren, ohne einen festen Plan. Wir mussten auch berücksichtigen, dass wir meinen Kater Wusel dabei hatten und mussten eine Unterkunft suchen, wo wir mit ihm unterkommen konnten und auch häufigere Pausen für den armen Kleinen einplanen.

Der Abschied von meinen Eltern, vor allem von meiner Mutter war tragisch. Ihr schien es ein Abschied für immer. Ich versuchte, die Ruhe zu behalten, war aber auch ein wenig ärgerlich. Wie verhielten sich die Mütter von Missionaren, die für unbestimmte Zeit ins tiefe Afrika fuhren? Oder die Mütter von Abenteurern, die aufbrachen in Gegenden ohne Zivilisation und für Monate oder Jahre unerreichbar blieben? Die Szene schien mir übertrieben dramatisch, aber Agostino machte mir Zeichen, Verständnis zu zeigen. Für einen Italiener darf die Mama auch mal dramatisch sein, vor allem, wenn es um ihr Kind geht. ›Das Kind, das schon seit Jahren nicht mehr bei dir wohnt. Und das du für einige Monate noch nicht einmal gegrüßt hast, wenn du ihm zufällig auf der Straße begegnet bist‹, kam es mir immer wieder hoch. Zuhause bei mir angekommen luden wir mein Gepäck ins Auto ein. Ich hatte Taschen, Koffer, Kartons gepackt und es war voll bis unters Dach. Wir mussten noch einen kleinen Platz schaffen für die Kühltasche, einen für den Transportkorb mit Wusel und einen für seine Katzentoilette.

Meine Stimmung war gedrückt. Agostino schlief gleich ein, aber ich war hellwach. Wieder stiegen mir die Ängste hoch, dass meinen Eltern etwas passieren konnte, ohne dass ich sie wiedergesehen hätte. Ich wusste, dass solche Dinge immer passieren konnten. Wie oft fuhren sie mit dem Auto zu Messen oder anderen Veranstaltungen? Ein Autounfall konnte immer geschehen. Sie flogen in Urlaub? Manchmal stürzen Flugzeuge ab. Ein Herzinfarkt? Das kommt vor. Aber wenn die Tochter nach Italien zieht, wird immer sie diejenige sein, die weggegangen ist. Wie die Dinge auch kämen, es würde immer auf mich zurückfallen. Ich fühlte mich elend und gemein. Warum musste ich ihnen Schmerzen zufügen? Warum das alles?

War ich dabei, einen großen Fehler zu begehen? Wohin ging ich eigentlich? Wartete da jemand auf mich? Ich dachte an Lella und ihre ehrlichen Tränen beim Abschied nach meinem ersten Besuch in Neapel. Ich dachte an das schöne Haus, die Aussicht auf den Vesuv, ans Meer. An die Gässchen in der Nähe des Bahnhofs, den Borgo des Heiligen Antonius, wo mich am Ostersamstag die Böllerschüsse zum Torschuss des SSC Neapel und die Marienprozession mit einer gigantischen Statue, die von muskulösen Trägern auf einem Holzpodest geschleppt wurde, erschreckt hatten. Ich verspürte eine große Lust, an diesem Ort zu leben, gleichzeitig nagte das schlechte Gewissen an mir. Warum? Warum war mein Leben an diesen Punkt gekommen? Warum musste ich eine so schwerwiegende Entscheidung fällen? Noch konnte ich zurück. Ich würde Ulrike und Herrn Nieder erklären, dass der italienische Freund mich verlassen hätte. Meine Stelle würde ich zurückbekommen, das hatte mir Herr Krimmer versprochen. Noch konnte ich zurück! Aber wollte ich das? Die kleine Wohnung war nett, hatte aber den Geruch der Einsamkeit in jedem Winkel.

Wenn es ein Projekt für das Leben jedes Menschen gab, dann war dies wohl meins. Ich konnte also gar nicht anders. Das Projekt führte mich jetzt nach Italien. Hatte ich wirklich so viel dazu getan, dass es so gekommen war? Die Dinge hatten sich einfach entwickelt. Sicher war ich nicht nach Kreta geflogen, um einen Italiener zu treffen und nach Italien zu ziehen. Vielleicht war dieser der einzige Moment meines Lebens gewesen, in dem ich niemanden hatte kennenlernen wollen.

Ich hielt es im Bett nicht mehr aus. Die Bettwäsche war schon ganz zerwühlt vom vielen Umdrehen. Ich stand auf und ging leise in die einsame und leere Küche und setzte mich auf die Couch, die jetzt Ulrike gehörte.

Es tat mir auch leid, meine Freundinnen nicht mehr zu sehen. Auch wenn sie mir alle versprochen hatten, mich besuchen zu kommen. Andererseits war Erika immer noch im siebten Himmel mit dem nun nicht mehr so neuen Kollegen Markus, der auch im Winter fast täglich eine Motorradtour zu ihr unternahm. Es war nur eine Frage der Zeit, bis er seine Frau verlasse und die Beziehung mit Erika offiziell werden konnte. Christine wusste nicht, ob sie mich so schnell besuchen konnte, denn sie und ihr Mann hatten beschlossen, bald über Nachwuchs nachzudenken. Greta machte mir immer Mut, meinem Weg zu folgen, obwohl sie unendliche Bedenken hatte. Sie hatte mir versprochen, mich in Italien zu besuchen, sobald ich mich zurechtgefunden hatte.

Die Stunden vergingen und ich saß da und schaute aus dem Fenster über die Dächer. Wusel schlief friedlich in seiner Kuschelhöhle. Ich war zu aufgewühlt, um schlafen zu gehen. Ich machte mir Sorgen, wie ich die lange anstrengende Fahrt überstehen würde, ohne in der Nacht ein Auge zugetan zu haben. Immer wieder stellte ich mir die Frage: Warum? Warum nur führte mich mein Weg nach Italien? Über diese Gedanken muss ich doch auf dem Sofa sitzend eingeschlummert sein. Ich schreckte nur wenige Minuten vor dem 5-Uhr-Wecker mit starkem Herzklopfen wieder auf und war mir bewusst, eine Stimme zu hören. Es war die tiefe Stimme eines Mannes. Ich war verwirrt und wusste für einen Moment nicht, wo ich mich befand. Ich hörte die Stimme, wusste aber nicht, ob ich sie in mir oder ob ich sie außerhalb meines

Körpers, also akustisch empfing. Das, was mich mehr verwirrte, war nicht die Stimme, sondern das, was sie sagte und die Wirkung, die diese Worte auf mich hatte. Die Stimme sagte: »Wegen mir. Wegen mir. – Hier hast du dich nie annähern lassen, hast du nicht viel von mir wissen wollen. In Italien wirst du mich treffen. In Italien wirst du mich kennenlernen.« Es war eine männliche Stimme. Doch Agostino schlief im Schlafzimmer. Es war nicht seine Stimme. Hatte ich die Stimme mit den Ohren gehört? Vielleicht nicht!

Meine Verwirrung war die, die man oft im Zustand zwischen Schlaf und Wachsein empfindet, aber gleichzeitig verspürte ich tiefen Frieden, Freude und Sicherheit. Ich hatte eine Antwort auf meine Frage erhalten. Zwar verstand ich nicht, was das genau bedeutete. Trotzdem fühlte ich mich mit mir selbst, mit meinen Eltern und der ganzen Welt versöhnt. Jetzt wusste ich, dass ich fahren musste. Jetzt war ich sicher, dass dies mein Weg war und ahnte, dass mich in Italien ein Zusammentreffen besonderer Art erwartete.

Ich weckte Agostino, bereitete den letzten Kaffee in dieser Wohnung und zog mich an. Eine halbe Stunde später schloss ich die Wohnungstür sorgfältig ab und warf den Schlüssel in meinen Briefkasten, aus dem meine Mutter ihn in den nächsten Tagen holen würde um ihn direkt an Ulrike weiterzugeben.

Wenige Minuten später saßen wir mit dem maunzenden Kater Wusel im Auto. Ich lächelte Agostino an, der noch mit dem Schlaf kämpfte, und ließ den Motor an. Es ging los.